本书系 2023 年度教育部人文社会科学研究规划
内涵体系研究"和重庆市 2021 年度高等教育教
与专业知识协同培养研究"的研究成果

法|学|研|究|文|丛
—— 国际法学 ——

走出迷思
现代国际法治基础理论思辨与重构

宋云博 ◉著

知识产权出版社
全国百佳图书出版单位
—北京—

图书在版编目（CIP）数据

走出迷思：现代国际法治基础理论思辨与重构／宋云博著．—北京：
知识产权出版社，2023.10

ISBN 978 - 7 - 5130 - 8927 - 2

Ⅰ．①走…　Ⅱ．①宋…　Ⅲ．①国际法—研究　Ⅳ．①D99

中国国家版本馆 CIP 数据核字（2023）第 185741 号

责任编辑：彭小华　　　　　　　　责任校对：王　岩
封面设计：智兴工作室　　　　　　责任印制：孙婷婷

走出迷思：现代国际法治基础理论思辨与重构

宋云博　著

出版发行：知识产权出版社 有限责任公司　　网　　址：http://www.ipph.cn
社　　址：北京市海淀区气象路 50 号院　　　　邮　　编：100081
责编电话：010 - 82000860 转 8115　　　　　　责编邮箱：huapxh@ sina.com
发行电话：010 - 82000860 转 8101/8102　　　发行传真：010 - 82000893/82005070/82000270
印　　刷：北京九州迅驰传媒文化有限公司　　经　　销：新华书店、各大网上书店及相关专业书店
开　　本：880mm ×1230mm　1/32　　　　　　印　　张：8.125
版　　次：2023 年 10 月第 1 版　　　　　　　印　　次：2023 年 10 月第 1 次印刷
字　　数：200 千字　　　　　　　　　　　　定　　价：68.00 元
ISBN 978 - 7 - 5130 - 8927 - 2

目 录

CONTENTS

绪　论

　　当今世界正经历百年未有之大变局，以新冠病毒感染为典型的全球重大公共卫生危机夺走了数以亿计的人的生命健康，而以美国为首的西方既得利益集团却在不断"退约退群""甩锅推责""抹黑嫁祸他国"，它们进一步撕裂世界、分裂人类社会的错误行径，正在危及国际规则秩序体系与人类的和平发展。世界各国及社会各阶层受极端思想的影响仍不容忽视，本国优先主义、贸易保护主义、狭隘的民粹主义和逆全球化、新冷战思维抬头，全球化时代正在逆风中艰难前行。开放还是封闭，合作还是对抗，共赢还是零和，世界秩序体系再次走到十字路口。"大时代需要大格局，大格局需要大智慧。"中共十八大以来，习近平主席在国际国内多个重要场合提出和强调了全球协同推进构建人类命运共同体的重要性和必要性，并对其丰富内涵和实践路径作了深度阐述。2017年1月，习近平主席在联合国日内瓦总部发表题为《共同构建人类命运共同体》的主旨演讲，回答了"中国为何要推动构建人类命运共同体"、"要构建一个什么样的人类命运共同体"

以及"怎样构建人类命运共同体"三大基本问题。党的十九大报告明确把"坚持推动构建人类命运共同体"纳入习近平新时代中国特色社会主义思想和基本方略之中。2022 年 10 月 16 日，中共二十大报告也明确指出，推动构建人类命运共同体和创造人类文明新形态，不仅是中国式现代化的本质要求之一，更是世界各国人民前途所在。人类命运共同体思想继承和弘扬了《联合国宪章》的宗旨和原则，彰显人类社会共同理想和美好追求，升华了传统中国天下大同、协和万邦的思想，阐扬了中国维护世界和平、促进共同发展的外交政策宗旨，宣示了为世界做出新的更大贡献的担当，得到国际社会的广泛认同和积极响应。❶

　　构建人类命运共同体，就是要建设持久和平、普遍安全、共同繁荣、开放包容、清洁美丽的世界。构建人类命运共同体理念，着眼于人类文明的永续发展，超越了狭隘的民族国家视角，不仅致力于在物质层面而且在制度、精神层面上推动人类求同存异，指引提升了新兴市场国家和发展中国家在国际治理体系中的议程设置权、国际话语权和规则制定权，推动了"天下为公、世界大同"的人类新文明和世界新秩序的生成，吸收了中国"和合文化"的精髓，传承了中华人民共和国成立以来独立自主的和平外交实践，强调构建以平等公正、合作共赢为核心的新秩序，为国际秩序的革新完善提供了新的话语体系和路径选择。它为全球生态和谐、国际和平事业、变革全球治理体系、构建全球公平正义的新秩序提供了中国方案和中国智慧。伴随着"一带一路"倡议等全球合作理念与实践不断丰富，逐渐为国际社会所认同，

---

❶ 2017 年 2 月，联合国社会发展委员会首次将"人类命运共同体"理念载入联合国决议；同年 11 月，第 72 届联合国大会负责裁军和国际安全事务的第一委员会再次将"人类命运共同体"理念载入联合国决议；等等。

成为推动全球治理体系变革、构建新型国际关系和国际新秩序的共同价值规范。"一带一路"通过和平之路、繁荣之路、开放之路、创新之路、文明之路建设，正在消除当今世界的和平赤字、发展赤字、治理赤字。❶

作为新时代引领中国推进大国外交公平化、新型国际关系正常化和国家治理体系及治理能力现代化的新理念和新思想，人类命运共同体思想理念继承和发展了马克思主义与中华传统文化中的思想精髓，超越了西方社会主流国际关系与全球治理思想理论，明确回答了人类社会将向何处去、全球治理将如何变革、国际关系秩序将如何重构等系列重大命题，是新时代马克思主义中国化的最新成果，更是新时代中国对全球治理理论的重大智慧贡献。人类命运共同体思想理念尊重世界文明的差异性、多样性和自主性，遵循"君子和而不同"的理性判断和"天下大同"的理想追求，并在此基础上追求提升人类社会的相通性、共存性和协同性。它把利益共同体、责任共同体和网络共同体等处于不同发展阶段领域的共同体思想理念有机融合，将双边、周边和地区等不同层次的命运共同体建设有机统一起来，饱含着重大理论意义和实践价值。它引领中国坚持"共商共建共享"的全球治理观，坚定不移走独立自主的和平发展道路，探索构建以合作共赢为核心的新型国际关系，坚持公平、开放、合作、全面、创新及可持续的义利观、发展观与安全观，逐步形成一个内容科学、结构完整、逻辑严密的中国特色社会主义全球治理理论体系，必将有力促进全人类和平与发展的崇高事业。❷

中华传统思想文化中简短朴素的"仁爱""己所不欲，勿施于

---

❶ 王义桅. 人类命运共同体理念的大格局大智慧［N］. 光明日报, 2018 - 02 - 07 (6).
❷ 王存刚. 人类命运共同体理念引领人类文明进步方向 (治国理政理念新思想新战略)［N］. 人民日报, 2017 - 07 - 27 (7).

人""兼爱，非攻"等话语表达，所蕴含的精神正是强调人与人之间应有的彼此尊重、互相爱护、开放包容和共存共赢等思想理念。"一带一路"倡议实践和"人类命运共同体"思想理念蕴含的"开放、包容、共建、共享、共赢"等智慧切实符合最普遍的人性诉求，高度契合创新全球治理体系的实践需求，因而取得了世界各国和国际组织的广泛认同和积极参与。可见，不论属于哪个国家、种族、民族和教派等，但凡符合人性普遍诉求的，也符合人类社会发展普遍规律的，一定会引起广泛共鸣和被普遍接纳。综观人类文明发展史，中华文明之所以成为唯一一个未被中断的人类文明，应与此具有必然的内在关联。因此，全人类最普遍的"人性"诉求——这应是中国特色社会主义国际法治理论规则体系完善建构的一个核心基石维度，其主要应体现在两大方面：一是创新完善国际法治理论规则体系应有充分的人性考量，排除那些非人性的东西；二是融合践行国际法治理论规则应经受得起充分的人性拷问，保留那些符合人性的东西。

毋庸置喙，人类社会的进化发展，是由表达其内在运行规律的规范生态所主导的，法律只是其中的一种社会规范而已，离开其他社会规范的协同规制，要么失灵，要么失效，再或者失语。足见，法律并非万能的，只不过是一种由国家主导制定并以国家强制力保障实施的社会规范的表达形式。然而，现代世界秩序的和平共存和国内社会的和谐发展，如果没有了法律规则就万万不能，正所谓"奉法者强则国强，奉法者弱则国弱"。自党的十八大以来，以习近平同志为核心的党中央高度重视中国特色社会主义法治体系建设，稳步倡导推进全面依法治国的基本方略，坚持"科学立法、严格执法、公正司法、全民守法"新十六字方针。与此同时，还进一步强调：立法者要实现科学立法，就要"努力使每一项立法都符合宪法精神，反映人民意愿，得到人民拥护"；执法者要严格执法，就要

"站稳脚跟，挺直脊梁，只服从事实，只服从法律，铁面无私，秉公执法"；司法者要公正司法，就要"努力让人民群众在每个司法案件中都感受到公平正义"；守法者要全民守法，就要"深入开展法制宣传教育，在全社会弘扬社会主义法治精神"。2017 年 10 月，党的十九大报告精神更是为中国特色社会主义国际法治理论体系的建构完善、和谐世界秩序理论规则的推进创新和"人类命运共同体"理论实践的构建倡导指明了目标原则和发展方向。中共二十大报告亦明确，要加强涉外领域立法，统筹推进国内法治和涉外法治，以良法促进发展，保障善治。

因此，有鉴于中国社会经济发展取得的举世瞩目的巨大成就和中国对世界经济稳步增长和参与全球治理所作出的能力与贡献，"人类命运共同体"的倡导建构、全球治理体系的改革完善和国际法治理论规则机制的创新发展，都需要中国特色社会主义理论的指引和国家社会治理实践智慧的贡献。事实上，人类社会发展历史已经表明，从社会治理模式上讲，无论是"法治"，还是"人治"，抑或是"宗教治（神治）""礼治""德治"等，都或多或少地存在着这样那样的缺陷和不足，因而都只具有一定程度上的"比较优势"。换言之，人类社会历史上已有的社会治理模式，并没有哪一种在最普遍、最深层的程度上获得全人类社会（不论属于哪一个国家、民族、人种等族群）的"内心确信"和"根本认同"，都不是全人类社会文明发展的"最理想图景"（实质意义上那种人人向往的社会存在状态）。但不可否认的是，古今中外，无论哪个族群，社会和谐运行和终极发展的至高境界，应是老子提出的"天下大同""和谐共处""无为而治"的那种社会存在状态。这种社会状态最大限度地减少了国家机构对公民的干预管控和公民对国家机构的监督约束，全体公民各司其职、各尽其责，人人得以自由自在地生活、工作并获得应有的人格尊严和全面发展。从社会本质状态看，这同马克思主义所描绘的"共产主义社会"是惊人相似的，正是人类社会运行发展迄今所设想的最理想状态。从实践发展看，推进全面依法治国，归根结底也正是在中国共产党的领导下，依循"规则之治"的方式推动中国社会朝着这么一个社会状态不断前进的，即便暂时面临各种艰难险阻需要我们不断深化改革。与自然科学界的工匠设计师们一样，人类社会改革发展的设计师们也总是在不断探索"社会和谐运行发展的永动机"。在未发现更合适的永恒动能之前，这个承担"永动机"角色的动能就是"法治"，即便它并不完美，但与复杂善变的"人"相比，"规则"显得更为可靠些。

人类社会发展历史已经表明，对于几乎所有的人文社会思想文化革新和科学技术文化知识的发展进程而言，哲学作为科学之科学，在启蒙和引领社会思潮、观念解放发展的进程中总是居于先导地位，有着开启民智、引领思潮的作用。譬如，统治漫长历史的"神"的世纪，在"人"被哲学发现之后，便随之发生了塌陷和覆灭。由此可知，检视建构中国特色社会主义法治理论体系，当然也应从哲学层面反思建构"国际法治"开始。物质与意识、主观与客观之间的关系问题始终是哲学包括法哲学的基础命题，因而中国法学完全有必要首先就此展开一场大讨论。由于客观存在客体（场域）、主体和工具各自之间的多重"间性"，倘能从多重"间性"的视角出发，去探索设定"中国性"检视建构的客体（场域），那么"文化自觉"式建构国际法治和国际法治理论体系就具备了更加充足的"中国"理据。从物质与意识"一元论"的视角出发，探索"国际法治"建构之路，可能不失为检视建构"中国性"的一种有益尝试，重要原因之一在于：与量子力学（尤指量子意识理论）的目标相似，它们正在试图冲破当今主流世界观"二元论"的思想藩篱，为国际法治和国际法治理论体系乃至整个哲学社会科学理论体系开启一扇"创新建构之窗"，甚至可能引发全部科学的根本变革。

在逐步实现由"传统（东方）—现代（西方）"的研究范式向"文化自觉与历史重构"的研究范式转型，由"移植借鉴'西法'"向"自我建构'中法'"转型建构的过程中，应该站在国际社会秩序规则体系和国内社会秩序规则体系创新建构的双重视角，以积极参与全球治理的姿态和推进全面依法治国的方式，在正视推进"中国世纪"实践发展的基础上，深挖属于中国自己的"中国问题"，正确理解、发掘、阐释和运用"中国智慧"，才能更好地实现法治理论体系的"中国性"建构。当然，在这一反思建构过程中，检视建构"中国性"还应注意三大方面的问题：其一，始终坚持以马克思主义思想理念为根本指导思想，这是尊重"中国性"的根本体现。这不是迎合"政治正确"的口号，而是由中国国体、政体和基本国情决定的。正如我国历史上汉武帝自上而下地"罢黜百家，独尊儒术"，才开启了后世几千年的中国社会思想大一统和民族大融合的稳固繁荣的局面。任何法学研究和法治理论建构都不应该也不可能脱离这一"根本话语体系"去商谈解决中国特色社会主义法治体系建设所遇到的问题，也不可能凭空提出行之有效的法治理论方案。其二，应该深入发掘、融合和运用中华优秀传统思想文化（尤其是传统文化中的法治思想理念）的基因，建构真正具有"中国血统"的法治理想图景和法治理论体系。这是增强文化自信的重要内容，更是建构发扬"中国性"的历史使命。其三，正确认识和对待西方法治思想理论，这是一个历史遗留问题。在转向"中国主体性"法哲学和法治理论体系的建构过程中，一方面要经受"脱胎换骨"（如思想理念转换）的阵痛期，另一方面要加强与世界其他法治文明之间的"包容"和"对话"（如移植嫁接同一技术规范标准等）。充实改良并创新发展西方法治思想理论，一方面使之真正实现"中国化"，另一方面使之真正融合"多元"和"包容"的文化基因，同样是尊重"中国性"的当代责任。

在对国际法治和国际法治理论体系"中国性"的检视建构过程中，作为主体的中国人的确信与认同及其思想观念的变革与创新至关重要，起着决定性作用。因此，我们至少还应做好"'法治'教育宣传走群众路线"和"法学教育思想理论及体制改革"两方面的工作：其一，作为人类社会治理的基本工具之一，"法律"本应是源自社会，并融入社会和作用于社会。这里的"社会"应包括马克思主义划分论述的几种社会形态，即原始社会、奴隶社会、封建社会、资本主义社会和共产主义社会（社会主义社会），同时也意味着应包含原生乡土社会与现代都市社会，国际社会与国内社会。因此，无论是法治中国、法治政府还是法治社会的建设，都不可能是仅仅依凭中国法学人的理论建构和法律人的立法、执法、司法等就能建成的事业，它们都离不开人民大众的积极参与和广泛认同。中国法学界与法律实务界理应充分认识到"人民大众才是历史的缔造者"的根本地位和作用，真正融入广大人民群众，深化创新法治宣传教育形式路径，营造全社会的法治思维和行为习惯。国际法治的全面建设发展和法治理论体系的"中国性"建构，绝不能沦为法学人圈子的"专利产品"，更不应沦为法律人圈子的"精神玩偶"，而应该坚持两大基本常识：一方面，应该立足于中国社会实践和基本国情，坚持中国共产党的领导地位和服务于中国社会政治经济的基本制度，借鉴其他国家和地区的先进经验做法，应当经过"中国主体性"

改造，切不可机械照搬；另一方面，应该走出象牙塔、走出大雅之堂，坚持接地气、走群众路线，使之成为普通民众（尤指社会基层民众、偏远地区民众）的基本常识，才能算得上是"法治中国"和"法治社会"。这是国际法治及其理论体系建构应有的方向和路径。其二，无论是法学本科生还是法学研究生教育，也无论是学历学位教育还是非学历的教育培训，都有必要尝试教育模式的改革与创新——这正是建构中国特色社会主义法治体系应有的法治教育理论内涵和法治人才根基。从充分尊重发挥主体的能动性、创新性角度看，现行法学教育体制不妨尝试逐步进行"'问道'模式—'悟道'模式"转型改革。此处，所谓"问道"，主要是指"师于人"，更多地强调"求教于人"，希望通过师者的教育训练和智慧帮助（师者传道），从师者身上学会一技之长（师者授业）、寻得疑问之解答（师者解惑）。所谓"悟道"，主要是指"省于己"，更多地强调"体悟于己"，通过学生主体的不断自省和体悟，结合自身智识能力，领悟学习之道和所学之内在逻辑规律。然而，正如2014年诺贝尔物理学奖得主日本科学家中村修二所言："亚洲的教育制度浪费了大量时间，年轻人应该自己学习不同的事情。东亚国家现代的普鲁士教育体制阻碍了学生进行更为深入的探究，对他们独立思考的能力有害无益。"[1] 因此，有必要全面反思当前以服务于"司法考试""公务员考试""促进就业"为导向的法学教育思维和模式，进而逐步倡导强化"促进主体自主探

---

[1] 中村修二. 日本一位诺奖得主深刻反思：东亚教育是在浪费时间，所有人都深受其苦. 搜狐网"搜狐教育"http：//learning. sohu. com/20160307/n439602064. shtml，最后访问日期：2016 年 12 月 1 日. 但值得注意的是，正是日本的"工匠精神"，而不是日本的大学教育，连续十几年给日本带来了十几位诺贝尔奖得主、世界顶尖的科学家。

索创新"的教育思维和模式。百年大计，教育为本；科教兴国，人才为本。如果说"创新"是我国未来参与形成世界秩序规则和深化全面改革发展"最大红利"的话，那么全面破除教育科研界各种"假以规范管理之名"的量化繁杂、重复低效的考评指标及其体制机制（已造成人财物等资源的巨大浪费，而且各方都疲于奔命，导致重形式、走过场、数据材料造假等不良风气），彻底解放教育科研人员的手脚，无疑将是助推"生产力第二次大解放"的关键性基础改革。而且，这种关键性基础改革已经具备极为重要的基础条件：那就是与古代学校班级制教育形成的原因基础完全不同，随着信息网络化、大数据、云计算技术的成熟，尤其是各种移动网络数据平台的不断丰富完善，每个主体能够同步获得的知识信息量急速暴涨（如全球共享的"网络社会"、各种云数据库等）。这就彻底颠覆了传统几千年来学校班级教育体制的根基——下层社会和其他社会群体需要通过购买学校教育服务来获得"教师依靠知识信息的垄断而存在的比较优势"——这也是学校班级制得以创立和发展的基础动因之一。换言之，教师赖以为师的知识信息垄断壁垒已经被彻底打破，有很多学生知晓的知识信息甚至超过了一些教师，因为书本内容及其相关知识点在网上基本都能够搜索到，因而传统课堂教学模式已经不能更好地满足学生的求知需求，反而会过多地牵制消耗学生的精力，阻滞他们自主地进行探索研究和创新思考（如国际法治理论体系创新建构思考的迟滞）——与之对应，广大教师又何尝不是如此。这或许正是造成"钱学森之问"的根本原因，也是我们应该认真反思"传统问道"和"课堂教学"存在的不足，并勇于在信息网络化的21世纪逐步向"现代悟道"和"创新平台"转型的根本原因。事实上，无论是古代中国的老子、孔子、孟子、荀子、庄子、韩非子等圣哲，还是古代西方苏格拉底、柏拉图、亚里士多德等圣哲，他们当时可供参阅使用的信息资料和工具平台远不及现代社会丰富发达（这说明信息资料的多寡并不是阻滞"出大思想家"的根本原因），但他们却能著述经典、千古流芳。这是为什么？根本原因应在于：他们基本能够自由地"悟道"。

总之，处于一个"规则博弈"的重要历史时期，中国不仅需要积极参与全球治理，发出"中国声音"，而且需要引导国际社会创新重构更加公平、包容、共赢的国际规则体系，因而更需要占领未来国际规则话语体系的"制高点"，提出饱含"中国性"的规则话语，尤其包括国际法治的新思想理念和新规则制度，如中国对"发展权"理念的贡献等❶。这是由全球化大环境、大趋势和国际国内社会发展实践所决定的，不仅符合中国保障国家利益的诉求，也符合维护世界和平与发展大局的需求。中国当前进行的改革和创新，正是在坚持马克思主义思想和习近平新时代中国特色社会主义思想的指导下，顺应这一全球政治经济发展转型和人类社会历史发展潮流的战略决策和关键举措。

当今世界风云变幻，"黑天鹅"事件频发致全球事务不确定性加

---

❶ 在联合国《发展权利宣言》通过30周年之际，中国国务院新闻办公室2016年12月1日发表《发展权：中国的理念、实践与贡献》白皮书，全方位地介绍了中国的理念和有效实践，阐释了发展权对于保障和改善人权、推动人权事业进步的重要意义和作用。白皮书指出，中共十八大以来，以习近平同志为核心的党中央，坚持以人民为中心的发展思想，在实现"两个一百年"奋斗目标、实现中华民族伟大复兴的中国梦进程中，以保障和改善民生为重点，大力发展各项社会事业，切实保证人民平等参与、平等发展的权利，努力朝着实现全体人民共享发展和共同富裕的目标稳步前进。我国开创了人类文明发展史上人权保障的新道路。白皮书显示，我国少数民族在经济、政治、文化等各方面的发展权得到有效保障。参阅《发展权：中国的理念、实践与贡献》白皮书发表［N］. 人民日报，2016 – 12 – 02（2，10 – 11）.

大，全球化与反全球化思潮并存，贸易自由化与贸易保护主义同场角力，传统安全与非传统安全问题交织，世界多极化、文化价值多元化、网络信息化发展加速，全球治理秩序与规则话语博弈加剧，国际格局正在深刻调整演变；而今日之中国，正处在全面深化改革开放、建设中国特色社会主义法治社会和实现中华民族伟大复兴的重要阶段；正处于世界秩序"东升西降""南升北降"的重要战略机遇期和窗口期；正处在推进国际法治、"一带一路"建设和倡导建构国际政治经济新秩序的关键时期。❶ 2017 年 2 月 17 日，习近平主席在国家安全工作座谈会上强调指出，"要引导国际社会共同塑造更加公正合理的国际新秩序""引导国际社会共同维护国际安全"。中共二十大报告也重申，"坚定维护以联合国为核心的国际体系、以国际法为基础的国际秩序、以联合国宪章宗旨和原则为基础的国际关系基本准则"。正如朱子所云："仁者，以天下为己责也。"那么，如何才能更好地向全世界传递、展示和弘扬中国正确的义利观等优秀思想文化？如何才能更科学地参与并引导国际社会建构全球治理新的规则话语体系？如何才能更加公平正义地推进共建共治共赢的"人类命运共同体"，为增进全人类福祉贡献出"中国智慧"？诸如此类，都是摆在所有人面前亟待冥思苦想的重大课题。

正所谓"法安天下，德润人心"，纵览我国古代明君先贤，历来明德重法，礼刑并施。孔子曰："道之以政，齐之以刑，民免而无耻；道之以德，齐之以礼，有耻且格。"（《论语·为政》）就人类社会和谐发展而言，"德"与"法"如鸟之两翼、车之双轮，"法治和德治不可分离、不可偏废，国家治理需要法律和道德协同发力"。2016 年 12 月 9 日，习近平在中共中央政治局第三十七次集体学习时

---

❶ 曾令良. 法治：中国与世界——国际法治与中国法治建设 [J]. 中国社会科学，2015（10）：134－146.

强调指出："法律是成文的道德，道德是内心的法律。法律和道德都具有规范社会行为、调节社会关系、维护社会秩序的作用，在国家治理中都有其地位和功能。法安天下，德润人心。法律有效实施有赖于道德支持，道德践行也离不开法律约束。""改革开放以来，我们深刻总结我国社会主义法治建设的成功经验和深刻教训，把依法治国确定为党领导人民治理国家的基本方略，把依法执政确定为党治国理政的基本方式，走出了一条中国特色社会主义法治道路。这条道路的一个鲜明特点，就是坚持依法治国和以德治国相结合，强调法治和德治两手抓、两手都要硬。这既是历史经验的总结，也是对治国理政规律的深刻把握。"诚如孟子所云："徒善不足以为政，徒法不能以自行。"（《孟子·离娄上》）同理可知，在处理现代国际关系交往和建构完善全球治理体系过程中，难道可以忽视"道德"应有的地位和功能吗？难道不需要全面倡导推进"国际德治"与"国际法治"融合互动的新理念、新模式与新方法吗？毋庸置疑，答案应该是否定的。即便如此，我们也必须首先面对三个核心问题：何谓"国际德治"？为什么要倡导推进"国际德治"？又如何在人类命运共同体建构进程中实现其与"国际法治"的融合互动？

综上可知，在当今多元多极化发展的国际社会，全球化与反全球化共存，贸易自由化与反贸易自由化并立，开放主义与保守主义、多边主义与单边主义、国际社会本位与本国优先主义等各种思潮主义共存于世，传统与现代不断对话并深度交织，全球治理规则话语博弈日趋加剧，传统的国际政治经济格局正在发生深刻调整与演进，原本单一的国际法治模式对国际社会主体的规制愈显乏力，不断衍生出全球治理危机。❶ 因此，要引导国际社会共

❶ 自 1989 年世界银行首次使用"治理危机"一词并于 1992 年起将年度报告称为《治理与发展》，之后"治理"（governance）和"善治"（good governance）便成为国际社会科学中最时髦的术语之一，也成为多学科领域中的最新研究范畴。参阅俞可平. 治理与善治［M］. 北京：社会科学文献出版社，2000.

同塑造更加公正合理的国际新秩序，引导国际社会共同建构"人类命运共同体"，就应当秉承"大同世界"的情怀，借鉴发扬中国"法治"与"德治"融合互动的社会治理模式，结合世界优秀的道德文明、中国优秀传统伦理道德价值观和马克思主义思想及其在现代中国实践中新发展的思想理论，主动阐明"国际德治"的内涵要素，倡导国际社会协同建构"国际德治"规则理论体系，推进全球治理体系内"国际德治"与"国际法治"融合互动的"双擎模式"，厘清其得以建构的理论基础和应当遵循的基本原则，合理衡平全球治理"双擎模式"与国家主权利益之间关系，以国际社会主体的"领导决策者"为首要规制对象建构国家组织机构主体与领导决策者个体双重规制评价的机制，探索推进人类命运共同体建构中"道德"与"法律"的融合互动机制、国家主权安全信誉监督评价机制和国际德治奖惩激励机制，不断探索创新全球治理规则与理论体系，不断促进人的全面自由发展和增进全人类的福祉。❶

如上所述，这些亟待深入思考、解构与建构的全球治理与国际法治规则及理论问题，事关国际社会协同推进良法善治、人类命运共同体建构、"一带一路"建设及争端解决等重大议题，必然成为中国国际法学理论界与实务界共同的目标使命和责任担当。那么，国际法治首先要阐释和解决的一个基本问题，正是在习近平新时代中国特色社会主义思想指导下，探索如何合理建构新型国际关系与人类命运共同体及其如何达至善治。探索建构中国特色社会主义国际法治规则与理论体系（如"一带一路"建设法治规则及理论体系、陆上贸易规则及理论体系）等，自然应是中国国际法学理论界与实务界首要的努力方向。然而，在这一进程中，加强对现代国际法治基础理论的系统研究，就是探索建构中国国

---

❶ 马新民. 不懈推动国际法治 努力服务和平发展 [N]. 光明日报，2014-10-30（10）.

际法治规则与理论体系的基础前提。但无论如何，国际法治及其理论体系等如此宏大的理论叙事和庞杂的理论体系建构，不可能"毕其功于一役"。事实上，习近平总书记早已明确指出："法治领域改革政治性、政策性强，必须把握原则、坚守底线，决不能把改革变成'对标'西方法治体系、'追捧'西方法治实践"；"中国特色社会主义法治体系，必须是扎根中国文化、立足中国国情、解决中国问题的法治体系，不能被西方错误思潮所误导"。❶ 故此，对现代国际法治基础理论的反思与重构和推进中国式涉外法治现代化，必须坚持在习近平新时代中国特色社会主义思想，尤其是习近平法治思想、习近平外交思想的指导下，走出"现代化＝西方化"的迷思，不做西方理论的"搬运工"❷，面向"创造人类文明新形态"思索国际规则与理论话语体系，立足中国式涉外法治现代化和国际法治规则理论体系的变革重构，更须汇集学界泰山北斗、实务界贤达之士和社会各界精英之智慧。是为人类命运共同体和人类法治文明新形态下反思现代国际法治（涉外法治）基础理论问题并试图探索思考中国式涉外法治现代化基础理论命题系列研究成果之一和涉外法治哲学、价值观、方法论的抛砖引玉之拙作，既可作为学术理论思索商讨之标靶，亦可作为法学本科生、博硕士研究生相关理论课程的教材读物。

---

❶ 坚持走中国特色社会主义法治道路，更好推进中国特色社会主义法治体系建设 [N]. 人民日报, 2022 - 02 - 16 (1).

❷ 中共中央办公厅 国务院办公厅印发《关于加强新时代法学教育和法学理论研究的意见》[J]. 中华人民共和国国务院公报, 2023 (7): 9 - 14.

第一章

国际法治的问题场域与话语体系

自 1949 年以来,"中国法治"进程已历经七十余载,取得了举世瞩目的成就。❶ 中共十八大及其四中全会把"全面推进依法治国"提到了空前高度❷,

---

❶ 这些成就,可能突出体现在以下六个方面:(1)我国宪法规定了法律平等、审检分立、依法治国、尊重和保障人权与私产等;(2)建立健全社会主义法制体系,国内法与国际法规范有效运行;(3)行政、执法、司法愈加走向规范、公正、人性、文明;(4)法学研究成绩斐然,理论成果数以万计,法治实践学派、社会法学派等各种法学学派正在形成兴起;(5)法学教育成效显著,法律学科专业体系不断完善,法律人才队伍持续壮大,积极参与国际对话交流,发出"中国声音";(6)守法观念深入人心,维权意识不断增强,社会法治大气候初现。

❷ 习近平总书记指出,"全面推进依法治国是一个系统工程,是国家治理领域一场广泛而深刻的革命。"习近平.中共中央关于全面推进依法治国若干重大问题的决定 [N].人民日报,2014 – 10 – 29(1).对此,中国法学界也展开了持续大讨论。参阅北京市中国特色社会主义理论体系研究中心.全面推进依法治国 [N].经济日报,2014 – 09 – 25;李林.全面推进依法治国具有重大战略意义 [N].法制日报,2014 – 10 – 25(3);钱弘道.中国特色社会主义法学理论根植于实践 [N].法制日报,2014 – 10 – 25(3);朱勇.提升司法机关的"法治定力" [N].人民法院报,2016 – 07 – 13;刘仁文.在司法反腐

那种增强"四个自信"❶、彰显"中国智慧"、提出"中国方案"和强化"中国行动"的愿景愈加强烈而迫切。然而，基于近代中国百年屈辱史留给国人的"心灵创伤"与"文明自卑"、渴求融入西方科技文明强势主导下的"西方中心主义"世界话语范式体系（在学术理论研究上"与国际接轨"的愿景异常强烈）等原因，深受"师夷长技""西学东渐""变法图强"的历史实践和社会心理等影响，中国法学教育研究也被绑上了这样一列"西法东渐"的历史列车❷，像摆脱"精神桎梏"般地撇开中国传统思想文化（如主流观念抱存"历史虚无主义"）❸，也可能存在个别既得利益者们为满足维护学术声誉地位的私心私利而"固守山头"或"阻滞变革"，几乎完全丧失了"中国主体性"法治建构的愿景，致使当前中国法学界普遍留下对"西方法治理想愿景"的"心理阴影"和功利主义、实用主义观念下"慵懒式"与"应有式"❹的

（接上页）中全面推进依法治国［N］. 人民法院报，2016 – 08 – 29（1）；卓泽渊. 法治中国是实现中国梦的推动力量［J］. 法制日报，2016 – 11 – 24（1 – 4）；郭道晖，江平，陈光中，等. 中国法治百年经纬［M］. 北京：中国民主法制出版社，2015；等等。

❶ 冯鹏志. 从"三个自信"到"四个自信"：论习近平总书记对中国特色社会主义的文化建构［N］. 学习时报，2016 – 07 – 07（A1）.

❷ 郭道晖，江平，陈光中，等. 中国法治百年经纬［M］. 北京：中国民主法制出版社，2015：1 – 20.

❸ 然而，由此带来的危害是巨大而深远的。正如习近平总书记指出，"培育和弘扬社会主义核心价值观必须立足中华优秀传统文化。牢固的核心价值观，都有其固有的根本。抛弃传统、丢掉根本，就等于割断了自己的精神血脉。博大精深的中华优秀传统文化是我们在世界文化激荡中站稳脚跟的根基"。参阅陈先达. 文化自信中的传统与当代［N］. 光明日报，2016 – 11 – 23（13）.

❹ 这里，所谓"慵懒式"思维习惯，主要是指在"传统（落后）—现代（先进）"这样一个推进中国法治文明的范式中，由于长期受到"西法东渐"和历史虚无

"精神依赖"，真正意义上"文化自觉式"的"中国法治理论"创新研究严重不足，有些基础理论诸如"国际法治"等系统教育研究甚至存在空白。❶

时至 21 世纪，国际法治与国际法治理论体系，作为中国特色社会主义法治体系的重要组成部分，随着国际法治规则秩序创新发展与国际法治理论体系转型建构的社会历史实践发展，已被推到了一个"十字路口"。面对这一伟大的历史使命，中国法学界应如何担纲破局：是继续满足于西方法治思想观念、思维惯式和在西方法治愿景下的"修修补补"和"西药西治"，还是采取"文化自觉""中药中治"式地探索建构"中国主体性"的国际法治理论体系？如何才能削减中国法学现有的惯性思维和对西方法律理论的精神依赖？如何才能避免对国际法治与国际法治理论体系"中国性"建构的误判（抑或存在集体无意识或集体失语）及其带来的不良影响呢？建构"中国特色社会主义的国际法治理论

（接上页）主义的影响，以至于中国法学养成了过度依赖于移植借鉴西方法治思想理论，懒于发掘中华文明中的"中国元素""中国基因"和怠于建构饱含"中国性"的法治理论体系的不良思维习惯。所谓"应有式"思维习惯，主要是指在比较法研究过程中，善于发掘国际社会法治和其他国家及地区法治的优势和长处，并积极主张本国及本地区应该通过立法、司法等手段予以吸收借鉴的一种思维习惯。这种思维不是个别国家或地区的专利，在世界各国的法学学术研究中都普遍存在。在美国法学界有，在欧洲法学界有，当然在中国也有。应该注意的是，此处所指"应有式"思维与传统意义上的"拿来主义"是存在一定区别的，即便两者都是强调要吸收借鉴外国经验。但前者更多地倾向于要移植改良外国先进的经验做法；后者更多地偏向于生搬硬套、照搬照抄外国的经验做法。

❶ 张江. 当代西方文论若干问题辨识：兼及中国文论重建 [J]. 中国社会科学，2014（5）：4-37.

体系"❶，应从何处着手，又应走向何处？如何才能更加科学合理

---

❶ 2014 年 10 月，中国共产党第十八届中央委员会第四次全体会议首次专题讨论
了全面推进依法治国的问题。2014 年 10 月 28 日，《中共中央关于全面推进依
法治国若干重大问题的决定》正式发布，"中国法治"建设被提到了前所未有
的高度。全面推进依法治国，是以"建设中国特色社会主义法治体系和社会主
义法治国家"为总目标，在国家现代化治理领域内开展的一场广泛而深刻的治
理改革。在坚持党的领导和中国特色社会主义制度的基础上，坚持贯彻中国特
色社会主义法治理论（亟待中国法学界协同创新和发展），形成完备的法律规
范体系、高效的法治实施体系、严密的法治监督体系、有力的法治保障体系，
形成完善的党内法规体系，坚持依法治国、依法执政、依法行政共同推进，坚
持法治国家、法治政府、法治社会一体建设，实现科学立法、严格执法、公正
司法、全民守法，促进国家治理体系和治理能力现代化。因此，对"中国法治
理论体系"的理解，应从两个方面加以理解：一方面，它至少应包括"静态的
法治"和"动态的法治"两大理论部分。前者主要是指关于中国特色社会主义
法律体系的制定完善（2011 年已基本建成）和中国特色社会主义法律理论等
依法治国制度理论层面的研究与创新；后者则更加强调中国特色社会主义法律
体系与法律理论与中国特色社会主义现代化建设实践全面融合互动等依法治国
实践操作层面的研究与创新。另一方面，它至少应包括"国内的法治"和"国
际的法治"这两个层面的理论创新与建构。前者自不待言。后者则主要是指在中
国积极参与全球治理体系和国际规则话语体系的坚守、建构和创新过程中，尤其
需要运用"中国方法"、提出"中国方案"和彰显"中国智慧"，与世界各国协
同创新与建构新的国际法规则体系和理论体系。譬如，"一带一路"倡议已获得
各国的普遍认同和支持。2016 年 11 月 17 日第七十一届联合国大会通过一项决
议，首次写入"一带一路"倡议，欢迎"一带一路"等经济合作倡议，敦促各
方面通过"一带一路"倡议等加强阿富汗等地区经济发展，呼吁国际社会为
"一带一路"倡议建设提供安全保障环境。该决议得到了 193 个会员国的一致赞
成。由此可见，中国"一带一路"倡议已然成为联合国的重要战略。然而，中
国法学当前关于国际法规则及其体系的理论研究，也存在诸多空白和不足，亟待
投入更多的国际视野和国际情怀。例如，对中国海外公民权益的保护研究和探索
严重不足，相关理论建构和有关立法、司法等已经严重滞后于我国对外经济贸易
和人文交流发展的实践，等等。这些现状都落后于建构"人类命运共同体"等
国家战略发展的需求，落后于服务"一带一路"倡议和"中国海外利益保护"
这一国家利益的发展需求。

地理解、阐释、融汇和传播"中国主体性"？❶ 又如何能更好地在国际法治理论体系建构中融入"中国元素"和"中国基因"，进而在推动国际秩序规则体系变革过程中更好地彰显"中国智慧"？❷ 诸如此类，都应是中国法学界和法律实务界现阶段应该正视和共同应对的基本问题。当然，如此宏大的国际法治叙事，不可能"毕其功于一役"，但此处将首先围绕以国际法治为理论基础的国际法治理论体系的"中国主体性"的诠释与建构问题，提出一点不成熟的看法。

语言，包括口头、文字和肢体行为等语言符号，作为人类借以理解、表达、阐释和记载外在事物和内在感受的基本工具，其对促进人类历史文明进步的作用无可替代。因此，从语言学的角度看，我们可以将"中国特色社会主义法治理论体系"理解为"中国特色""社会主义""法治理论体系"等三大部分。其中，"中国特色"和"社会主义"修饰限定"法治理论体系"，"中国

---

❶ 对于中国特色社会主义法治体系建设的相关问题，包括郭道晖先生、江平先生、李步云先生、曹建明先生、徐显明先生、张文显先生、何勤华先生、付子堂先生、李林先生、苏力先生、季卫东先生、卓泽渊先生、姚建宗先生、王人博先生、邓正来先生等诸位先生在内的一大批专家学者们都曾专门讨论过"中国""中国特色""中国主体性""中国性"等关键"字眼"。参阅王人博. 法的中国性 [M]. 广西师范大学出版社，2014；邓正来. 中国法学向何处去——建构"中国法律理想图景"时代的论纲 [M]. 2 版. 商务印书馆，2011；季卫东. 法治秩序的建构（增补版）[M]. 北京：商务印书馆，2015；等等。

❷ 事实上，我国的法学专家学者们早就围绕法治展开了卓有成效的探索。例如，张文显. 中国步入法治社会的必由之路 [J]. 中国社会科学，1989（2）；郭道晖. 中国当代法学争鸣实录 [M]. 长沙：湖南人民出版社，1998；张文显. 中国特色社会主义法治理论体系的重大发展 [N]. 光明日报 2014 - 11 - 10（11）；江必新，王红霞. 法治社会建设论纲 [J]. 中国社会科学. 2014（1）：140 - 157；姚建宗. 法学研究及其思维方式的思想变革 [J]. 中国社会科学，2012（1）：119 - 139；孙谦. 法治建构的中国道路 [J]. 中国社会科学，2013（1）：13 - 16；王建国. 法治体系是对法律体系的承继和发展 [J]. 法学，2015（9）：97 - 106；等等。

特色"又修饰限定"社会主义",因而我们首先应该要洞悉"中国特色"（亦称中国基因、中国元素、中国性或中国主体性）的含义❶。这正是我们建构"中国特色社会主义国际法治理论体系"时，应该科学理解和阐释的一个先决问题，因为这一理论体系建构的根基应是"中国性"场域。任何理论的建构、解构和探讨，都应有特定的"问题场域"，否则便失去了理论探讨的主题和目标，沦为"假命题"或"伪命题"，成为无本之木。但值得反思的是，"中国性（或中国主体性）"在国际法治理论体系中失语或空缺已久，这也正是中国法学界尤其国际法学界现在为什么要广泛开展"文化自觉"式反思和强调"中国性"的根本原因之一。

那么，要在未来国际法治教育研究中涵摄和凸显应有的"中国性"，可能先要识别和设定"中国性"场域。为此，可从以下几方面加以解读。

第一，"法之理在法外"，对"中国性"解构和建构的客体或场域应是指"中国社会"——一个长期经受儒家思想文化洗礼和具有悠久封建历史传统的乡土社会。世界上没有绝对永恒的真理，更不存在适合多元化文明世界的唯一法治模式及理论体系。这是因为任何理论赖以建构的"客体或场域"之间存在"间性"（客体或场域间性），也是我们所有法律人具有的基本常识。关于"客体或场域间性"问题的形成，如图 1 - 1 所示。

---

❶ 严格来讲，中国基因、中国元素、中国性或中国主体性等词语或多或少地存在一定区别，但这里暂不作展开探讨，将其视作同义词，意即"属于中国原本固有的或创新发展的"。

人群生存的不同自然环境—社会印记原始积累—社会历史文化积淀
（不同环境对人的刺激）　　（形成人的不同习性）（社会观念与风俗习惯）

场域间性形成扩大—民族国家个性固化发展—不同民族国家初步形成
　　　　　　（民族国家思想文化传统）　　（国家观念与民族意识）

最大限度削减"隔阂"—思想理论概念的移植借鉴—不兼容、新矛盾
（追赶文明的愿景）（有意或无意地回避遗忘"场域间性"）

图 1-1　"客体或场域间性"问题形成图示

　　因此，要建构国际法治和国际法治理论的中国文化基因，就应该先具备"历史思维"，从中国社会历史文化传统中去寻找，才能对症下药地运用中国特色社会主义国际法治理论指导解决国际法治进程中遇到的问题。正如要探索解决中国法治的问题，就必须立足于中国国情（社会主义政治经济体制、多法域、多民族、城乡二元等）和社会实践，并运用中国自己的思想理论话语体系去解读、建构和发展。"一切历史都在描述，也都在解释"，"不论史学家有多诚实，他的著作必是自己环境、发育和价值结构的产物，而他对历史的解释就是个人信仰和人生观的结晶"。❶ "法治"作为社会治理的基本方式之一，从来都不应是法学者们的"空想"。倘若无视其赖以存在的社会政治经济基础，"法治"便会失去生命力。这其中，尤为重要的是，"依法治国"的"国"（国体）是建设特色社会主义的中国，必须坚持中国共产党领导下的政治体制和社会主义市场经济体制，并依法治之。在这个意义上，

---

❶ 胡旭晟."描述性的法史学"与"解释性的法史学"[M]//胡旭晟. 解释性的法史学：以中国传统法律文化的研究为侧重点. 北京：中国政法大学出版社，2005：3-12；转引自黄源盛. 中国法史导论 [M]. 桂林：广西师范大学出版社，2014：33.

中国发展国情、中国社会实践和中国所处世界，可以被理解为中国国际法治理论体系建构的"中国性"场域。中华优秀思想文化传统、中国化的马克思主义思想文化和经中国性改造后的西方法治思想理论，均可被理解为中国国际法治理论体系建构的"中国话语"。而且，前两者应该成为"中国话语"中的根本话语体系，因为任何外国话语体系即便再美妙，也只适合描述该外国的法治文明。当中国法治思想理论中的"历史虚无主义"渐遭淘汰时，"回溯中国历史传统"将渐成主流学术愿景，寻根究底的中国历史法学学派也将随之兴起。

第二，"徒法不足以自行"，对"中国性"解构和建构的主体应是指"中国人"（尤其是熟知中国国情和深谙中国文化的法学家群体），而不应是任何通常意义上的"外国人"（非"中国通"）。这是因为"主体"之间存在"间性"（主体间性），任何不具有相同社会历史背景的外国人都无法精准理解和把握中国传统法律思想文化和中国现代社会法治实践，更不必说向中国人阐释传播充满"中国性"的法治理论。中华民族是一个历经几千年封建统治、饱受百年屈辱史摧残和正在进行社会主义现代化觉醒的民族，是一个具有非常复杂的社会心理情感、渴求和平发展、包容性极强的民族。中国人崇尚理性（如道家文化对"道"的理解和追求），但有时也崇拜偶像权威、迷信鬼神轮回。最为显著的一个例子就是，梁启超曾在《论立法权》中言："呜呼！荀卿'有治人，无治法'一言，误尽天下，遂使吾中华数千年，国为无法之国，民为无法之民。"❶ 相比之下，受儒家"天下归仁"等传统思想文化和人本主义影响而形成的"仁爱、中庸"的民族个性可能更为明显，

---

❶ 马小红，庞朝骥，等. 守望和谐的法文明 [M]. 北京：北京大学出版社，2009：代前言第ⅩⅩⅦ页.

而这种"法致中和，宽猛相济"的民族品格也深深地影响了中国传统法律思想，如古代刑法中的"德主刑辅、明刑弼教"、"亲亲得相首匿"、慎刑、恤刑等❶；同时也充分体现在现代中国法治实践当中，如不同于《跨太平洋伙伴关系协定》（*Trans - Pacific Partnership Agreement*，"TPP 协定"），"一带一路"倡议就秉承"和谐共建、包容共赢"的理念，没有谋求建立强制性规则和统一的争端解决机制等。

为了方便更清晰地说明"主体间性"给世界多元文明间的沟通对话带来的"阻隔和障碍"，我们不妨设想在一个最理想的状态下，亦即排除了各种私心私利的干扰、生理心理结构的差异、智识辨别能力的缺陷和背景信息储备的不足等因素的制约，尝试作以下推演。

外界社会自然环境—形成不同国家民族的人—不同的生理心理反应
（原始信息刺激）　　（人体神经元接收信息）（人脑中感觉感受成像）
　　　　　　　　　　　　　　　　　　　　　　　　　　　　│
不同国家民族的人交流沟通"隔阂"—产生不同的认识和判断
（"主体间性"形成）　　　　　（大脑运算作出理解偏好）

图 1 - 2　"主体间性"形成图示

由此可见，应该重视客观存在的"主体间性"。不同历史背景和社会文明的民族国家的人，在对世界的源认识、源理解和表述传递上并不一致，从而造成信息的遗漏、丢失、损失并引发受体在认识理解上出现偏差、偏好，甚至因此作出误解、误判和误为。这也是为何我们强调要在努力培育法学"专家"的同时全力培育法学"通家"的重要理据之一。也正是从"法的制定、运行"这

---

❶ 张晋藩，林中. 法史钩沉话智库 [M]. 北京：中国法制出版社，2016：22 - 23.

个意义上讲，"法治"本质上即是"人治"。譬如，在法的精神层面，存在价值的判断与选择，思想理念的阐释、传播与认同，尤其是启蒙思想家对法治的作用更是无与伦比，如德国历史法学派鸿儒萨维尼的"制定法更可靠"的思想主张深深地影响了《德国民法典》的制定❶，英国劳动法庭在阿斯拉姆、法勒等诉优步有限公司、优步伦敦有限公司和优步英国有限公司案（"Y. Aslam & J. Farrar *v.* Uber B. V & Uber London Ltd. & Uber Britannia Ltd."）中关于"优步司机是优步公司员工"的判决为新型劳动关系的确立创立了先例❷，美国著名法学家理查德·波斯纳主审的"伊利诺伊运输贸易协会诉芝加哥政府"案（"Illinois Transportation Trade Association *v.* City of Chicago"）中对待交通运输网络提供者（Transportation Network Providers，TNP）的态度就已经促进了诸如优步、来福车（Lyft）网约车的成长❸，又如堕胎入罪与否全凭各国价值观念的选择等。在立法层面，存在部门"以法谋私"的现象、某些立法行政机关的负责人甚至为标榜政治业绩强行通过立法，如在处罚权、税收权上以部门规章的规范形式争权夺利；国

---

❶ 何勤华，马贺，蔡迪，等. 法律文明史（第9卷）：大陆法系（上卷）[M]. 北京：商务印书馆，2015：651。

❷ 黄文旭，编译. 英国判决：优步司机为优步公司员工 [N]. 人民法院报，2016－11－25（8）. 此外，该文章中还提到：英国劳动法庭判决认为，"优步公司所依据的合同条款不能反映优步公司与司机之间的真实关系。因此，法庭可以不考虑这些条款，而必须考虑合同各方不平等的谈判地位。很多司机没有习惯去阅读用高深的语言写出的繁杂的法律文件。法庭认为，这种情况是埃利亚斯法官在卡尔维克案中所警示的以下现象的绝佳例证：'大量律师为了客户的利益，想方设法起草扭曲双方真实权利义务的文件。'"可见，在英美判例法系，"法官造法"同样深深受到法官个人的生活背景、价值判断及其内心法治确信的影响。

❸ 刘秋苏. 美国 Uber 判决对中国网约车有何启示？. 新浪网"新浪司法"http://news. sina. com. cn/sf/news/2016－10－18/doc-ifxwvpaq1619887. shtml，最后访问日期：2016 年 12 月 2 日。

际法层面上的国际公约、协议等也基本都是各国利益协调的产物，如政治目的大于经济目的的《跨太平洋伙伴关系协定》等。在执法层面，存在歪曲法意、执法不严、违法不究、徇私舞弊等现象，如钓鱼执法、变通执法、选择性执法等。在司法层面，存在滥用自由裁量权、枉法裁判、同案不同判、同罪不同罚和择地行诉等现象，如海牙《选择法院协议公约》（Convention on Choice of Court Agreements），在 2016 年第 15 届《国际刑事法院罗马规约》（以下简称《罗马规约》）缔约国大会召开前夕，布隆迪、南非和冈比亚、俄罗斯相继宣布退出《罗马规约》等❶。在守法层面，只要不是反人类、反文明，但凡公民认同一般即为"善法"，基本会得到社会的普遍尊重和遵守，反之则不然，即便是"国家立法"，其效力也会大打折扣。

第三，"法无言不足以承载"，对"中国性"解构和建构的工具应是"中国话语"。这是由语言文字话语"工具"之间存在"间性"（工具间性）决定的，因为承载中国法治思想文化信息的中国语言文字与承载外国法治思想文化信息的外国语言文字，两者所承载的内容信息的质与量不可能全部吻合，从而导致各国语言文字之间存在"工具间性"而不可能实现"任意切换"。❷ 如图 1 - 3 所示：

---

❶ 2016 年 11 月 16 日，俄罗斯外交部在其官网上发表声明称："国际刑事法院辜负了国际社会对它寄予的希望，没有成为一个真正独立的、有威望的执法机关，其工作是片面的、无效的。""布隆迪、南非、冈比亚三个非洲国家已于 10 月底相继宣布退出国际刑事法院，指责该机构沦为西方大国不公正对待非洲的工具。"参阅吉黎. 俄罗斯宣布退出国际刑事法院. 新华网 http：//news. xinhuanet. com/world/2016 - 11/16/c_129366697. htm，最后访问日期：2016 年 12 月 1 日。由此可知，由于存在某些国际强权的过多干涉和选择性司法等因素，即便是号称维护全人类正义的国际刑事法院（ICC），也无法摆脱国际社会对其司法公正的质疑。

❷ 孙周兴. 存在与超越：西方哲学汉译的困境及其语言哲学意蕴 [J]. 中国社会科学，2012（9）：28 - 42.

外界社会自然环境—不同的国家民族的人—记录表达传承信息的欲望
（原始信息刺激）（人脑中感觉感受成像不同）（内外在信息的不同理解）
　　　　　　　　　　　　　　　　　│
　　不同国家民族的人交流沟通"隔阂"—不同的语言文字符号
　　（"工具间性"产生）　　　　　（赋予不同内涵意义的信息）

图1-3　"工具间性"形成图示

此处，所谓"中国话语"，实质上主要是指中国法律思想理论文化与中国社会法治实践经验，无论是历史的还是现代的。例如，就"正义""平等""自由""公平"等概念而言，中西方人对其内涵的解读就不一致，原因之一在于两者历史存在的"多神论"或"无神论"和"一神论"等不同宗教观影响了各自后世的道德伦理价值观和哲学世界观❶，而且概念与概念及其内涵之间也不一定能够一一对应。这也是为什么中华文明未能更好地走向世界、为世界所熟知，甚至被世界误读误解（如"中国无法治传统""中国威胁论"等）的重要原因之一，因为无论是外国或是中国都确实奇缺大百科全书式的"中国通"。由于这些原因，一方面，不能更好地将中华文明（法律文明）地道地翻译传播至国外（一味"西法东渐"，内热外冷）；另一方面，也不能更好地消除外国人对于中华法律文明的无知和误解。事实上，千百年来，中国的法治改革家、法治理论家和广大法律人都在前赴后继，积极为推进中

---

❶ 克塞诺芬尼提出了理智性的一神论（monotheism），而非幼稚的神人同形论（anthropomorphism）。他相信：一神，主宰诸神和人类，在身心上都不同于凡人。参阅肯尼. 牛津西方哲学史. 第一卷·古代哲学 [M]. 2版. 王柯平，译. 长春：吉林出版集团股份有限公司，2016：342. 柏拉图也在其《理想国》的《会饮篇》和《法律篇》中以进化论的视角讨论了神学及其演进。参阅肯尼. 牛津西方哲学史. 第一卷·古代哲学 [M]. 2版. 王柯平，译. 长春：吉林出版集团股份有限公司，2016：346-349. 另见柏拉图. 法律篇 [M]. 2版. 张智仁，何勤华，译. 北京：商务印书馆，2016。

国的法治事业贡献力量。在这一历史进程中，形成了很多学派，如春秋战国时的法家、"刑名之学"和近代新法家等；提出了很多法治主张，如"缘法而治""君臣上下贵贱皆从法""不别亲疏，不殊贵贱，一断于法""法不阿贵，绳不挠曲""刑过不避大臣，赏善不遗匹夫"等；进行了很多法治改革，如商鞅变法等；编撰了很多法典和论著，如李悝编《法经》、管仲修齐律、士匄修晋法、《管子》十九卷、《商君书》五卷、《韩非子》二十卷、《法论》十卷等；形成了很多代表性人物，如子产、吴起、慎到、申不害、剧辛、乐毅、韩非、李斯等，都曾为推进古代中国法治事业做出过巨大贡献。后世历代封建王朝中，主张兼采法家治国理念的人也不在少数，如诸葛亮治理蜀国、王安石变法和张居正改革等，当然也有兼采法儒理念治国的封建帝王，如汉武帝刘彻、唐太宗李世民和清圣祖玄烨等。时至晚清民国时期，也有诸如章太炎、梁启超、沈家本和陈启天等"新法家"力倡"法治"和"法治主义"等思想理念。❶ 到了现当代中国社会，更是有以毛泽东、邓小平和习近平等为核心的国家领导集体的依法治国思想智慧，也有董必武、周鲠生、李浩培、韩德培和史久镛、郭道晖、江平、李步云、李龙、李双元、梁慧星、高铭暄等一大批老一辈法学家们，还有张文显、江必新、徐显明、付子堂、黄进、何勤华、王利明、李林、朱苏力、陈兴良、张明楷、赵秉志等一大批中青年法学家们和张德江、周强、曹建明等法治实务界的专家们都在为推进中国法治事业而不懈奋斗。所有这些关于法制、法治

---

❶ 张晋藩，林中. 法史钩沉话智库［M］. 北京：中国法制出版社，2016；黄源盛. 中国法史导论［M］. 桂林：广西师范大学出版社，2014；马小红，庞朝骥，等. 守望和谐的法文明［M］. 北京：北京大学出版社，2009。

的历史文化、人物、事件和思想理论，当然还包括中国的哲学、宗教学、伦理学、政治学、经济学、管理学、心理学、教育学等其他学科领域在内的思想理论文化，都应该成为我们探索建构国际法治与国际法治理论体系的"中国话语"。这也是其应有之"系统思维"的理性规制之一。

　　因此，有鉴于上述多重"间性"的客观存在，在推进国际法治和国际法治理论体系的构建过程中，更不应忽视以下基本常识和普遍道理：其一，人类社会具有多样性，社会文明具有多元性，作为社会治理的基本方式之一，法治及其文化自然也不可能千篇一律。事实上，早在春秋战国时期，商鞅就认为一切法律制度都应随历史发展而发展，明确提出了"治世不一道，便国不法古"的主张。这也启示我们，解决国际法治进程中的问题，应立足于世界形势格局和国际社会法治实践，充分发掘并融合运用本土资源❶，坚持创新发展中国特色社会主义国际法治理论体系，才能从根基上做到制度自信、文化自信。其二，现代国人的智慧并不一定见得比我们的先哲先贤高明多少，所以不应认为舶来一些"洋概念""洋经验"等这些不具有"原创性"的东西就可以替代实质创新，就能在推进建构中国的国际法治和国际法治理论体系进程中产生良好的功效。倘真如此，我们的先辈前人早就建成了中国法治社会，不用等到现代国人费心移植照搬。其三，对于什么是"立足于国际法治实践"，可能至少应该从这几方面加以理解：一是从探索建构国际法治的场域看，应该根植于国际社会政治经济

---

❶　近年来，法学界使用了诸如"继受""移植""本土化""本土资源""在地化"等词语来理解和阐释中国法制与法治的近代化、现代化和中国化的发展和转型，尽管各自之间也存在词义、意义等方面的区别。

规则秩序及其改革发展的实践；二是从问题目标看，应该致力于发现和解决促进国际社会发展和全球治理进程中的问题；三是从认识论看，要充分发掘和运用中国智慧，从而形成中国特色的国际法治和国际法治理论体系。

归根结底，世界是属于各国人民的，需要由各国人民协同治理。多元多极化的全球治理和艰巨复杂的国际社会法治实践，是任何一个国家或地区所不具备的大环境、大平台，因而没有现成的法治理论和模式可以照搬，只能由全世界各国人民一道协同探索创新国际法治理论体系。因此，要建构具有世界意义的国际法治和国际法治理论体系，应当立足于国际法治问题场域，主要依赖于中国法学界，主要运用中国话语，不断融汇并凸显中国主体性的元素与文化基因；系统运用"历史思维、辩证思维、系统思维与创新思维"，融会贯通中国智慧、中国话语和中国方法，倡导完善国际法治秩序规则和创新全球社会治理模式。

第二章

国际法治应有的"思想理念"

　　探索建构"中国主体性"的国际法治和国际法治理论体系，既是全面推进依法治国、实现中华民族伟大复兴的实践需求，也是全球化实践发展推动全球治理规则体系创新重构的必然要求❶，更是中国特色社会主义法治理论科学化、体系化和全球化的内在诉求。当前，全球治理进程和国际国内社会政治经济发展的实践表明，创新建构国际法治和国际法治理论体系，应该坚持马克思主义思想理论指导，辨识和厘清"中国性"的基本内涵。这是建构国际法治理论应有的维度，是对"何谓国际法治的'中

---

❶　当然，在全球经济贸易迈向自由化、一体化和区域化等这一主流发展趋势的大背景下，也同时存在一些反对全球自由贸易、反对移民和反对不受控制的全球化的呼声，还有诸如美国前总统特朗普的"美国优先主义"、"英国脱欧"的连锁反应、"欧洲难民危机"等带来的一系列影响。同时，笔者不愿也不善于去对未来可能出现的"天灾人祸"能给世界带来的变化作过多的预测和预判，因为这样"诡辩式"地追究起来除了浪费一大堆笔墨口水外，毫无现实意义。

国性'"进行的事实注解，也是对"如何阐释国际法治的'中国性'"探索的实践进路。

一、历史变革与使命：开创和认同"中国世纪"

在"和平与发展"这一世界主旋律下，不论我们是否愿意承认、是否持悲观主义或保守主义态度或者即便有些国家试图阻滞这一历史进程，因为"经济基础决定上层建筑"的基本规律和科学论断，不仅对一国国内社会发展适用，而且对国际社会发展同样适用。譬如，较为典型的实例包括，古罗马帝国及其主导建构的世界秩序；曾经依凭工业革命、资本原始积累和海外殖民掠夺建立起来的"日不落帝国"及其主导下建构的国际秩序；依凭资本发展、社会改革，因远离战乱破坏并大发战争财、世界主要国家战后衰败不堪，美国主导建构了"二战"后的国际政治经济秩序。然而，当下毋庸置疑的事实是，当今国际秩序规则与全球治理模式亟待各国协同创新：当以联合国为代表的国际政治规则秩序遭遇"单边主义""恐怖主义""难民危机"等的重大挑战而广受质疑时，现有国际政治秩序规则就应该作出适度反思和回应；当以推行"贸易自由化"的 WTO 为代表的国际经济贸易规则体系受到"贸易保护主义"、"民粹主义"和以"政治对抗"意识下产生的《跨太平洋伙伴关系协定》为代表的区域自由贸易协定等阻滞因素而显得力不从心时，世界贸易规则体系的反思和重构就进入了学术视野；当以国际货币基金组织和世界银行为代表的国际金融规则秩序面对国际金融危机、新兴国家迅猛崛起、新型金融平台产品的出现等重大时代变革而亟待创新完善时，一场旨在共同建构国际社会政治经济新秩序、各国协同创新

"全球治理模式"和促进全球文明多元包容共赢的时代的到来就基本具有了共同的心理诉求和坚实的实践基础。在这一全球和平发展和共同治理的新规则秩序的建构过程中,中国已经担负起了越来越重要的角色,如"人类命运共同体"思想理念和"一带一路"建设倡议已被纳入联合国安理会第2344号决议、"大众创业、万众创新"等理念已为第71届联合国大会协商一致通过的"关于纪念'世界创新日'"的第284号决议所倡导。这表明,一系列"中国理念"等中国话语正在逐步得到国际社会的普遍认同和广泛共鸣,也必将发挥越来越重要的作用,如推进世界互联网命运共同体的建构和科学技术的发展进步等。这些世情、国情的不断演进和变革正是由国际社会政治经济形势的变化❶和中国国内社会的全面深化改革发展

---

❶ 譬如,美国社会经济发展乏力,必然导致其收缩和调整全球战略;与此同时,"要美国主义,不要国际主义"的特朗普曾出人意料地赢得了美国总统大选,成为第45任美国总统,给世界政治经济秩序的发展带来诸多变数,如他上任后促使美国退出TPP协定和退出全球气候保护的《巴黎协定》等。另外,在国际刑事法院《罗马规约》缔约国第15次会议开幕的时候,俄罗斯突然宣布退出国际刑事法院;菲律宾也于2019年3月退出。早在2016年10月,非洲国家布隆迪、南非和冈比亚等三国已宣布退出。此外,众所周知,近年来国际社会还发生了很多巨大变化,如由于不满欧盟政策损害英国部分群体利益而引发的"英国脱欧";由于"叙利亚危机""国际反恐"等原因致使德国深受难民危机影响;由于美韩部署萨德系统与朝核危机等原因导致朝鲜半岛局势复杂多变;由于2013年"棱镜门"事件持续发酵引发的网络安全与系列政治问题;由于受到国内政治经济体制不合理、有关地区冲突持续不断、国际油价金价的异常波动等原因导致有些国家和地区社会经济濒临破产、几近崩盘,如希腊债务危机、委内瑞拉经济困难等;有些小国由于受某些国家支配指使,恶意制造挑起地区冲突事端。这一切,都亟待坚持和重新理解国际法基本原则、积极参与全球治理和创新建构国际社会政治经济秩序新规则。

而不断提升的综合国力所决定的**❶**。这也正是反思与建构中国的国际法治和国际法治理论体系的历史时代背景和重大历史使命——既要服务于中华民族伟大复兴、开创"中国世纪"的历史使命，又要在人类命运共同体和创造人类文明新形态的指引下致力于参与引导全球治理规则创新和促进获得国际法治和国际法治理论的世界认同。

二、文化基因与目标：发掘和解决"国际问题"

之所以要反思与建构国际法治和国际法治理论体系的出发点和落脚点，就在于要引领发掘和创新解决全球治理实践中的"国际问题"。为此，需要特别注意的是：其一，由于人种、社会经济发展水平、教育文化背景等的差异，各国各民族之间存在"主体间性"，发掘"国际问题"并提出解决方案的主体既包括美欧等西方国家和地区，也应包括中国在内的所有国家和地区，中国人对一切"国际问题"享有独立自主的发言权；其二，由于思想观念、逻辑思维、语言习惯等原因，中国人发掘"国际问题"并提出解决方案的认识论、方法论等理论体系，应是具有中国特色的理论话语体系，而不应是依赖于任何其他国家和地区的理论话语体系；其三，由于客观存在的世界和平发展的实践需求等原因，发掘"国际问题"并提出解决方案的实践论

---

❶ 有关统计数据表明，即便受到世界经济危机和国内经济转型发展的影响，中国社会经济发展仍然取得了举世瞩目的伟大成就，已成为带动世界经济发展的中坚力量，越来越多地具备参与国际规则体系重构与制定的能力。中国提出了一系列符合世界各国利益和普遍需求的思想理念并获得了广泛关注和认同，如"人类命运共同体"理念的提出，"一带一路"倡议所蕴含的世界观、价值观和实践发展观，"网络命运共同体"的建构等。

和场域，应当是整个人类世界及其现有秩序规则体系，而不应是单独的某个国家或某个地区，除非是不具有世界意义的专属性"国际问题"。

随着当今国际社会秩序关系的重大变革调整和国内社会"四个全面"建设的纵深推进，要进一步坚持增强中国"道路自信""理论自信""制度自信""文化自信"❶，要在当前国际重大问题的制度化、规范化解决和国际法律规则体系的重新建构上运用"中国智慧"、发出"中国声音"和提出"中国方案"，就必然要求更多的中国哲学智慧和人文社会科学思想理念融入全球化治理进程和世界规则秩序体系的重构❷，也必然要求中国特色国际法治和国际法治理论体系建构中更多地涵摄"中国元素"和彰显"中

❶ 这"四个自信"是习近平总书记在庆祝建党95周年大会上明确提出的科学指导思想。他还论证强调，"文化自信，是更基础、更广泛、更深厚的自信"。这就凸显出了中华民族对于中国特色社会主义文化根基、文化本质和文化理想的一种文化建构的愿景。这也应该是中国特色社会主义法治理论体系建构的指导思想和对加强"中国法治"建设的文化诉求。

❷ 譬如，"学术界一般认为，现代法律解释学是西方法律传统的产物，其历史渊源是中世纪意大利以伊纳留斯（Irnerius，约1055—1130年）、巴尔多鲁（Bartolus，1314—1357年）等为代表的前后期注释法学派，而直接渊源则是19世纪法国的私法注释学派、德国的潘德克顿法学派以及英国的分析法学派。这些法律解释理论和技术被引进中国之后，在指导中国的法律解释（尤其是在方法论上）、帮助法律实施方面发挥了很大的作用。但是，西方的这些成果与中国法律工作者的思维和传统心理还是有所差异的，因此，在确立一种适合中国国情的法律解释模式时，我们必须关注和重视中国古代的经验，而中国古代律条注疏所达到的成就，乃是一笔厚重的历史文化遗产，我们完全可以剥离它的专制主义的外壳，将其内含的丰富、发达的技术知识转化为现代可利用的资源，在此基础上，创建一种具有中国特色的法律解释模式，并进一步形成一门中国的法律解释学。尤其是民法总则，无论是其立法宗旨，还是原则、精神，以及具体的条文规定，都是西方（主要是德国）民法学理论、框架体系以及各项制度和当代中国民事法律关系的结合。因此，发掘中国古代律条注疏的成果，更加迫切和重要。"参阅何勤华，王静. 发掘民法总则有效实施的本土资源：对中国古代律疏、判例和习惯的一个梳理 [N]. 人民法院报，2017-4-28 (5).

国性"。❶

对此，可以确信的是，中国法学及国际法学应该也必须实现由传统西方法治理论思维模式经由"文化自觉"向中国主体性法治理论思维模式转变。在这一转变过程中，最为显著的标识之一是应包括逐步形成方法各异但殊途同归的中国特色社会主义中国法治与国际法治理论学派。那么，结合当代有关学者的思想理论观点和相关机构研究中心、基地及平台建设等情况，除了基于国际公法学、国际经济法学和国际私法学等学科领域的理论研究分类，未来中国法学界尤其是国际法学界有可能会逐步形成以下几种主要的中国法学及国际法学研究流派。

其一，以马克思主义法律思想为指导，选择性借鉴西方法治思想理论和合理的实践经验，反思建构"权利本位"的社会主义法治理论体系和"国际社会本位"的国际法治理论体系，如郭道晖、江平、李步云、李双元、白桂梅、周忠海等老一辈法学家们和王伟光、张文显、徐显明、李林、蒋新苗、莫纪宏、赵建文、朱

---

❶ 这应该是中华民族尤其是中国法学界的共同夙愿。然而，当我们强调要突出以"中国元素""中国气派"为典型基因的"中国主体性"时和在致力于"建构中国特色社会主义法治理论体系"的过程中，必然要经历一阵剧痛，因为自近代"救亡图存""师夷长技"以来，中国人文社会科学主流理论话语体系近百年来所形成的基本表达范式，正是根植于"传统（中国）"—"现代（西方）"、"落后（中国）"—"先进（西方）"这样一个二元思维结构之中的。故此，"目前的中国正面临着这样一个不借助于西方词语便无法表达、但借助西方词语又不能准确表达的困境，这可以说是我们当前的最根本的困境"。参阅王人博. 法的中国性［M］. 桂林：广西师范大学出版社，2014："增订序"9-10；邓正来. 中国法学向何处去：建构"中国法律理想图景"时代的论纲［M］. 2版. 北京：商务印书馆，2011；郭道晖，江平，陈光中，等. 中国法治百年经纬［M］. 北京：中国民主法制出版社，2015；张晋藩，林中. 法史钩沉话智库［M］. 北京：中国法制出版社，2016；苏力. 法治及其本土资源［M］. 3版. 北京：北京大学出版社，2015；季卫东. 法治秩序的建构［M］. 增补版. 北京：商务印书馆，2015；何志鹏. 国际法治论［M］. 北京：北京大学出版社，2016；等等。

文奇、徐崇利等中青年法学家们都进行了很多有益的理论探索和实践尝试，将逐步形成中国法治理论体系中以"权利本位""国际社会本位"为核心思想理念的自然法学派。从本质上讲，这与当前倡导建构的"人类命运共同体"思想理念是相通的。

其二，立足"中国"这一根本属性，"不知来，视诸往"，回溯历史，探究本源，对中国法治与国际法治思想文化进行自我反思、觉醒与重构，如王人博、张晋藩、何勤华、梁治平、刘丰名、黄进、刘楠来、饶戈平、肖永平等名家学者曾就此提出了不少理论反思和学术倡议，极其注重从中国自身和世界各国的历史文化传统中发掘法治思想，并萃取其精华融入现代中国乃至国际法治理论体系当中，这将有力促成在中国法治与国际法治理论体系中形成具有"中国气质"的新法学学派——中国法学及国际法学的历史法学派。

其三，在规范法学派、法教义学派的发展遭遇"瓶颈"和"困境"之后，以深入社会进行调研、发掘社会问题和利用"法治本土化资源"为典型特征的社会学法学派，如以罗豪才、朱苏力、高其才、梁西、陈安、邵景春、车丕照、莫世健、左海聪、杨泽伟、米健、曾华群、何志鹏等名家学者为代表主张积极发掘中国乡土社会和国际社会中的"软法""民间法""习惯法"等法治资源，重视软法规范的效力和民间习惯自治秩序，借以立体化建构中国社会与国际社会的法治理论及其实践模式。

其四，重视现代数据网络平台的开发运用，以追求可量化、可操作的"法治指标评价体系"为典型标志，强调数据采集、数理分析和实践调研方法的法治实践学派的兴起❶，如付子堂、钱弘

---

❶ 付子堂，张善根. 地方法治建设及其评估机制探析 [J]. 中国社会科学，2014（11）：123–143；黄文艺. 认真对待地方法治 [J]. 法学研究，2012（6）；周尚君. 地方法治试验的动力机制与制度前景 [J]. 中国法学，2014（2）；等等.

道、王贵国、单文华、石静霞、张晓君等名家学者，注重法治评价指标体系的科学建构和运用"大数据""大情报"等平台组织量化分析的方法，既重视法治政府的宏观评价，又注重基层法治的评估探索，尤其是注重"一带一路"法治大数据的联合研究。

其五，强调对法律规范的深度阐释，运用与"法学人的思维"不尽相同的"法律人的思维"和法律逻辑实证的方法，注重分析探讨法条规范的阐释及适用、个案正义的实现等实践操作问题，以江必新、赵秉志、邱兴隆、曹建明、万鄂湘、丁伟、刘振民、张月姣、刘晓红、江国青、余劲松、王传丽、韩立余、杨国华、许传玺、沈木珠、张乃根、朱榄叶、王虎华、杜涛等名家学者为代表，基于法律实务应用和法律职业的特质，更多地思考法律规范的适用和法律技术应用层面的问题，因而可能形成以法律应用、法条主义、逻辑实证为典型特征的中国法学及国际法学的法治技术学派（应用法学学派或规范分析法学派）。

然而，值得说明的是，正如"传统"与"现代"之间并不存在绝对的严格的划分界限一样，中国特色社会主义国际法治理论学派之间主要是基于研究方法的差别在相对意义上的学理划分，由于学科交叉、方法交互等原因而实际上并不存在完全区分彼此的绝对标准。更何况，各主要学派也存在其理解阐释"国际法治"的共同思想理论基因或元素。

第一，马克思恩格斯有丰富的人类命运共同体思想。他们认为，"只有在共同体中，个人才能获得全面发展其才能的手段，也就是说，只有在共同体中才可能有个人自由"。马克思进而提出了"真正的共同体"思想，"真正的共同体"与"虚假的共同体"相对，"真正的共同体"即共产主义是自由人的联合体、是每个人自由而全面发展的社会。2018 年 5 月 5 日习近平总书记在纪念马克思诞辰 200 周年大会上的讲话中指出，马克思主义始终是我们党和国家的指导思想，是我们认识世界、把握规律、追求真理、改造世界的强大思想武器。2018 年 5 月 2 日，习近平主席在北京大学师生座谈会上的讲话中指出：“古今中外，每个国家都是按照自己的政治要求来培养人的，世界一流大学都是在服务自己国家发展中成长起来的。我国社会主义教育就是要培养社会主义建设者和接班人。”因此，必须以马克思主义思想理论为根本指导思想，构建人类命运共同体和开展中国国际法理论体系的教育与研究。这是由中国国体、政体等基本国情决定的。中国的任何国际法学学派都不可能脱离这一“根本话语体系”去商谈解决中国特色社会主义法治建设中所遇到的问题，也不可能凭空提出行之有效的法治理论方案。❶ 从主从性角度看，任何国家（无论姓“资”或姓“社”）的法律，都是服务于该国政治经济发展需求和维护该国社会有序运行的，而不可能是相反的。那种脱离中国国情和国际社会实践发展需求，对纯粹空想主义的法治理想图景的追求只能是无本之木、空中楼阁，不可能有效解决中国和国际法治社会实践中的问题。

第二，中华民族历来追求和睦、爱好和平、倡导和谐，“亲仁善邻”“协和万邦”，数千年文明史造就了独树一帜的“和”文化。“和”文化“蕴含着天人合一的宇宙观、协和万邦的国际观、和而不同的社会观、人心和善的道德观”。中华优秀传统文化富含“仁”“爱”“和”的优秀基因。孔子说，“泛爱众，能亲仁”“有朋自远方来，不亦乐乎”；老子主张“见素抱朴”“道法自然”；孟

---

❶ 事实上，国内早就有不少学者提出了关于加强马克思主义法哲学教育研究的主张。参阅文正邦. 应当开展马克思主义法哲学的研究 [J]. 现代法学，1981（1）：21 - 23；张瑞生. 建立马克思主义法哲学刍议 [J]. 理论导刊，1988（7）：44 - 46.

子主张"亲亲而仁民，仁民而爱物"；孙子反对战争，他说"百战百胜，非善之善也；不战而屈人之兵，善之善者也"。墨翟更为博爱，他提出要"兼相爱，交相利"。习近平总书记多次赞誉的近代思想家王阳明主张"天下一家"，"圣人之心，以天地万物为一体，其视天下之人，无外内远近。……天下之人，皆相视如一家之亲"。这些优秀传统文化，是中华文明得以传承和繁荣的精神支柱，也是构建人类命运共同体的思想渊源。由于具备中华历史文化传统（尤其是优秀传统文化中的法治思想理念）的文化基因或思想理论元素，中国各个国际法学学派至少都是在使用作为母语的中文语言词汇和思维方式去理解和阐释自己（个体或整体），并意图最大限度地向外传递欲表达的思想理论，以此实现与世界的沟通对话。当然，从某个个体或局部看，还存在其他影响一位学者或一个学派成长的因素，如政治经济环境、社会风俗习惯、学术圈子环境等。比较法哲学也十分强调"探究法律规则背后的东西"。譬如，美国比较法哲学研究先驱威廉·B. 埃瓦尔德教授认为：在考察某个外国或地区的法律制度时，倘若想要真正理解其法律制度，首要的是像生活在其中的人们那样从内部视角去识读、理解和思考其法律制度的内在结构，包括当地人们的理想信念、利益诉求、兴趣爱好等，去探究当地人们"思想中的法"，而并非该外国或地区法律规则的外在表现形式；作为比较法学研究者，更应当像该外国或地区本土的法学家们那样去考察其法律规则，努力从其社会内部发掘法律规则背后潜在的原因与理由。❶

第三，可能或多或少地受到西方法治思想理论的影响，因而无论是"理想图景"还是具体法治制度的设计方面，也无论是在

❶ 埃瓦尔德. 比较法哲学 [M]. 于庆生，郭宪功，译. 北京：中国法制出版社，2016.

法治思想文化理念、价值目标还是在法律规范的制定、法治实施的评价测量标准等方面都有西方法治思想理论的影子，在短期内中国国际法学仍将会面临着如何合理解决这样一个历史遗留问题的困难。在中国法治文明不断自觉并向"中国主体性"国际法治理论体系转型的过程中，必然要经受这样"脱胎换骨"带来的各种不适乃至剧痛，但从长远来看是值得的。积极参与全球治理和国际规则体系变革与重构，中国需要占领未来国际规则话语体系的"制高点"，独立自主地提出中国关于世界秩序的规则话语，包括国际法治的总体思想理念和具体规则制度。这不仅符合中华民族伟大复兴的精神诉求和中国国家战略利益发展的需求，更是由各领域全球化大趋势和国际社会治理实践与发展前景共同决定的。

三、理论根基与气派：融汇和运用"中国智慧"

反思构建中国特色社会主义国际法治理论体系的根本路径之一就在于融汇运用"中国智慧"。在博大精深的人类智慧中，诚如巨儒达尔文所谓：最有价值的知识是关于方法的知识。因而，对于这一反思建构过程，需要注意的方法进路是：首先，应该要深挖萃取中华传统思想文化中的"优秀基因"，融入国际社会法治现代化实践，以不断增强中华文化的自觉与自信，从根本渊源上凸显国际法治理论体系的"中国主体性"，使之不断承载和彰显中国元素。其次，应该要结合全球治理需求与国际法治新形势，不断创新、运用和发展马克思主义法治思想理论，继续保持不冒进、不保守、不回避的科学研究态度，使中国国际法治理论体系不断走向现代化。再次，应该要参考借鉴世界上一切优秀的法治思想理论和经验成果，并加以创新融汇到中国国际法治思想理论的研究过程中，使之真正契合中国主权利益和国际社会法治实践发展需求。最后，应该要从法哲学建构的高度和主客观相通的视角入手，重视加强中国国际法治思想理论与实践的研究，反思和改变那种"头疼医头、脚疼医脚"的就事论事型研究，自觉排除那种一味谋求眼前成效的实用主义、功利主义和自我否定的历史虚无主义等的影响，扎扎实实地从"变观念""打地基"着手，从基础理论开始反思建构中国国际法治理论体系。正所谓，罔顾世情国情去空谈法治图景，则会出现"欲速则不达"的困境；尊重客观事实和社会实践且注重方法进路，则会带来"磨刀不误砍柴工"的功效；否则，即便国际法治理论体系构筑得再高，也可能会"事倍功半"，甚至"前功尽弃"。故而，此处需要特别注意以下两个方面。

其一，哲学是关于世界观、人生观、价值观、认识论、实践论和方法论的智慧之学，是任何科学理论和规则体系建构创新发展的基石。若萃取中华传统思想文化尤其是中国哲学智慧中的整体关联、动态平衡等文化基因，将儒家的"仁、义、礼、智、信、恕、忠、孝、悌"、道家的"道法自然、天人合一、大同世界"和墨家的"兼爱、非攻"等作为基础价值纳入中国国际法治思想理论内涵当中❶，将在一定程度上有利于削减西方法治思想理论因过度的自由

---

❶ 倘若从"原始社会（初民社会）的习惯—氏族社会的习惯法—成文法—国家制定法"的法律规范发展进化的脉络看，中国已经具有几千年的法律文明史。而且，正是因为受到中华传统"礼制""德治"等伦理道德观和传承中华民族数千年的儒家、道家、佛家、墨家、阴阳家等思想文化的影响，中国社会逐步形成了"追求和谐、礼法并施"的法律思想理念（如德主刑辅、宽严相济），制定了"家国一体、诸法合一"的法律典籍（如《法经》《唐律疏议》《大清律例》《六法全书》等），建立了"礼乐政刑、综合治理"的政法一体、分工负责的机构系统（如帝王、吏部、户部、礼部、兵部、刑部和工部及州县衙门等），确立了"礼法并用、情理为治"的司法制度体系（如大理寺、监察院、刑部、御史台等司法机构和录囚、直诉、会审、听讼、断狱、调解等司法制度），等等。从这个意义来看，不依长期强势和高压推销的"西方法治"话语体系标准来检视中国的话，那么是不是可以认为：中国社会治理已经形成了"独具特色的法治模式"？参阅马小红，庞朝骥，等. 守望和谐的法文明 [M]. 北京：北京大学出版社，2009；张晋藩，林中. 法史钩沉话智库 [M]. 北京：中国法制出版社，2016；黄源盛. 中国法史导论 [M]. 桂林：广西师范大学出版社，2014。

等而导致的极端个人主义、无政府主义等负面影响。从本质上看，"仁"，讲求"仁者，爱人"，秉承"己欲立而立人，己欲达而达人""己所不欲，勿施于人""老吾老，以及人之老；幼吾幼，以及人之幼"等人本思想理念。可见，中国传统思想文化十分注重对他人的关爱尊重和对社会弱势群体（如老人、儿童等）的保护。再如，"人类命运共同体"构想、"一带一路"倡议和尊重世界多元化与包容性发展等，所展现出的世界观和价值观，就蕴含"仁""恕"等思想理念；还有 2005 年修正的《中华人民共和国妇女权益保障法》、2012 年修正的《中华人民共和国未成年人保护法》及加入的有关国际公约等也深刻蕴含了这些思想理念。"礼"所强调的国家宗法礼制等级观念，在经过改良之后则可能被用来阐释现代法治社会建构中，某些法律规范中合理设定的"差别待遇"（如法律平等与司法守法平等的区别）❶，而不至于因机械地理解和强调"平等"而造成社会公众对法治的"误解""不信任"甚至"怨恨"。"信"，主张"言必信，行必果"，"人无信而不立"，"著诚去伪，礼之经也"（《礼记·乐记》），如我国民法中的"诚信原则"（帝王原则）等。"孝"，强调对父母的尊重赡养，如 2015 年修正的《中华人民共和国老年人权益保障法》等正是因为各方努力才可能实施。"以直报怨，以德报德"（《论语·宪问》），表明了中国儒家思想主张对于"怨"应采"直"——这

---

❶ 对此，也有不少学者持谨慎赞同的态度，并从宪法、女权等视角展开了合理性探讨，如严存生. 差异和平等：兼论法律上的平等 [J]. 北方法学，2011（3）；邢益精. 论合理的差别待遇：宪法平等权的一个课题 [J]. 政治与法律，2005（4）；刘小楠. 美国女权主义法学平等与差异观研究 [J]. 法制与社会发展，2005（3）；陈敏. 从社会性别的视角看我国立法中的性别不平等 [J]. 法学杂志，2004（3）；姚国建. 在合理的差别待遇与歧视之间：论美国平等保护立法的司法审查基准 [J]. 石河子大学学报（哲学社会科学版），2007（5）；等等。

一动态平衡责罚的思想理念。当然，建构国际法治理论体系这样一个庞杂的系统工程，需要整个中国法学界（不论哪个学派）的共同努力和协同奋进。

其二，反思建构中国国际法治理论体系，必然要求首先反思建构中国的国际法治❶——这是中国积极参与全球治理和建构中国的国际法治理论体系的思想先导和理论基石。❷ 正所谓"变法难，变法的观念更难"❸，在其反思建构过程中，可能主要存在以下三种方法进路：一是在较为成熟的国际法治实践领域，如对一些国际民商事行为和国际刑事犯罪行为的治理已基本形成较为广泛的国际共识和国际规范，即便进行理论创新探索也不至引发国际社会秩序规则的根本紊乱，那么应该以思想理念为先导、从基础理论着手，优先反思建构"国际法治"——国际法治理论之"纲"，再以此为基础统领编织更为科学合理的国际法之分支部门法理论——国际法治理论之"网"，做到"纲举目张"，采取"推演式"建构的方法路径比较可取；二是在较新的国际法治实践领域，如国际网络空间行为治理、综合自由贸易区法治等，存在较为强烈的理论建构需求，则更应采取先行先试、边用边建的方法，积极从全球社会治理实践中探索总结，进行"归纳式"的国际法治理论体系建构；三是在关注较少的国际法治实践领域，如境外公民权益保护法治、深海资源与地壳空间开发利用、外太空空间利用行为规制等，完全契合人类社会未来发展战略和

---

❶ 事实上，从现有法律理论来看，一般认为法哲学、法理学、法治哲学、法律哲学等概念内涵之间是存在一定差异的，但此处为了集中笔墨，不对此展开论述，如有必要请参阅其他学者的著述。
❷ 陈金钊. 探寻"中国法哲学"的意义 [J]. 湖北大学学报（哲学社会科学版），2014（1）：113–120.
❸ 黄源盛. 中国法史导论 [M]. 桂林：广西师范大学出版社，2014：448.

人类利益保护需求，应该未雨绸缪加大人财物等投入，力争掌控相关国际规则话语体系的制高点，主导相关国际法治话语权，采取"开创式"思维进路，规范推进中国的国际法治理论体系建构。

四、现状反思：什么才是"中国贡献"

众所周知，随着现代物理学两大支柱之一的量子力学等自然科学技术理论的发展，继普朗克、爱因斯坦、玻尔等科学家之后，还有海森堡、狄拉克、薛定谔等科学家发现并证实了"意识"对微观物质世界体系的关键性作用。❶ 因而，反思建构中国的国际法治，可能还要面对一个几乎全部哲学社会科学都要共同应对的问题："物质与意识""主观与客观"究竟是"二元"还是"一元"的问题。这或许是全部哲学和人文社会科学的基本问题，也是现代自然科学理论正在面对和未来必然解答的基本问题。

一直以来，人的"精神""意识""思想"等这些主流世界观中的"主观概念"，都是自然科学理论避之不及、讳莫如深的东西，一直被拒绝于自然科学的大门之外，因为在现有科学技术条件下尚难以通过科学实验的方法对其加以重复验证。然而即便如此，值得深思的是，人类科学史上迄今为止方法最精确、影响最深广的量子物理学，已然将人的"意识"纳入了现代物理学研究的范畴，而且是微观物质世界存在的必备条件之一。只不过，依凭当前的人类智识和实践能力，尚不足以对"意识"进行实质解构和理论建构。诚如冯·诺依曼（J. Von Neumann）、维纳

---

❶ 宗华. 量子物理学：到底什么是真的？——科学家开展一系列试验探究量子怪诞性 [N]. 中国科学报，2015－05－27.

（N. Wiener）和霍尔丹（J. B. S. Haldane）指出："自然的量子力学方面似乎是为了将意识重新纳入我们现有的物质概念而为意识量身定做的。"❶ 事实上，随着人类社会科学技术的不断进步，自然科学与哲学社会科学研究的基本范畴也越来越趋向一致，其中"科学"与"神学"（尤其佛学）的对话更是令人产生无限遐想。例如，20 世纪 30 年代，冯·诺依曼首次将量子力学理论与神经生理学结合在一起研究。早在 20 世纪初期，以普朗克、玻尔、薛定谔等为代表的科学家们就对意识与量子力学之间的关系产生了浓厚兴趣，并试图用"量子随机性"来调解"自由意志"与经典物理学中的"决定论"之间的矛盾，从而论证"自由意志"的客观存在及其决定论。❷ 对于这一问题的辨识和判断，将决定着整个科学体系的再认识甚至重构。科学话语规则体系的反思乃至重构的愿望，随着"量子意识"和"量子思维"等思想理念的出现变得越来越迫切。❸ 量子力学"以独特的形式体系与算法规则，对原子物理学、化学、固体物理学、生物学甚至神经科学等学科中的许多物理效应和物理现象做了说明与预言，已经成为科学家认识与讨论微观现象的一种普遍有效的概念与语言工具，更是日新月异的信息技术革命的理论基础"❹。

令人欣慰的是，这些令人费解的物理现象和理论，与中国哲

---

❶ Stapp, H. P. "Why Classical Mechanics Cannot Naturally Accommodate Consciousness but Quantum Mechanics Can," *Psyche*, 1995, 2（5）. www. theassc. org/？les/assc/2345. pdf. 转引自陈思，万小龙. 量子视域：意识研究的新进路［J］. 自然辩证法通讯，2014（3）：2.

❷ 陈思，万小龙. 量子视域：意识研究的新进路［J］. 自然辩证法通讯，2014（3）：2.

❸ 刘晓力. 当代哲学如何面对认知科学的意识难题［J］. 中国社会科学，2014（6）：48 – 68.

❹ 成素梅. 论量子实在观［J］. 江西社会科学，2010（7）：18.

学中老子的"道"、程朱理学的"理"和王阳明心学的"心"在
很大程度上存在着相通之处。❶ 这很可能为我们重新辨识、理解和
判断因"量子意识"带来的"主观"与"客观"之间关系提供了
中华传统思想文化意义上的"中国主体性"知识基础。或许，这
样有利于正面回应"在世界法治思想理论的版图内，什么是你
（中国）的贡献？"

那么，当我们反思如何科学建构中国的国际法治乃至中国的
国际法治理论体系等一系列问题时，是不是要继续保持无视或忽
视的态度，惯性地沿着既定的"物质与意识""主观与客观"二元
论进路前行？倘若从现代"物理主义"世界观检视❷，物质与意识
二元论结构下建构的国际法治乃至整个国际法治理论体系是否能
够合理维系与科学自洽？事实上，这些系统反思与思维革新，正
是坚持马克思主义思想理论的本质要求和发展进路。无论是世界
自然科学理论界还是哲学人文社会科学理论界，包括量子物理学、
哲学（尤其科技哲学）、宗教学、认知心理学、脑神经科学、计算
机科学等在内的诸多学科❸，早就已经从不同的视角对"物质"与
"意识"二元论知识体系进行了思辨和质疑，并做了很多有益的实

❶ 陈少明. "心外无物"：从存在论到意义建构 [J]. 中国社会科学，2014 (1)：
68-84.
❷ 朱菁，卢耀俊. 从唯物主义到物理主义 [J]. 自然辩证法通讯，2013 (3)：
1-19.
❸ 罗劲，仁木和久，丁之光，等. 额叶皮层内知觉干扰与工作记忆干扰引起的抑制
[J]. 心理学报，2003 (4)：427-432；沈汪兵，刘昌. 道德判断：理性还是非
理性的？——来自神经科学的研究 [J]. 心理科学，2010 (4)：807-810；殷
筱. 常识心理学"他心知"认知模式的非对称性 [J]. 哲学研究，2013 (5)：
95-99；彭凯平，喻丰. 道德的心理物理学：现象、机制与意义 [J]. 中国社会
科学，2012 (12)：28-45；等等.

验探索和理论尝试。❶ 然而，这种反思和探索似乎并未引起中国法
学界及国际法学界应有的关注和足够的重视（通过百度、中国知

---

❶ 关于人的"精神""意识""理智"的研究，中外相关领域内的专家学者一直都
在积极探索，相关著述也数不胜数：如在著作方面，比较著名的有商务印书馆早
年出版的英国洛克的《人类理解论》、英国休谟的《人类理智研究》、德国谢林
的《先验唯心论体系》、德国黑格尔的《精神现象学》、法国霍尔巴赫的《袖珍
神学》、英国罗素的《西方哲学史》和日本西田几多郎的《善的研究》等；此
外，晚近还有诸如皮亚杰．发生认识论原理 [M]．北京：商务印书馆，2011；
哈尼什．心智、大脑与计算机 [M]．杭州：浙江大学出版社，2010；阿佩尔．
哲学的改造 [M]．孙周兴，陆兴华，译．上海：上海译文出版社，2005；塞尔．
心灵的再发现 [M]．王巍，译．北京：中国人民大学出版社，2005；梅洛-庞
蒂．知觉现象学 [M]．姜志辉，译．北京：商务印书馆，2001；博登．人工智
能哲学 [M]．刘西瑞，王汉琦，译．上海：上海译文出版社，2006；高新民．
现代西方心灵哲学 [M]．武汉：华中师范大学出版社，2010；杨足仪．心灵哲
学的脑科学维度 [M]．北京：中国社会科学出版社，2011；高新民，汪波．非
存在研究 [M]．北京：社会科学文献出版社，2012。如在学术论文方面，有刘
晓力．当代哲学如何面对认知科学的意识难题 [J]．中国社会科学，2014 (6)：
48 - 68；林剑．关于马克思主义哲学"转向"的思考 [J]．哲学研究，2003
(11)；刘晓力．认知科学研究纲领的困境与走向 [J]．中国社会科学，2003
(1)；徐献军，丛杭青．知识可以传递吗？ [J]．自然辩证法研究，2005 (4)；
李恒威，黄华新．"第二代认知科学"的认知观 [J]．哲学研究，2006 (6)；费
多益．认知视野中的情感依赖与理性、推理 [J]．中国社会科学，2012 (8)；
耿宁，倪梁康．意识统一的两个原则：被体验状态以及诸体验的联系 [J]．世界
哲学，2011 (1)；杨硕．认知神经心理学于意识问题的研究及哲学思考 [J]．
求索，2010 (7)。在外文文献方面，有 Jacoby L L, Toth J P, Yonelinas A P.
"Separating Conscious and Unconscious Influences of Memory: Measuring Recollection,"
Journal of Experimental Psychology General, 1993; David F. Marks, "Consciousness,
mental imagery and action," *British Journal of Psychology*, no. 4 (2010); N. D. Cook.
The neuron-level phenomena underlying cognition and consciousness: Synaptic activity
and the action potential [J]. Neuroscience, 2008 (3); Elizabeth R. Valentine,
"The possibility of a science of experience: An examination of some conceptual problems
facing the study of consciousness," *British Journal of Psychology*, no. 4 (2010);
等等。

网、Google 等数据库搜索可知)。但问题是：国际法学界是否应当继续无视或忽略当今主流的"二元论"世界观中关于"物质与意识"的阐释及其据此建立起来的知识体系内可能存在的"逻辑断裂"？是否应当继续依循霸权主义与强权政治话语下建构的国际法治体系既有的思想理论及观念思维？是否应当负有倡导构建人类命运共同体的责任与担当？

CHAPTER 03 >> 第三章

迟滞国际法治研究的论理思维

一、国际法治研究存在何种思维问题

　　思想意识，乃是行动的先导。2017 年 1 月 18 日，习近平主席在联合国日内瓦总部关于《共同构建人类命运共同体》的演讲中强调，理念引领行动，方向决定出路。纵观近代以来的历史，建立公正合理的国际秩序是人类孜孜以求的目标。古今中外，每一次重大社会发展变革来临之前，基本都是以更为先进的思想理念为行动先导的。当今世界规则博弈日趋激烈、国际关系秩序深刻调整和经济文化全球化加速，若要为世界政治经济发展和国际社会治理贡献更多的中国智慧，不断引导国际法律规则制定更趋公平合理、国际话语体系建构更加符合人类命运共同体利益诉求，也在很大程度上意味着：引领推动国际社会共同建构既包含中国主体性（中国基因、中国元素、中国智慧），又为国际社会所认知、认可和认同的国际法治理论体系。

　　然而，时至今日，无论是在人类命运共同体建构与全球治理实践场域，还是在国际法治话语规则体系，现代化、体系化的中国国际法治思想理论均未能如期而至；即便有些理论创新和特色主张，但也未能产生预期效应。究其原因，可能有两点：其一，在比较法研究过程中，可能一直存在一个误区：试图通过比较研究，找到解决现实问题的"现成答案"。譬如，通过比较中外法律规范或学术理论（尤其一些西方企业管理理论模型），发现中国法律制度中未有类似规定，随即提出将国外的相关法律制度引进中国的主张。但这一制度设计究竟能否适应中国社会法治实践，则未有深度调研论证。这就提出了一个应当被反思的问题：比较法研究的终极目标是什么？是努力从外国法律制度中寻求"现成答案"（寻求于"可能性"），还是为更好地立足中国社会法治实践从而"解出答案"（矢志于"可行性"）？其二，根源可能在于当前中国国际法学教育研究过程中的"历史思维""辩证思维""系统思维"相对不足❶，而且存在着两种消极的论理思维，亦即"慵懒式"思维与"应有式"思维。那么，何谓"慵懒式"思维与"应有式"思维？这两种思维习惯又是因何而产生的？它们给中国国际法学教育研究带来什么样的影响？又如何才能消除这些不良影响呢？

二、什么是"慵懒式"与"应有式"的论理思维

在"变法图强""西法东渐"的过程中，中国法学及国际法学形成了一系列辩证批判、理性移植及发掘本土资源的积极思维意识，当然也伴生了一些功利主义、实用主义等消极的思维习惯。"慵懒式"思维与"应有式"思维习惯，就是这一过程中形成的根深蒂固又非常隐蔽的两种思维习惯。此处，所谓"慵懒式"思维

---

❶ 习近平总书记在中国政法大学考察时强调：立德树人德法兼修抓好法治人才培养，励志勤学刻苦磨炼促进青年成长进步 [N]. 人民日报，2017–5–4 (1).

习惯，主要是指在"传统（落后）—现代（先进）"这样一个推进中国法治文明的范式中，由于长期受到"西法东渐"和历史虚无主义的影响，以致中国国际法学界逐渐养成了过度依赖于借鉴西方法治思想理论，懒于发掘中华法律文明元素和文化基因，怠于建构饱含中国主体性的国际法治理论体系的思维习惯。❶ 多年来的法律移植运动，一方面确实带来了法律理论及其制度层面上的便利，另一方面也由此带来了一些不良影响（有些甚至是不可逆的）。一般而言，法律移植可能在标准化生产领域内的技术性规范层面上是可行的，但在法的理念、法的价值和法的世界观与方法论等法的精神层面上则未必可信和可行。这也在一定程度上回答了这两个问题：中国国际法学界为什么至今没有诞生自己的"国际法治"？为何至今未能建构出凸显中国气派的国际法治理论体系？

所谓"应有式"思维习惯，主要是指在比较法的研究过程中，善于发掘国际社会法治和其他国家及地区法治的优势和长处（别人有的），并积极主张本国及地区应该通过立法、司法等手段予以吸收借鉴（我们也应该有）的一种思维习惯。譬如，为加速推进中国法治、促进社会公平正义，不少学者积极主张移植借鉴欧美国家的法治制度和实践经验，如"司法独立""陪审团"等；也有学者则更多地强调借鉴吸纳欧美国家法治模式中的"三权分立""宪政"等社会治理机制。这可能正是比较法研究中"应该有"思维的直接体现❷。亦即，觉得别国或地区的某个法律制度或法治运行机制存在其优点，就认为中国法治建设也"应该有"，于是就急

---

❶ 陈金钊. "中国法哲学"及其法治思维的形成 [J]. 河南财经政法大学学报，2014（2）：35－51.

❷ 此处，应该注意的是，"应有式"思维与传统意义上的"拿来主义"是存在一定区别的，即便两者都是强调要移植、吸收、借鉴外国经验。但前者更多地倾向于要移植改良国外"先进"的经验做法；后者更多地偏向于生搬硬套、照撒照抄外国的经验做法。

于介绍引进相关法治理论和经验做法，甚至制造出不少新词汇，如某某主义、某某化、某某新常态等。当然，这在精神上仍是抱有积极的"师夷长技""变法图强"的心理愿景；只是在路径上未能进行深度甄别、审慎选择、转化吸纳，而采取了生搬硬套的方法，囫囵吞枣地机械照搬、盲目模仿别国的法治经验和做法。但是，由于对中国社会发展实情的深入认知不够全面和对中国社会各阶层、各区域的深度调查研究不够细致，这种移植照搬的法律制度在规范调整中国社会时可能并不一定会产生预期的效果，有的甚至可能会与现行政治经济体制相悖，还会引发其他负面的社会效应。事实上，这种思维习惯并不是某个国家或地区国际法学教育研究的专利，在世界各国或地区的法学理论研究中都或多或少地存在于各个专业领域。在美国法学界有，在欧洲法学界有，中国法学界自然也会有。

当然不可否认，"慵懒式"和"应有式"思维习惯，有时的确能够带来新的视角、新的问题和新的理论观点，在促进全球经济贸易一体化和世界法律大融合等方面可能也起到了非常重要的作用。但是，它带来的负面效应也是不容忽视的。譬如，与国内经济学界一样，法学界也引进了不少新概念，如国内法律没有与之对应的东西却要生搬硬套某国或地区的法律概念或制度，或者翻译引介外国的法治著述，热衷于炒作"热词""时髦词"。实际上，类似做法的效用并不见得有多大。有些可能并未实质理解外国有关法律制度的内涵价值和调研其对于中国社会的实际意义，就被认为是理论创新、制度创新，并积极宣扬甚至有意无意地夸大其功能价值；有些制度概念和理论观点未必成熟及可证伪甚至可能还会误导后学就被大肆宣传。❶

---

❶ 马小红，庞朝骥，等. 守望和谐的法文明 [M]. 北京：北京大学出版社，2009：代前言Ⅹ－Ⅶ.

三、土壤与环境：两种消极思维因何演化形成习惯

在初步探讨"慵懒式"和"应有式"思维的内涵之后，自然有人就会追问：为什么中国法学及国际法学会长期存在"慵懒式"思维和"应有式"思维习惯？❶ 对此，或许要结合当前现状，从以下几方面加以认知和推断。

首先，中国国际法学者和国际法律实务者具有科学创新与求真精神。❷ 这几乎是所有中国国际法学者和国际法律实务者的理想情怀和目标追求。尤其是在中国全面参与全球社会治理和倡导建构国际法治新秩序的重要历史时期，中国国际法学界对建构国际法治理论体系的愿景更为迫切。这是原生的一种历史使命感，有利于促进中国国际法学教育研究的创新，发展国际规则话语体系，但也是学习借鉴和移植效法西方法治理论与实践经验的主要原动力。

其次，中国国际法学界和国际法律实务界也存在某种程度的"抢占山头"现象和"圈地运动"。事实上，无论是在国内法学界还是在国外法学界，都一定程度地存在"圈地运动"和"圈子文化"。尤其是在"百花齐放、百家争鸣"的时代，那种渴望能够尽快在学术界和实务界获取"一席之地"的愿望尤为强烈。由于受到功利主义、实用主义和历史虚无主义的消极影响，不少国际法学者和实务者一味炒作自创或引介的新概念、新观点或新制度等，以此吸引国际法领域的眼球、抢占国际法领域的先机，借此宣示自己的"主权"。

再次，中国法学教育研究正在全面营造创新氛围。然而，对于"什么才是真正有益的创新""现有创新成果将带来何种成效"

---

❶ 苏力. 法治及其本土资源 [M]. 3 版. 北京：北京大学出版社，2015：自序Ⅱ.
❷ 何勤华. 解放思想是法学进步的原动力：为《法学》复刊 30 周年而作 [J]. 法学，2011（11）：6–13.

等问题的界定标准、实践调研和评估体系等却不够完善，缺乏普遍认同的权威评判标准体系，因而导致各种参差不齐、真假难辨的创新成果未能得到一一鉴别，各说各话。也正因如此，中国国际法学界常会出现一些新概念、新制度、新观点等，往往被看作是新的研究视角、新的研究领域和新的研究方法，视同创新，而实际上未能作科学合理的鉴定。

最后，中国全面建设法治进程中的"利益诱惑"因素。当前，由于受到"一带一路"倡议的推进和"人类命运共同体"全球思维建构的引领，受到全面推进依法治国和驱动"万众创新"战略的引领，无论是国家层面还是地方层面，都为激励科研创新制定出台了一系列人财物的支持政策及奖励办法。再加上当前面临科研资金资源"僧多粥少"的情况，因而学者们积极申报、仓促上马了各类科研创新项目，有些甚至单纯以科研项目的数量来标榜自己的科研创新水平与能力。然而，我们是不是也应该像苏力先生一样扪心自问："什么是我的贡献？""什么是我们中国的贡献？"[1]"在世界法治的思想理论版图里，什么是我的原创性贡献？"

当然，需要注意的是，之所以要反思和批判中国国际法学界存在的"慵懒式"和"应有式"思维习惯，突出强调其"中国主体性"建构，并非要完全割裂与现有国际法治思想理论体系之间的联系，也并不是要一概否定西方法治的优秀制度经验，因为这既不可能也没有必要。外国优秀的法治理论制度和经验做法，经过"中国主体性"改造之后当然可以被加以利用，这也是建构国际法治和国际法治理论体系应有的"辩证思维"。譬如，对于某些具体的法律制度和法律条款的制定设计问题，就可以移植吸纳国外先进经验，如为解决闯红灯屡禁不绝的问题，有学者建议参考

---

[1] 苏力. 法治及其本土资源 [M]. 3版. 北京：北京大学出版社，2015：自序Ⅰ-Ⅱ.

借鉴新加坡的鞭刑制度等。再如，工业生产领域内的技术规范、标准规则等，通过比较法研究之后，确定"西法"可供借鉴，则是可以被移植、归化、吸纳和革新的。更何况，在相当长的一段时期里，中国在同国际接轨的国际化过程中也基本上是这么执行的，如以国内法授权确认或直接纳入的形式核准包括 WTO 法规则在内的系列国际自由贸易规则、国际技术标准规范等。当然，更应重视建设发展我们自身能力，更多地创新发展社会治理规则与模式，如宏观层面创新发展中国特色社会的经济体系、政治体系、保障体系、诚信体系等，微观层面建立完善打击和防控黄赌毒的"黑名单制度"（即对于屡教不改的人员，除依法追究相应责任外，可以考虑纳入相应类别"黑名单"，及时向社会公布，接受社会舆论监督等）。

法律移植及其比较法研究，固然具有非常重要的理论意义与实践价值，但无论如何，探索建构"中国主体性"的中国国际法治理论体系，应将关涉法治思想理念、价值判断标准等国际法治的问题装上"中国芯"、赋予"中国主体性"。譬如，德国大儒萨维尼也曾极力反对依普遍理性来制定普遍适用的法律，曾谓："在人类信史展开得最为远古的时代，可以看出，法律已然有自身确定的特征，而且一直为一定民族所特有，如同语言、行为方式和基本的社会组织体制。"❶ 实际上，抵御外侮、救亡图存的中国革命在经历无数次挫折后最终取得胜利的实践也带给我们一个很好的启示：为了探索驱除列强、拯救中国的革命道路，无数英烈前赴后继，不断"西学东渐""师夷长技"，有过诸如"洋务运动""戊戌变法""三民主义"等同时代较为领先的政治主张和改良运动，但最终只有以毛泽东同志为核心的第一代共产党人将马克思主义同中国社会革命实践相结

---

❶ ［德］萨维尼. 论立法和法学的当代使命［M］. 许章润，译. 北京：中国法制出版社，2001：7.

合的思想主张和路线才真正指引中国革命和社会改革走向了胜利。
这不正是因为无数先烈们艰苦奋斗、勇于探索，坚定地将马克思主
义同中国社会实践相结合，才找到了社会主义革命道路，而不断走
向胜利的吗？那么，要真正建构中国的国际法治与国际法治理论体
系，是否也应如此？

四、"慵懒式"和"应有式"论理思维带来了哪些影响

在中国国际法学教育和研究发展的同时，伴生的"慵懒式"和
"应有式"这两种思维习惯，也带来了一些值得反思和商榷之处。

第一，由于近代中国特殊的历史环境导致在"西学东渐"过
程中衍生的拿来主义思维依旧存在，甚至还致使中国法学及国际
法学在追求法律理论知识的道路上对"西方法律理论知识"（尤其
是所谓西方民主与法治）形成了很大程度的"精神依赖"，而且有
些历史时期（如改革开放初期）和在有些部门法领域内（如宪法
学），这种精神依赖还一度占据了主流地位。这种思维和现象的普
遍存在，应该主要是由中国社会现实需求决定的，因为经历了
"文革"时期无法无天之痛后，中国法制遭到严重破坏、法律理论
教育和研究受到严重阻滞，当时中国社会的改革开放迫切需要建
构相应的法治秩序，因而"学习借鉴西方先进法治经验"的愿望
异常强烈和迫切。这是当时整个中国社会的主导思想之一，作为
研究法律这一人类社会秩序关系基本调整工具的法律科学自然也
不可例外，更何况中国法学尤其国际法学暂时处于"三无"境
地❶。这也是建构国际法治和国际法治理论体系应该具备的"历史

---

❶ 依据我国当前法治的实际情况进行分析，所谓中国法学的"三无"，应该大致可
以归纳为以下三个方面：一无法治的历史传统及其理论储备可供学习借鉴；二无
历史存在的较为完备的法治机制体系可供参考利用；三无真正适应中国特色社会
主义法治体系建设需求的法治理论知识体系可供使用。

思维"。另外，也可能由于确实存在"学者的私心"❶ 和"部门或群体的私利"❷ 等人为因素，导致在这种社会背景和目标利益的驱使下，中国国际法学界更多地在思考如何才能"短、平、快"地出成果、见成效，如何才能更多更快地抢占国际法治理论的领地和高地，如何才能更多地获得有关组织机构的官方认可和资源输送。诸如此类，就自然而然渐渐演变为功利主义和实用主义观念支配下的法律人关注和考虑的主要问题，因而在有意无意地通过成本效益的比较分析后，"全面引介、移植和借鉴西方法律思想理论和法律制度中的先进经验做法（包括西方主导的国际秩序规则）"就成了国际法学首选的良方和捷径。

第二，通过与外国法、国际法的比较研究和对中国古代法及近代法的比较分析，发现当代中国法中缺乏某项制度规范等，在未经全面深入地分析论证该项制度规范的合理性之前，就急于提出中国法治应该借鉴移植吸纳该项法律制度规范的观点主张，如主张实行"陪审团"制度等。至于该项制度规范是否真正契合实践需求，则没有或少有全面而实质的调研和证伪过程。否则的话，真正饱含中国法律思想文化基因、元素与智慧且获得国际国内普

---

❶ 对于"学者的私心"，法学界很多专家学者实际上已经深刻意识到了这一点。例如，著名法学家苏力先生在翻译的《无需法律的秩序——相邻者如何解决纠纷》一书中就这样写道：尽管法学家由于职业视野，由于赖以生存的物质利益和精神利益，趋于夸大成文法律规则的效能，习惯性号召"为（法定的）权利而斗争"。参阅埃里克森. 无需法律的秩序：相邻者如何解决纠纷 [M]. 苏力，译. 北京：中国政法大学出版社，2016：译者序 10.

❷ 对于"部门或族群的私利"，我们很多法律人实际上也认识到了这一点。诚如苏力先生在翻译的《无需法律的秩序——相邻者如何解决纠纷》一书中所指出的那样：实用主义者和功能主义者不反对一切在实践中被证明有效的措施或制度，哪怕可以看出许多学者振振有词并为之辩解的逻辑漏洞百出，无法自洽，甚至是"无害的谎言"（white lies）。参阅埃里克森. 无需法律的秩序：相邻者如何解决纠纷 [M]. 苏力，译. 北京：中国政法大学出版社，2016：译者序 9.

遍认同的中国特色国际法治理论体系有可能已经基本建成了。当然，毋庸置疑的是，近现代中国社会发展的历史阶段是非常关键的阻滞因素。或者说，这正是历史发展的基本规律，是不以个人意志为转移的客观存在。

第三，可能确实存在"反中华传统文化的思维"（历史虚无主义）。由于受到几千年的传统思想文化的禁锢，同其他学科一样，法律人也普遍存在摆脱这一桎梏的社会心理，普遍存在解放思想（法律思想）的强烈愿望。❶ 然而，较为普遍的错误观点是：既然中华传统思想文化中无根可循（历史虚无主义的余毒），那么国际法学教育和研究只好继续延续西学，借鉴吸纳西方法治的经验做法。但问题是，这种国际法治理论体系建构的路径是否能够契合国际国内社会治理实践的需求？就中国国情和战略利益而言，这种建构是否具有与之相适应的社会政治经济土壤？对此，是不是有必要先反思一个基础性的问题：同一个国家社会里的"法律制度"或"法治建设"与"经济基础""政治制度"之间，究竟哪一个先存在？哪一个应该处于基础地位？它们之间，究竟谁在为谁服务？中国国际法学界与国际法律实务界当前进行的国际法治理论创新、制度创新和实践探索等，是不是理性地建立在这样一个基础判断之上？

足见，"慵懒式"和"应有式"思维的直接后果，可能主要体现在两大方面：其一，由于对国际法治理论的中国主体性建构的功能定位认识不足和重视不够，对国际法治理论的中国思想文化

---

❶ 只要翻开中国近现代史，就不难发现：与近代中国的百年屈辱历史令我们所有中华儿女蒙羞相比，近代西方工业革命带来的科技文明则令人心生向往，一直自以为是的"天朝上国"被科技文明的"西方蛮夷"的"坚船利炮"打败而在中华民族自己的心理上形成了巨大的反差。这在很大程度上被归责于"中华传统文化"的禁锢，这是一种所谓"文明"对"文化"的问责。因此，在极其强烈的"救亡图存""师夷长技"的社会心理支配下，"摒弃传统""西学东渐"就顺理成章地受到了整个国家和社会民众的普遍认同，而且一直延续至今。

基因发掘不够深入，对国际法学理论的中国思想文化元素运用不够周延，导致了以国际法治为典型标识、彰显中国智慧的中国国际法治理论体系的缺失及其国际表达的缺位等现象的出现。但这理应是建构国际法治和国际法治理论体系的"历史思维"。其二，由于受到功利主义和实用主义等心理因素的干扰，对国际法治理论规则的研究趋于"碎片化处理"（如国际法不成体系说），对全球社会治理与国际法治实践的研究趋于"实效化考评"，对国际法治基础理论的系统化研究投入严重不足，因而迟滞了国际法治与国际法治理论体系的建构及其国际表达。

五、应如何消除这两种思维的不利影响

要消除"慵懒式"和"应有式"思维带来的不利影响，建构中国国际法治理论体系，自然应该从深刻反思中国主体性着手，从建构国际法治开始。❶ 正如英国哲学家罗素所言："要了解一个

---

❶ 关于这一论题，确实是一个极其宏大的叙事和论理探索，绝不可能依凭一己之力而"毕其功于一役"，因此完全有必要事先在此作几点说明：第一，囿于被预设的学科视角和知识理论水平，本书力求将探讨问题的场域留在"法律科学"范畴。第二，本书将要探讨的内容，可能会超出论题所选"法哲学"的范畴，实际上已经触及哲学、神学、人文社会科学和自然科学等在"科学"主导的现代话语体系中一切被称为"科学"的知识系统和一切被称为"非科学"的知识系统内的一些根本问题，涉及全部"科学"与"非科学"判别基准的再认识，以及由此可能带来的对现有人类知识体系的重新建构。尤其值得注意的是，当"意识"不再会因其"主观"而变得难以测量和判别了之后，一切思想理论都将会变得"客观"而有章可循，因而现代"科学"与"神学"（包括基督教、道教、佛教、伊斯兰教等宗教）之间对话的"隔阂"，自然而然就会随之被打通了。第三，本书中所称"法律精神""法律思想""意识""意志""法治理想图景"等概念的使用，主要是为了便于从文字表述上辨识传统主流法哲学思想观念中的"主观"与"客观"，即这些都是被传统视作"主观"的东西。即便精神、意识、意志、思想、观念、理想、信念、情感等这些概念之间的内涵与外延之间确实或多或少地存在一些区别，但这些并不是本书将要探讨的范畴，因而本书依照传统分类法，暂且将所有这一类的概念归为"主观"的东西并加以探讨。

时代或一个民族，我们必须要了解它的哲学"❶。在哲学的所有问题中，"世界（包括物质的和精神的）究竟统一于什么"，始终是世界哲学思考和探索的基础命题，因为它关涉对世界本原的认知，也是一切科学理论研究的出发点和落脚点。可能这也是建构国际法治与国际法治理论体系应当思考的关键论题之一，因为它将从形而上的层面根本性回答：建构国际法治与国际法治理论体系，为何应当以立足中国本土建构的"中国法治理想图景"为指引，而不是移植援引"西方法治理想图景"及其宣扬的所谓"普世价值"？❷ 对此，可能还需要从以下几个方面加以探讨。

第一，综观古今中外的每一次重大社会革新，几乎都是以思想

❶ 罗素. 西方哲学史 [M]. 何兆武，李约瑟，译. 北京：商务印书馆，1963：绪论 9.
❷ 对此，艾伦·沃森（Alan Watson）经过大量的研究分析论证，提出了一种法律变革理论，认为法律发展主要是法律移植的结果。参阅埃瓦尔德. 比较法哲学 [M]. 于庆生，郭宪功，译. 魏磊杰，校. 北京：中国法制出版社，2016：319. 在改革开放初期，我们法学界也有很多专家学者持此种观点，主张移植借鉴国外先进法律制度和思想理论。参阅张文显. 论立法中的法律移植 [J]. 法学，1996（1）：6 - 9；何勤华. 法的移植与法的本土化 [J]. 中国法学，2002（3）：3 - 15；刘星. 重新理解法律移植：从"历史"到"当下" [J]. 中国社会科学，2004（5）：24 - 36；谢鹏程. 论法律的工具理性和价值理性：以法律移植为例 [J]. 法律科学，1996（6）：13 - 18；贺航洲. 论法律移植与经济法制建设 [J]. 中国法学，1992（5）：50 - 54；等等。当然，也有不少专家学者对此持怀疑和反思的态度，更倾向于强调法律的"本土化建构"。参阅苏力. 送法下乡：中国基层司法制度研究 [M]. 北京：中国政法大学出版社，2001：自序；强世功. 迈向立法者的法理学：法律移植背景下对当代法理学的反思 [J]. 中国社会科学，2005（1）：109 - 122；安·塞德曼，罗伯特·B·塞德曼. 评深圳移植香港法律建议 [J]. 赵庆培，潘汉典，译. 比较法研究，1989（Z1）：1 - 13；等等。事实上，后者所持的理论主张，被威廉·B. 埃瓦尔德称为"法律的镜像理论"，是一种具有漫长历史和高贵血统的理论谱系，诸如孟德斯鸠、萨维尼、黑格尔、耶林和庞德等很多名家都曾持此种观点，认为法律是社会的镜像，且法律的每个方面都是由经济和社会所塑造的；每个国家的政治和民事法律都应当为其所适用的人民量身裁定，应当合乎该国的地理位置、土地的品质，因而一个国家的法律可以满足另一个国家的需求的情况纯属巧合（有极大的风险，几乎不可能）。参阅威廉·B. 埃瓦尔德，比较法哲学 [M]. 于庆生，郭宪功，译. 魏磊杰，校. 北京：中国法制出版社，2016：322 - 324.

观念的解放为先导而带来国内或国际社会的巨大变革。无论是从中国春秋战国时期的商鞅变法到董仲舒改革，再到王安石变法至清末的洋务运动，还是中国从社会主义革命再到全面改革开放等，也不论是从欧洲公元前五世纪的智者运动到十四五世纪的文艺复兴到十六世纪的宗教改革，还是从十七八世纪的启蒙运动再到近现代自由主义思潮等皆呈现出这样的基本规律。譬如，自改革开放以来，中国法律制度的转型发展基本上也是围绕中国法学理论关于"专政与权利""国家与社会""移植与本土""规范与实践"等基本问题的探讨而逐步展开的，已经和正在发生一个由"传统"向"现代"转型的现代化演进。❶ 这正体现了唯物辩证法上主观意识（主观能动性）对物质世界（客观规律性）的反作用。当前，中国正在进行的"四个全面"建设正是遵循了这样一个社会发展内在规律，以党的十八大及其全会精神和习近平总书记系列重要讲话精神为指导思想依次有序推进。其中，全面推进依法治国更被提到了前所未有的高度和强度，以党的十八届四中全会文件精神为代表，以科学合理立法、建设法治政府、促进司法正义等为核心理念，稳步推进中国法治实践，不断探索构建中国特色社会主义法治模式。然而，如此宏大的社会治理实践，是否需要科学的法治思想理念来指导？作为整个中国法治理论体系的有机组成部分，中国国际法治理论体系是否也需要进行相应的建构？

第二，要建构中国国际法治理论体系，达至国际法治理论的真正自信，需要同时满足正在面临着的双重现实需求：其一，在中国国内体制机制转型与制度系统理论创新方面，自近代救亡图存的新民主主义革命以来至改革开放发展至今，有无数先哲、学者和青年

---

❶ 邓正来. 中国法学向何处去：建构"中国法律理想图景"时代的论纲 [M]. 2 版. 北京：商务印书馆，2011：38 – 40.

才俊等前赴后继，为实现中华民族伟大复兴，不断学习西方思想理论和先进科技知识。这确实为中国特色社会主义现代化建设积累了知识和经验，因为几乎每一次重大社会革新发展都意味着无数次的社会改革"试错"——包括理论制度设计的愿景和体制机制实践改革的验证都必经的一个环节。从法治层面来讲，中国已经稳步迈向了全面依法治国的时代，但恰如邓正来先生在《中国法学向何处去——建构"中国法律理想图景"时代的论纲》一书中所忧虑的那样：中国法学乃至中国社会科学在四十多年来的发展中，真正关注并深度研究"中国"之本体、本源的问题和"中国自己的理想图景"了吗？除去西方语境中的"法治图景"，我们真的有属于自己的"中国法治理想图景"吗？❶ 其二，从国际话语和规则体系层面上看，相较于中国国家发展战略和国家利益保护需求，如"走出去"战略、"一带一路"倡议、国家安全保障以及"滚雪球式"增长的巨大的海外利益等❷，能否构建出一个与之相匹配并为世界文明所认同的中国国际法治话语体系？能否为世界和平发展与人类命运共同体贡献出普遍认同的国际法治？结合当前国际国内社会发展形势来看，无论是中国政治经济社会文化的对外交流发展，还是国际社会的治理与政治经济秩序的重构，都需要中国国际法学乃

---

❶ 邓正来. 中国法学向何处去：建构"中国法律理想图景"时代的论纲. ［M］. 2 版. 北京：商务印书馆，2011：4.

❷ 据国家统计局和商务部公布的数据和相关研究表明，截至 2015 年，中国在境外的华侨总数已经超过 5 000 万人，2015 年出境达 1.17 亿人次，在境外留学人员达 170.88 万，在外劳务人员达 102.7 万；2010 年我国经济总量已居世界第二位，2015 年我国 GDP 占世界经济比重达 15.5%，我国对外货物进出口总额已居世界第一位，对外服务贸易总额居世界第二位；我国境外企业超过 3 万家，境外资产总额超过 4 万亿美元。仅 2016 年，我国对全球 164 个国家和地区的 7 961 家境外企业进行的非金融类直接投资就达 1 701.1 亿美元、对外劳务合作达 49.4 万人、对外承包工程完成营业额达 1 594.2 亿美元及新签合同额达 2 440.1 亿美元。

至整个法学界真正立足中国本土，建构一个能够为世界各国文明所认同的中国国际法治理论体系。但这恰恰是由国内国际社会现实的迫切需求决定的，体现了"客观实践"对"主观意识"的决定作用。

第三，在经历了"西法东渐"这一必要的发展阶段之后❶，中国国际法学已经取得了巨大的学术积累：一是基本完成了国际法律知识理论的储备，基本上走过了国际法律基础理论知识的原始积累这一必经阶段，并且已经有一大批当代国际法学大家学者开始自觉地对中国的国际法学和国际法治理论体系等展开了反思和重构研究，初步形成了一些国际法学学派；❷ 二是基本能够与世界各国（尤指所谓法治文明国家）法学研究同步联通，并在国际法和国内法、法律与社会、法律理论与法治实践、法学与其他学科等全方位地展开商谈对话与规则研讨，在参与国际规则体系建构和国际法治话语权的争夺中越来越能够发出中国声音；三是多年来国际法学研究积累了较为丰富的理论成果，进行了十分必要的国际法律知识理论储备；四是当前全国六百多个法学院系所一直以来共培养了逾千万的各类各层次的法律专门人才，为国际法治的创新发展进行了必要的国际法律人才储备；五是初步形成了较为完整的国际法学专业课程体系；等等。❸ 所有这些，都为未来创

---

❶ 之所以称为"必要的发展阶段"，是因为这正是中国社会历史发展的必然结果，是不以人的意志为转移的，是不可能依凭某些人或者某些族群设计的"理想图景"就可以改变的社会发展规律。

❷ 毋庸置疑，无论是所谓的新自然法学派、规范法学派，还是所谓的权利本位主义、法律逻辑实证主义、法律文化论、法律本土论等等，他们都为中国法制建设和中国法治发展做出了积极的贡献，为中国特色社会主义法律理论体系的创新发展打下了坚实的基础。他们都是中国法治建设发展的"奠基人"和"引路人"。

❸ 郭道晖，江平，陈光中，等. 中国法治百年经纬 [M]. 北京：中国民主法制出版社，2015：33 - 34.

新建构中国的国际法治与国际法理论体系奠定了较为坚实的基础。

由于"慵懒式"思维和"应有式"思维等各种因素交织在一起，共同导致了"中国法治理想图景"的缺失❶，迟滞了国际法治和国际法治理论体系的建构。而值得反思的是，即便很多法律人已然意识到了这一点，但由于思维惯性的作用，中国国际法学研究与国际法治理论体系建设的主流可能仍在习惯性地沿着"西方法治图景"指引的方向推进。在一定程度上看，这可能也恰好印证了费孝通先生所著《乡土中国》里的一些观念。❷例如，中国乡土社会几千年的传承演进，除了形成了优秀的文化传统外，也形成了一些消极的思维观念，如"各人自扫门前雪，哪管他人瓦上霜"的自利观，对身处其中的法律人的影响也是不言而喻的。假如将建构中国国际法治理论体系比作建设一座城市的话，那么现行教育体系体制下各层次的国际法学教育研究及国际法律实务组织机构及其人员结构，国际法规范的制定、遵守及争端解决和国际法学各专业领域的建设发展，等等，就好比一座座高低、大小、形状、装饰各异的房屋、工厂、学校、道路、山川等等。其中，有些规则畅通、有些无序拥挤、有些生态环保、有些污染严重等，但几乎所有组织机构和个人都在向外购买建设材料（吸纳西方法律理论经验），努力建设和装饰自己的"地盘"（发展和创新自己的法律理论观点）。与此同时，或许出于利益考量或资源所限等因素，大家都本能地忽略或者故意回避了对城市建设的根本基础——这座城市地质和生态环境条件（恰如中国国际法治基础理论体系）的思考和探讨。譬如，对于这片土地的性质、未来最大

---

❶ 事实上，中国法学暂时还没有建构起饱含"中国基因""中国元素""中国智慧"并获得国内外学界普遍认知、认可和认同的"中国法治理想图景"。

❷ 费孝通. 乡土中国 [M]. 北京：生活·读书·新知三联书店，2013.

的可承载力、可利用能源情况、宜居与否、是否有科学系统的整体规划等等，都缺乏深层次的反思和重构，因而导致大量诸如"鬼城""癌症村""雾霾"等问题迭起、乱象丛生的现象。这就如同中国国际法理论体系的建构由于缺失真正适合自己的"理想图景"（国际法治），从而导致现有中国国际法治理论特色不够鲜明、西方法治理论经验在全球治理中受阻、中国法律的国际选择适用度不够广、司法仲裁可信度不够高等困境。即便城市建设依旧在推进（如国际法治理论的创新发展），但也可能为未来发展埋下更大的隐患（如各种国际法治理论不成体系或者各种制度相互掣肘内耗），如同很多城市的排水系统设计缺陷导致的严重内涝、环境污染、交通拥堵等就是大家真切感受得到的有力例证。这表明建构国际法治和国际法治理论体系应当具有"系统思维"。因此，中国国际法学界与国际法律实务界应当摒弃"慵懒式"思维和"应有式"思维习惯，立足中国国情、寻根中国历史，深入发掘中国优秀传统思想文化基因，并融汇于建构国际法治体系中，才能在真正意义上创新建构饱含"中国主体性"的中国国际法治理论体系并据此更好地进行国际表达。

第四章
对国际法治的内涵要义
及关联问题思辨

一、概念比较的视角：识读国际法治的内涵

毋庸置疑，但凡在法学领域内论及"哲学问题"，自然就会指向"法哲学（或法理学）"。首先，依据大陆法系和英美法系两大法系的传统法学理论看，"国际法治"不同于大陆法系法学理论中的法哲学（亦称法律哲学，Philosophy of Law or Legal Philosophy），后者是指从哲学的视域考察法的基本原理，是采用哲学的方法去探讨基本法学问题的一种综合性学科。譬如，德国《布洛克豪斯百科全书》认为：法哲学，作为哲学分支之一，是以自身特有的方法系统研究法律和法学的一般原理（意义和目的、起源和效力）。❶同时，在英美法系国家的法学理论中，法哲学也被称作法理学（Jurisprudence），

---

❶ 公丕祥. 也谈重视法哲学的研究 [J]. 法学, 1983 (4): 8.

作为法学的分支之一，是指法的基本理论或一般原理。诚如《不列颠百科全书》指出的那样：法律哲学是指系统阐述法的概念与理论，以理解法的性质、法权的根源及其社会作用。❶ 有鉴于此，国际法治应是国际法学和哲学两者相结合的产物，是一门基础性、综合性的交叉学科。但无论是将国际法治视作哲学分支，还是将其当作国际法学分支，都无碍于其之于国际法学教育研究与国际法治实践的基础性地位。

其次，国际法治也不同于比较法哲学（Comparative Jurisprudence）。美国威廉·B. 埃瓦尔德教授在其《比较法哲学》的第一部分指出："Comparative Jurisprudence（比较法哲学）"是与"Comparative Law"或"Comparative Legal Philosophy"相区别的，是指如果要理解外国的法律制度，应当从该国社会内部揭示法律规则背后潜在的原因，像该国法学家那样去考察该国法律规则的一种特有的论理模式。比较法学的中心任务，是探究和解释世界各国应用性的道德哲学观。他还强调：在检视外国法律制度时，首先应当做的并非识读该国法律规则的外在表现形式，而是应像生活在其中的人们那样从内部视角去理解和思考该国法律制度内在的认知结构，包括该国社会中人们的理想信念、利益诉求、兴趣爱好和风俗习惯等，进而去探究当地人们"思想中的法"。该国经济、政治、哲学等外在的知识资源，只有被纳入法律体系参与者的头脑时，才会对比较法学研究产生意义。❷ 正所谓：法之理在法外，法之合理性不能仅依凭自身论理而证伪，而应当根植于其本土社会资源并经受住其之外的世界的衡量和评判。

---

❶ 公丕祥. 也谈重视法哲学的研究 [J]. 法学, 1983 (4): 8.

❷ 威廉·B. 埃瓦尔德. 比较法哲学 [M]. 于庆生, 郭宪功, 译. 北京: 中国法制出版社, 2016.

最后，国际法治作为一门部门法哲学，必然有别于其他部门法哲学。但可以肯定的是，如同其他部门法哲学对本部门法学教育研究及其相关法律行为所具有的地位和作用一样，国际法治对国际法学教育研究和国际法治实践活动必然具有更为直接的功能作用。

因此，在创新发展国际社会政治经济秩序规则和全球治理体系变革转型的新历史时期，建构中国国际法治理论体系语境中的"国际法治"，应是指基于国际法学（与国内法学相对应）区别于其他法学学科的特殊性质，秉持人类社会共通的价值理念、法治理想和幸福诉求，用以识别现有国际法学思想理论、价值观念的科学性与合理性，思辨完善全球治理规范体系的正当性与系统性，甄别国际法治实践机制的公平性与普适性，规范推进国际社会共同发展和人类命运共同体和谐文明的一门法学基础理论学科。

二、法律进化论视角：国际法概念内涵的演进

尽管对于"国际法是不是法"的问题，国内外法学界一直存在着争论，但时至21世纪，整个国际社会基本上认同了"将国际条约规则作为国际社会政治经济秩序基本调整工具"的事实，而且在全球治理、国际法学教育研究和国际政治经济文化交往中广泛使用"International Law""International Trade Law"等词语。譬如，联合国还专设国际法委员会（International Law Commission）、贸易法委员会［United Nations Commission on International Trade Law（UNCITRAL）］等立法机构，制定了《联合国宪章》（The Charter of the United Nations）、《联合国海洋法公约》（The UN Convention on the Law of the Sea）、《国际法院规约》（The Statute of the International Court of Justice）等较为完整的国际法律规范体系。同时，还专门设立了国际法院（International Court of Justice）、联合国行政法庭（The United Nations Administrative Tribunal）、国际刑事法院

(International Criminal Court)、国际海洋法法庭（The International Tribunal for the Law of the Sea）等专门的司法机构，以解决国际争端、保障国际法规范的实施。

但从根本上讲，要厘清"国际法是不是法（或法律）"，就应先弄清楚"法（或法律）究竟是什么"——这一个纠缠世界各国法哲学学者们已久的基本问题。在中国法学界，也不例外。曾有学者认为，国际法不具备"依靠国家强制力做后盾以保障实施"的基本法律特征，因而对"国际法的法律属性"提出了疑问。对此，可能需要一分为三地来看：其一，如果从阶级斗争理论和国家意志论出发，依照"国家制定法"的定义去衡量，那么国际法就不具备法的"国家强制性"要素，因而就不是法（或法律）；其二，倘若不以国家制定法作为衡量法的标准，那么国际法可能是法（或法律），抑或不是法（或法律），因为关键在于衡量法（或法律）的标准是什么；其三，如果依社会契约论看，国际法基本是主权国家之间协商一致的条约协定，或者是国际组织内部成员协商一致制定的宪章、公约、宣言等，基本符合国际社会成员之间的契约理论，因而国际法是法（或法律）。事实上，在归纳法（或法律）的概念时，之所以强调法（或法律）的"国家强制性"要素，其根本目的在于突出"法（或法律）的效力"不同于其他一切"非国家制定法"（包括习惯法、乡规民约、软法等）。换言之，意在强调法（或法律）的权威性、有效性与可靠性。那么，是否可以据此在法理上推定只有"国家制定法"才是法（或法律）？❶ 显然，这样的推断

---

❶ 当然，之所以会产生并推广这种对"法的内涵"的认识，应该还会有其他的原因，如出于政治（维护国家尊严、中央权威、统治秩序）、经济等因素的考量。尤其是在"朕即是法"的中国封建社会里，应该更具有以"法之名义"维护封建皇权统治秩序的政治考量。

不足以证成，原因至少有四：一是国家制定法在实际调整社会关系（尤其是民商事关系）的法治实施过程中，并不总是像当初构想的那样行之有效，如存在执行难问题等；二是由于立法者、执法者、司法者和守法者的素养能力与利益关联等原因，存在以法谋私、执法不严、徇私枉法和"抗法不从却又法不责众"等法律规范失灵的现象；三是由于法律语言表达与解释、法律适用的场域等原因，存在法律漏洞、法律空白等情况以致产生法律失真、法律失语等问题；四是如果以国家制定法作为界定法（或法律）的标准，那么人类社会（包括现代国际社会）在多数情况下处于一种"无需法律的秩序"状态，因为法律毕竟是维护社会秩序的最后强制手段，而且法律之上还有道德伦理。

事实上，假如学理上能够破除"国家制定法思维"，换一种思维视角即以"法律进化论"的视角去考察"什么是法（或法律）"，而不纠缠于法的国家强制性效力要素，或许一些类似的争论便可停止，而且能够从逻辑推理上获得周延性，切合社会系统论的要求，同时也可能为重新识读国际法及其历史理论和建构国际法治与国际法治理论体系找到新的理据。道理很显然：但凡存在人类族群的地方，必然具有一些大家以明示或默示的方式共同遵守的秩序规则——这是人类得以生存繁衍的自然法则；同时，法（或法律）作为人类社会关系的基本调整工具之一，必然随着人类社会的不断进化发展而进化发展。倘若从"原始社会（初民社会）的习惯→氏族社会的习惯法→城邦成文法→国家立法→国际条约"等法律规范发展进化的脉络看，法（或法律）已经具有几千年的文明史。如果从法律进化论看国际法的历史渊源，也会大致经历"氏族联盟→部落结盟与商人习惯法→城邦盟约→诸侯国书→国际条约"等国际法律规则的进化发展过程。但若将"国际法"仅仅理解成"国"际法，则是指在主权国家产生之后，各国之间缔结达成的盟约、条约、协定等国际法律规范。

然而，这种理解首先会遇到一大难题：依据国际法理论通说，无论是古代国际法还是现代国际法，都存在非主权国家的主体（包括国际组织与个人），如城邦（意大利城邦）、地区（中国香港、中国台湾）等与国家或其他国际主体之间缔结条约协定的情形，如 WTO 法等。其次，存在个人越来越可能成为国际法主体的发展趋势：如《联合国海洋法公约》第 153 条准许个人或法人成为国际诉讼的当事人、1948 年《联合国防止及惩治灭绝种族罪公约》、1973 年《联合国禁止并惩治种族隔离罪国际公约》、2000 年《联合国打击跨国有组织犯罪公约》及 2003 年《联合国反腐败公约》等；1983 年中德《关于促进和相互保护投贸的协定》第 1 条第 3 款明确规定"投资者"包括具备中国国籍的自然人与在该协定有效范围内有住所的德国人；北美自贸协定（NAFTA）与跨太平洋伙伴关系协定（TPP）中有关于个人诉诸争端解决机制的规定。最后，国际组织之间缔结的条约协定，是否属于"国"际法？如若不是，又将作何理解？

当然，所有这些对现有国际法理论的反思及其可能带来的国际法治理论体系之重构，未来必将会使得世界各国的国际法学教育研究面对越来越多的理论疑问与实践困惑，需要不断地去探究和解决。但无论如何，作为科学研究，是不是不应因为存在预期困难，就违心地或权宜地将"国际法"限定理解为"国"际法？这样既不符合法律科学应有的理性（形式理性与实践理性），也不符合法学理论研究应有的求真精神。因此，是不是应当以法律进化论的视角，从法律文明多元性视域出发，去重新识读国际法的历史发展渊源，并发展和完善其应有的内涵？譬如，从法治文明多元性的视角看，由于受到中华传统"礼制""德治"等伦理道德观和传承中华民族数千年的儒家、道家、佛家、墨家、阴阳家等思想文化的影响，中国社会逐步形成了"追求和谐、礼法并施"的法律思想理念（如德主刑辅、宽严相济），制定了"家国一体、诸法合一"的法律典籍（如《法经》《唐律疏议》《大清律例》和《六法全书》等），建立了"礼乐政刑、综合治理"的政法一体、分工负责的机构系统（如帝王、吏部、户部、礼部、兵部、刑部和工部及州县衙门等），确立了"礼法并用、情理为治"的司法制度体系（如大理寺、监察院、刑部、御史台等司法机构和录囚、直诉、会审、听讼、断狱、调解等法律制度），等等。那么，是否可以这样理解：在中国社会治理的历史进程中，随着法律从古到今的不断进化演进，而逐步形成了中国自己的治理模式甚或法治模式？❶ 理由至少有四：一是世界各国国内社会的治理不应只有一种模式（实际上也如此），世界各国文明本质上具有多元性（社会历史选择），其法治模式自然也会呈现出多样性，毕竟"法治"不是西方国家的专利，也并非但凡法治就意味着一定要"三权分立""宪政""司法独立"等。❷ 二是仅就社会治理模式本身而言，世界各国或地区历史形成的"法治模式"并无优劣高下之分，因而只有适合他们自身实际情况的才是更佳的。如果片面地抛开一国

---

❶ 马小红，庞朝骥，等. 守望和谐的法文明［M］. 北京：北京大学出版社，2009；张晋藩，林中. 法史钩沉话智库［M］. 北京：中国法制出版社，2016；黄源盛. 中国法史导论［M］. 桂林：广西师范大学出版社，2014.

❷ 退一万步讲，即便所谓的"三权分立""宪政""司法独立"等在一些西方国家体现出一定的优越性，但这就能证明这些制度机制一定适合别的主权国家？或者，就一定要通过政治高压、经济收买、文化殖民和军事打击等手段千方百计地向其他国家推销甚至不惜践踏他们的国家主权和人民尊严？这可能是现代西方文明中依旧抹不去的"殖民思维"，即便西方列强的殖民时代已经随着世界各国民族独立解放运动的兴起而宣告基本结束。

或地区的本土实情去空谈法治，不仅不符合实践理性反而有误国误民之嫌。三是即便"欧美法治模式优越"是真命题，也不意味着其法治模式的优越性就一定能够展现在别国国内社会甚或国际社会，如依靠强权政治、霸权主义甚至军事手段推销西方民主的"文化殖民""阿拉伯之春"已然成为中东、北非地区动荡之源并成为殃及欧洲的世界性灾难。这既不符合国家主权原则和国际人权保护的基本准则，缺乏对其他主权国家或地区自主选择自己国家的治理方式与法治模式应有的尊重；也不符合伦理逻辑。这可能在一定程度上反映出西方一些学者在文明优越感下的"殖民思维"和其他主权国家一些本土学者历史遗传的"慵懒式"与"应有式"思维。四是作为社会治理的基本工具，法治之"法"并非局限于"国家制定法"，而是包括习惯法在内的一整套规范体系。而且事实上，在基层社会尤其是边远地区对社会秩序起基础调整作用的规范主要还是乡规民约、风俗习惯等民间法；同理，在国际社会政治经济交往过程中，起着基础调整作用的规范主要还是国际习惯法规则。当然，除此之外，国际社会关系与国内社会关系的调整及其秩序的维护，也不可能缺少道德伦理规范，因而在国际层面倡导推进"国际德治"也势在必行。

综上所述，从法律进化论的观点出发，去认知和理解"国际法究竟是不是法"之类的问题，应为重新识读国际法内涵要义与历史渊源的可取路径之一，有利于建构国际法治和国际法治理论体系。既然"国际法"不等于"国"际法，或者说不仅仅是指"国家之间的制定法"（如国际条约），而且还应包括其他规范，如国际习惯法、教会法等，那么，这是否意味着：国际法的渊源具有多样性，因而应从特殊的法律规范生态视角去认知和理解国际法？

三、一种特殊的规范生态：国际法规范渊源的体系

众所周知，不同于世界各国的国内法律规范渊源，国际法规范具有跨国性及普适性，而且国际社会早已对其主要渊源形成了普遍共识。譬如，1969 年《维也纳条约法公约》第 31 条"解释之通则"、第 32 条"解释之补充资料"与第 33 条"以两种以上文字认证之条约之解释"共同明确了"通常意义，善意解释""条约用语，特殊意义""结合上下文一并适用有关协定、惯例及国际法规则"等国际条约解释基本规则以及 1945 年《国际法院规约》第 38 条规定的国际协议、国际习惯、一般法律原则、司法判例及各国权威最高之公法学家学说及"公允及善良"原则等。❶ 1998 年《国际刑事法院罗马规约》第 21 条"适用的法律"明确规定了"一般法律原则、规则""国际惯例""国际判例"等国际法渊源。❷ 由此可见，在国际条约法解释及适用范畴中处于基础性地位

---

❶ 《国际法院规约》第 38 条规定："一、法院对于陈诉各项争端，应依国际法裁判之，裁判时应适用：（子）不论普通或特别国际协约，确立诉讼当事国明白承认之规条者。（丑）国际习惯，作为通例之证明而经接受为法律者。（寅）一般法律原则为文明各国所承认者。（卯）在第五十九条规定之下，司法判例及各国权威最高之公法学家学说，作为确定法律原则之补助资料者。二、前项规定不妨碍法院经当事国同意'本公允及善良'原则裁判案件之权。"

❷ 《国际刑事法院罗马规约》第 21 条"适用的法律"规定："（一）本法院应适用的法律依次为：1. 首先，适用本规约、《犯罪要件》和本法院的《程序和证据规则》；2. 其次，视情况适用可予适用的条约及国际法原则和规则，包括武装冲突国际法规确定的原则；3. 无法适用上述法律时，适用本法院从世界各法系的国内法，包括适当时从通常对该犯罪行使管辖权的国家的国内法中得出的一般法律原则，但这些原则不得违反本规约、国际法和国际承认的规范和标准。（二）本法院可以适用其以前的裁判所阐释的法律原则和规则。（三）依照本条适用和解释法律，必须符合国际承认的人权，而且不得根据第七条第三款所界定的性别、年龄、种族、肤色、语言、宗教或信仰、政见或其他见解、民族本源、族裔、社会出身、财富、出生或其他身份等作出任何不利区别。"

的这些国际公约及规约一再表明：国际法规范渊源已经基本形成了一个"以国际条约、国际惯例及一般法律原则为主，以司法判例、权威学说、道德规范及国内法原则规则为辅"的相辅相成的规范生态体系。而且，值得注意的是，《国际法院规约》第38条第2款规定，经当事国同意后，法院有权本着"公允及善良"的原则裁判案件。其中，"经当事国同意"和本着"公允及善良"的原则，是否也意味着：国际法院及其法官应当诚信履职（当事国的信赖），秉持"良心"，公正审理案件？如果是，那么恪守道德规范也是国际社会的普遍共识和全球治理的普遍诉求。这表明，"良心"（包括发现良心、秉持良心、回归良心）有助于国际社会的争端解决以及建构和谐共赢的国际秩序，这是国际社会的共识。因而，在推进"国际法治"的同时，倡导推进"国际德治"，完全符合人类精神诉求，也存在国际社会的心理基础。

故此，无论哪一种国际法规范渊源，都是国际社会交往实践过程中自然内生的秩序规范，是以国际社会普遍认同和共同遵守为基础的，而并非以是否为"国"际法作为评判依据。如果学理上坚持依此"制定法"观念作国际法规范与否的区分，那么反而可能会人为地撕裂各种规范规则之间内在的联系，打乱原本各种规范融合互动、自洽共治的国际社会秩序。与此同时，也重提了一个老生常谈的问题：如此一个庞杂的国际法规范渊源体系，其规范的效力基础来自何处？

四、国际法究竟应该如何运行：国际法效力基础的理论校验

一直以来，"法律因何被遵守？""法律的合法性和正当性又来自何处？"诸如此类的问题，是法哲学致力于探讨和解答的基本问题。就"国际法的效力基础"问题而言，当然是国际法治所要面

对和解决的基本问题。为此，应该厘清以下两个国际法治的基础性问题。

第一，"法之理在法外"，话语虽短却至少给我们两点警示：一是法律赖以存在发展的理据在法律之外，应当通过其所处社会的政治制度、经济水平、文化传统、风土人情等去寻求其正当性的答案；二是秉持历史思维、辩证思维与系统思维，从法律之外的世界去考证"法律的理性（法律的良知与良心）"和寻求其合理性答案，是法学研究必备之理性思维与法治实践必备之理性行为的本质要求，因为法律之外尚有更为博大的"良知"和更为普遍的"良心"。因此，法律的效力基础问题，不能从法律自身寻求答案。亦即，法律不能成为评判其本身合法性、合理性与正当性的标尺。犹如对真理的验证一般，只能通过有关社会实践、科学实验得以证成或者证伪。否则，一旦法律脱离了理性、良知与良心之框架约束，便可能会存在各种"借法治之名而行践踏法治之实"的现象，从而实际形成"法律的暴政"，如法理认同"恶法亦法"、立法者"以法谋私"、执法者"选择性执法"、司法者"枉法裁判"等现象。这样的情形，尤其是在"朕即是法"的封建君主制历史上已然存在过。然而，人类社会历史表明：随着人们的权利意识自主觉醒或被逐渐唤醒，类似这样的"法律暴政"便会崩盘，滥施的法律规范也会随之被废除。因此，国际法规范亦同此理，国际法规范的效力基础并不在于其本身，那么究竟存在于何处？

第二，要从法理上回应"国际法规范的效力基础究竟存在何处？"这样一个疑问，应当从哲学、社会学、政治学等交叉学科的视角出发去厘清两大基础理论支撑：一是法律的良知与良心源自何处？一般而言，法律应是由严守戒律、手握戒尺的法律人研究、制定、执行和实施的，因而后者的良知与良心基本上影响或决定着法律的理性；二是法律人的良知与良心又源自何处？无论是理性的还是感性的法律人，都是生活在某种历史中形成的社会里的人，因而其严守的戒律与手握的戒尺（良知与良心），深受其所在国家的社会整体文明程度制约，并主要受到其所在社会人们的评判。

综上可知，普遍的社会认同，应是法的效力基础来源。同理可知，国际法规范的效力基础应是国际社会的普遍认同，包括多边条约之缔约各国的普遍认同和双边条约之缔约双方的共同认同。依据社会契约论的观点，国际法规范，包括国际条约、国际惯例、一般法律原则和普遍道德规范等，可以被视作国际社会里各主体之间的契约。这种契约规范，不同于依靠国家强制力保障实施的国家制定法，而是基本依靠国际法主体的自觉遵守，依赖于国际法主体的诚实信用。❶ 因而，"有约必守""条约必须信守"被确立为国际法的基本原则之一，也同样是出自人类社会这种普遍确信的道德规范。值得深究的是，至于人类社会规范在历经数千年文明史之后为何会选择认同并严守"诚实信用"原则，是不是由于以下4方面的原因：一是从生物学、心理学角度来看，好恶之心人皆有之，"被欺骗"与"失信"，会让人产生"恶感"的心理状态（如电信诈骗致死案）——由人的机体反应和自然属性决定；二是从社会心理学角度来看，人与人之间交往讲求诚信，才能集合个体力量形成原始的族群部落以同心协力获取食物、衣物，建造栖息场所和战胜自然界（如猛兽、洪水、自然灾害等），这意味

---

❶ 当然，在国际法规范体系内，也相应规定了一些保障实施的强制性措施，主要有以下几种情形：（1）自卫权，如《联合国宪章》规定的单独自卫与集体自卫等；（2）报复权，如《关于争端解决规则与程序的谅解》第22条规定的"中止减让或其他义务"；（3）司法管辖权，如国际法院、国际刑事法院对缔约国的管辖等；（4）上诉权，如WTO上诉机构解决国际贸易争端等。

着交往一方内心总是期望交往对方是可靠的和可信赖的（合理期待），因为这可能最大限度地增强人们的安全感——由人的社会属性决定；三是从政治学、管理学的角度看，教化和要求统治管理区域内的人们恪守诚信，可能增强统治管理的可预见性和可控性，本质上有助于统治阶级和管理者维护其统治和管理秩序；四是将"诚实信用"纳入法律规范，作为基本原则并细化相关实施规则，既符合法律的价值判断与理性要求，也符合维护良好社会公共秩序和推进社会治理的根本需求，有助于捍卫人类社会命运共同体的利益。当然，这些原因分析只不过是在综观人类社会历史发展之后的一点归纳总结和逻辑推理，肯定存在进一步探讨完善的理论空间，也有待国际社会法治实践去进一步验证。

第五章

人类命运共同体建构的路径：
国际德治与国际法治融合互动[❶]

一、问题探讨的场域与时代背景

当下世界，全球化与反全球化思潮并存，贸易自由化与贸易保护主义同场角力，传统安全与非传统安全问题交织，世界多极化、文化价值多元化、网络信息化发展不断加速，"黑天鹅"事件频发致不稳定性、不确定性逐渐加大，全球治理秩序与规则话语博弈不断加剧，国际社会格局秩序正在走向深刻调整演进的新世界。而今日之中国，正处在全面深化改革开放、建设中国特色社会主义法治社会和实现中华民族伟大复兴的重要阶段、世

---

❶ 宋云博. 人类命运共同体建构下"国际德治"与"国际法治"的融合互动 [J]. 政法论丛，2018（6）：58–66；宋云博. 全球治理的"双擎模式"：国际德治与国际法治的融合互动 [J]. 法治现代化研究，2018（2）：35–45.

界秩序话语权和主导力"东升西降""南升北降"的重要战略机遇期和窗口期，处于推动"一带一路"建设和倡导建构国际政治经济新秩序的新时代。❶ 2017 年 2 月 17 日，习近平主席在国家安全工作座谈会上强调指出，"要引导国际社会共同塑造更加公正合理的国际新秩序"，"引导国际社会共同维护国际安全"。2022 年 10 月 16 日党的二十大报告进一步明确了习近平新时代中国特色社会主义思想和基本方略，"全面推进中国特色大国外交，推动构建人类命运共同体，坚定维护国际公平正义""中国共产党是为中国人民谋幸福、为中华民族谋复兴的党，也是为人类谋进步、为世界谋大同的党"。正如朱子所云："仁者，以天下为己责也。"那么，面对党的十九大报告明确提出的崭新历史命题，在中国国际法治理论体系建构进程中，应当如何更好地向世界展示、传递和弘扬习近平新时代中国特色社会主义思想？在全球协同推进建构共建共享共赢的"人类命运共同体"的进程中，应如何使之更加科学高效地引领国际社会树立正确的全球治理观和建构全球治理新的规则话语体系，并指引全球治理实践？诸如此类，均是摆在所有中国法学学者尤其是国际法学学者面前的重大考题。

正所谓"法安天下，德润人心"，纵览我国古代明君先贤，历来明德重法、礼刑并施。孔子曰："道之以政，齐之以刑，民免而无耻；道之以德，齐之以礼，有耻且格。"（《论语·为政》）就人类社会和谐发展而言，"德"与"法"如鸟之两翼、车之双轮，"法治和

---

❶ 曾令良. 法治：中国与世界——国际法治与中国法治建设 [J]. 中国社会科学，2015（10）：134－146.

德治不可分离、不可偏废，国家治理需要法律和道德协同发力"。❶
诚如孟子所云："徒善不足以为政，徒法不能以自行。"（《孟子·
离娄上》）同理可知，在习近平新时代中国特色社会主义思想的指
导下，在建构相互尊重、公平正义、合作共赢的现代新型国际关
系和人类命运共同体、改革完善全球治理体系的进程中，是不是
应当正视和发挥"道德"的地位功能？在这个各国"同呼吸、共
命运""一损俱损、一荣俱荣"的深度联系依存的命运共同体，面
对资本肆意扩张致金融危机不断、市场投机致物价房价飞涨、世
界性贪污腐败严重、社会诚信体系脆弱、社会责任意识淡薄缺失、
环境污染气候恶化、功利主义拜金主义享乐主义盛行等一系列积
弊难题，是不是需要全面倡导推进建构"国际德治"与"国际法
治"融合互动的人类命运共同体？毋庸置疑，答案是肯定的。那
么，何谓"国际德治"？倡导推进"国际德治"与"国际法治"
融合互动的理据渊源、重要性与必要性、基本原则有哪些？又应
如何推进两者的良性融合与互动？

二、应如何理解和识读"国际德治"

从有关概念的内涵范畴看，既然有国际法和国内法之分，当
然也应有国际道德规范与国内道德规范之别。从社会治理工具的

---

❶ 2016年12月9日，习近平总书记在中共中央政治局第三十七次集体学习时强调
指出："法律是成文的道德，道德是内心的法律。法律和道德都具有规范社会行
为、调节社会关系、维护社会秩序的作用，在国家治理中都有其地位和功能。法
安天下，德润人心。法律有效实施有赖于道德支持，道德践行也离不开法律约
束。""改革开放以来，我们深刻总结我国社会主义法治建设的成功经验和深刻
教训，把依法治国确定为党领导人民治理国家的基本方略，把依法执政确定为党
治国理政的基本方式，走出了一条中国特色社会主义法治道路。这条道路的一个
鲜明特点，就是坚持依法治国和以德治国相结合，强调法治和德治两手抓、两手
都要硬。这既是历史经验的总结，也是对治国理政规律的深刻把握。"

角度看，既然国际法治是与国内法治相对应的概念，那么国际德治则是与国内德治相对应的概念，两者之间既有区别又有联系。❶顾名思义，无论是从人类社会目标价值还是从全球治理范畴层次来看，国际德治都应该涵盖国内德治，且需要以后者为理论基础和实践支撑。各国或各地区的人们尤其是组织机构的领导者或实权派和政治经济文化资源的拥有者或掌控者们的伦理道德价值观念及其整体道德修养水平，直接决定和影响着国际德治的文明进程——人类社会治理文明的两大基石标志之一。❷然而，国际德治又并非国内德治的简单扩展或叠加，而是对后者的一种人性超越和一种善治引领，是对人的道德伦理境界要求层次更高的目标追求，不再局限于单边主义、民族主义和本国优先主义，而是以人的全面而自由的发展为目标、以全人类整体利益为核心和以国际社会为本位❸；不再片面强调和追求保障本国、本地区或本民族的人权，而是更多地以全人类的视野充满对人性的关怀；不再高举维护国家利益和国家安全的大旗去行侵害他国或地区之事（无论是通过阴谋或阳谋的方式还是采取政治经济文化军事的手段都将为全世界所不齿），而是更加以构建人类命运共同体为己任的全球

---

❶ 赵骏. 全球治理视野下的国际法治与国内法治［J］. 中国社会科学，2014（10）：79－99.

❷ 王淑芹，刘畅. 德治与法治：何种关系［J］. 伦理学研究，2014（5）：62－68.

❸ 据有关资料记载，1993 年李双元先生曾在有关"21 世纪国际社会法律发展基本走势的展望"的学术报告中首次对"国际社会本位理念"作了阐述，后发表于《湖南师范大学学报》1995 年第 1 期并被译成英文收录于《1995 年亚洲科学与技术发展国际研讨会》（英文论文集）。参阅李双元，李赞. 走向 21 世纪的国际私法：国际私法与法律的趋同化（中国法学家自选集）［M］. 北京：法律出版社，1999：554－558；李双元，邓杰，熊之才. 国际社会本位的理念与法院地法适用的合理限制［J］. 武汉大学学报（社会科学版），2001（5）：517－525；李双元，李赞. 构建国际和谐社会的法学新视野：全球化进程中的国际社会本位理念论析［J］. 法制与社会发展，2005（5）：79－97.

治理模式和国际社会状态。所谓"国际德治"❶，是指主张在全球
治理过程中"以德治世"，以协调保障全人类的整体利益、增进全
人类福祉、促进人类社会和谐发展为共同目标，承继和依凭全人
类共同认同的优秀道德传统、伦理观念、道德规范及控制工具等，
公平公正地约束和评判人类社会成员言行的一种社会治理工具，
主要凭借与国际法治的融合互动和通过国际道德榜样示范、国际
道德礼仪教化、国际道德伦理规范、国际信誉评价体系、国际社
会舆论褒贬机制等方式加以实施的一种社会治理思想理念、工具
方法、模式体系和社会存在状态。它既是促进人类社会达至和谐
"善治"的一种治理工具模式，同时也是人类社会向善发展进化
的一种状态。从全人类整体利益的维护发展来看，"国际德治"
至少应包含以下基本内涵要素：一是已经获得世界普遍认同与尊
重或者经过全球治理实践证明的各国优秀的道德伦理价值观，如
公正平等、民主自由、包容宽恕等价值主张；❷ 二是符合全人类
整体利益诉求和发展方向的中华优秀传统伦理道德，如墨家的
"兼爱非攻"和儒家的"仁、义、礼、智、信、温、良、恭、谦、
让"等；❸ 三是由于马克思主义早已充分论证了资本主义的罪恶及
其必然为社会主义和共产主义所取代的道理，因而马克思主义思
想确立的正确道德价值观及其发展完善的道德理念和主张，如中

❶ 这里应当首先说明的是，通过对国家图书馆、CNKI、万方、Google、SSRN、
Westlaw 等有关数据库平台的搜索查询，目前关于法治和德治的著述虽数以万计，
但尚未发现有关"国际德治"的官方定义或者主流学术概念。故此，笔者只好
在参阅诸贤有关"德治"的思想和论述的基础上，斗胆在此提出一点看法。参阅
杨生财. 全球伦理及现代德治观 [J]. 今日中国论坛, 2012 (12): 6.

❷ 赵敦华. 关于普遍伦理的可能性条件的元伦理学考察 [J]. 北京大学学报（哲
学社会科学版）, 2000 (4): 109 – 114.

❸ 何怀宏. 道家思想与全球伦理 [J]. 北京行政学院学报, 2003 (5): 71 – 75.

国特色社会主义核心价值观等。❶

　　作为国际法治的支撑工具，"国际德治"理应成为基本治世方略之一，依凭道德伦理自省、教化与评判，劝导全球治理者"为政以德"，坚持正确义利观，引导诸国治理者注重道德素养示范和加强道德教化，协同推进"全球仁政善治"，共同建构具有完美道德风尚的"人类命运共同体"。❷作为当今世界唯一没有被历史中断而消亡的四大文明古国，中华民族自古就具有优秀的道德伦理传统文化——这正是我们的优势❸，应当被充分发掘，从而抢占"国际道义"新的制高点，主导建构"国际德治"话语规则体系。❹此外，优化建构的"国际德治"，将展现出以下几种基本特征。

　　第一，国际德治应秉承充满人性关怀的"大天下观"——人类命运共同体，不应是某个别强权政治和霸权主义国家或国际组织干预和掌控全球事务的意识形态工具，更不应沦为个别国家或组织推销本国或组织道德伦理价值观而进行现代文化殖民的思想控制手段，而应当以维护和发展全人类整体利益、构建人类命运共同体为根本使命和目标价值，以是否有利于不断增进全人类福

---

❶　马克思恩格斯选集：第一卷［M］．3 版．北京：人民出版社，2012：422 – 425.

❷　See Von Bogdandy, Armin, *International Judicial Lawmaking: On Public Authority and Democratic Legitimation in Global Governance*, Springer, 2012.

❸　孙莉．德治及其传统之于中国法治进境［J］．中国法学，2009（1）：69 – 76.

❹　自 1949 年以来，由于受西方意识形态宣传攻击和"人权""民主"等话语霸权的影响，中国一直受到西方某些国家的无端指责，如美国 20 多年来一直在发布的"年度国别人权报告"（即便其不断以"反恐"和"国家安全"为借口挑动国际动荡和局部战争造成大量平民死伤逃亡等人道灾难，且其国内长期存在种族歧视严重、贫富分化、犯罪率和失业率居高不下等人权问题），长期被其媒体"集体封杀"和"恶意抹黑"（受西方利益集团操控，成为攻击中国的前沿阵地），致使西方许多国家的广大人民群众并未真正了解中国或者说理解真实的中国，致使中国被迫处于"国际舆论"或"国际道义"的下风头。当然，这种状况正在随着中国的改革开放、综合国力提升和更多地承担国际社会责任而逐渐发生改变。

祉与促进全人类和谐发展为道德评判基准。

第二，国际德治应承载公正的国家义利观，即破除狭隘的民族主义和母国主义，摒除那种为了本国或组织利益而不惜损害别国利益的偏狭的国家利益观——这实质上就是"国际互害"模式，即无论是采用政治斗争、经济制裁还是军事打击，在全球经济一体化、信息网络化进程中，施害者或是受害者都不可能独善其身，甚至很可能激化矛盾冲突，如中东、北非等地连年战乱、遭受恐怖主义袭击等。道理很显然，即一国公民不能为了主张自身权益而损害他人的正当权益，而这道边界和防线就是一国之法律规范——他律，但这同样更应该受到伦理道德之管束——自律。在全球治理中，作为国际法的基本主体，一国或组织当然不应该为了单方面谋求本国或组织的利益，而不顾甚至不惜损害他国利益和人类命运共同体的利益。这既是国家或国际组织的国际法责任，也应是他们应有的国际道义责任担当。

第三，国际德治应与国际法治相辅相成、融合互动，但又对全球治理的主体和方式提出了更高的目标和要求，符合全人类的整体利益诉求和人类社会发展方向，因而理应成为全球治理能力现代化和全球治理体系现代化的重要组成部分。即国际德治与国际法治融合互动的社会治理模式，应为各国或地区、国际组织、公司企业与自然人所接纳和尊崇，成为全球政治文化交流与经贸投资往来的基本评判标准和基础依据。

第四，国际德治应包括各国或地区、国际组织、公司企业与自然人等主体；其治理范畴应涵盖人类政治经济文化等生产生活的方方面面；其道德评价标准应包括正义与非正义、公平与非公平、人道与非人道等核心善恶要素；其基本实践路径应是教育引导和评判惩戒人的言行，广泛影响人尤其是各国及地区或国际组织、公司企业领导决策者与自然人的道德评判与价值选择；其基本目标应是教育引导人们树立正确的世界观、人生观和价值观，尤其是树立天下为公、积极向善的道德价值观念。

第五，国际德治应更富人本意义和更透彻的人性关怀，主要运用人类道德伦理规范的弹性机制对国际社会主体进行调控管束，并主要通过国际社会主体内心的自觉认同来实现。因而，国际德治的规范引导地位一旦被人接受认同，其作用与影响力就可能会比国际法治更加深远恒久。

故此，在初步厘清国际德治的内涵与特征之后，那么接下来的问题是：在现代全球治理进程中，为什么要倡导推进"国际法治"与"国际德治"两者的融合互动？

三、价值与功能：为何要倡导推进两者的融合互动

众所周知，无论古今中外，道德与法律就好比孪生兄弟，德治与法治的对话也从未停止过，并且随着历史上的持久论辩，人类社会已经对此达成了基本共识：道德是法律的精神脊梁，是更高层次的法律，否则法律便成有悖道德的"恶法"；倘若法律背离了人类社会基本伦理道德价值观念，其将不被社会公众认同与遵守，即便能一时依靠国家强制力执行；亦不可持久，而且其真实效力和实施效果也会大打折扣。可见，在 21 世纪国际交往和全球治理活动中，国际德治本就应对国际法治起到协调促进的基础作用，因为国际德治扬善抑恶的宗旨使命能够为国际法治提出基本的道德诉求和价值目标，能够为国际法治和谐运行提供良好的道德基础和精神动力。❶ 既然国际德治本应成为有效推进国际法治的基础工具，那么全球治理也应以全面推进国际德治为基本目标，方可达到国际社会标本兼治、国际主体内外兼修的社会成效。故此，在全球治理过程中，不仅要

---

❶ 傅攀峰. 第十二届国际法论坛"国际法治与全球治理"国际学术研讨会综述 [J]. 国际法研究，2016（1）：119–129.

加强国际法治，同时也要倡导推进国际社会道德建设与治理，不断提升人的思想道德水平，建设人类社会的精神文明，推进人类社会和谐文明的发展。具体来讲，可以从以下几方面加以考察。

（一）对两者融合互动价值的考察

第一，倡导推进国际德治，有助于弥补国际法治单一治理模式之不足，发挥道德教化评判的优势。从思想渊源上看，国际德治应是马克思主义关于人类建设社会主义社会和共产主义社会思想的重要内涵和价值目标，如"人人得以全面自由发展""精神文明建设"等；也是中华优秀传统伦理道德价值观，如"仁爱""大同世界""兼爱、非攻"等应有之义，符合人类社会总体向善的价值取向，应受重视和弘扬。然而问题在于：在国内社会治理过程中，尽管法治与德治都是基本治理工具，但的确在不同的历史时期、不同的国家地区，两者却不一定总是相辅相成的和无主次优劣之别的。人类社会历史已经表明，在不同国家和地区，有时会出现"罢黜百家，独尊法术"的局面，有时也会"德主刑辅，仁政为先"，当然也会有兼采并重法治与德治的双重治理模式，如全面推进中国特色社会主义法治体系建设和切实加强"以德治国"相结合的社会治理模式。很显然，这正是在探索借鉴历史经验的基础上，兼采法治与德治、实现两者良性融合互动，才成就了现代社会治理的"双擎模式"。从社会价值目标追求看，道德对人的要求高于法律，"德治"社会目标状态自然也高于"法治"，因而倡导加强"国际德治"更加符合人类命运共同体的发展方向。例如，2017年3月德国Spreadshirt（斯普莱舍）公司公然违背企业责任❶，出售印有"Save a dog, eat a Chinese""Save a shark, eat a Chinese"等辱华内容的T恤，并以

---

❶ 但值得深度思考的是，在该公司德文网站上，其企业责任一栏中却明确规定，"不得印制针对种族、性别、宗教的歧视或侮辱的内容"，"不得以侮辱或仇视的方式伤害他人感情"。

"自由""开放""创意多元"等为由对其不道德行为进行辩解并拒绝下架涉事 T 恤。无论该公司出于什么目的，包括商业炒作、种族歧视或敌对思维等，这都违反了人类基本道德伦理，严重伤害了中国人民的情感，可见应该倡导"国际德治"。从社会治理效果看，每个人尤其是手握重权之人若真能达至道德自律，其对于增进人民福祉之成效必将优于法治规制。

第二，倡导推进国际德治，有助于革新全球治理理念与模式，完善全球治理规则体系与提升全球治理能力。从社会治理主体看，国际法治重在强调对主体行为的调整与规制，国际德治则重在强调对主体心灵的教化与评判；一个是人的外在行为准则，一个是人的内在道德规范，符合和谐社会建构中人应内外兼修的双重特性要求。从社会治理工具模式看，一个良好的社会治理模式应是"法治"与"德治"相辅相成的，因而在国际交往和全球治理中既有"国际法治"，则必应有"国际德治"与之相融合互动。从社会治理规则理论看，建构"国际法治"和"国际德治"双重协同规则理论体系，能够更好推进全球和谐治理规则体系和治理能力的建设，最终造福于"人类命运共同体"。与此同时，倡导推进国际德治，也有助于人们识别和建构国际道德准则、正确评判道德失范的言行，引导人类社会不断向善发展。美国原特朗普政府曾奉行的美国优先主义，片面强调美国利益而不顾别国正当利益和人类共同利益，试图将国内矛盾危机转嫁别国、让全球为之买单，逆势采取反对全球化和推行贸易保护主义政策措施，如美国"先发制人"打击战略、修筑美墨边境墙、颁布"禁穆令"等，这些显然都是不负责任的大国霸权行径，严重侵害他国权益和损害全球整体利益。❶ 此外，值得注意的是，在

---

❶ See Tibori Szabó, Kinga, *Anticipatory Action in Self-Defence*: *Essence and Limits under International Law*, T. M. C. Asser Press, 2011.

一些国家和地区，具有违法犯罪、违反道德伦理等不良行为记录或者"精神异于常人"的人，却依旧能够在资本势力运作下成为该国家和地区的领导人。这种现象既为国际社会治理起到了不好的示范效应，导致人们对于道德伦理价值的评判标准产生紊乱，也为国际社会未来发生各种道德伦理安全风险埋下隐患。

第三，倡导推进国际德治，有助于纠正错误的国际社会观念，真正做到以历史教训为鉴、避免重蹈覆辙。在西方历史上，曾长期存在将"殖民掠夺其他民族或国家"视为"对野蛮民族的文明改造"等错误思想观念，以至于形成了人类历史上长达数个世纪之久的残暴掠夺他国民族的西方侵略史，乃至于现今西方某些国家仍然信奉"丛林法则"、奉行"弱肉强食"的强权政治和霸权主义。❶ 例如，20 世纪初，日本帝国主义侵略者大肆宣扬并以所谓的"大东亚共荣"之名义，以"三光"政策残酷地侵略中国，践踏中华民族尊严、掠夺宝贵资源，烧杀抢掠奸淫无道无恶不作，最终在中华民族经过了长达 14 年之久的反抗侵略的抗日战争并最终取得胜利之后这种惨绝人寰的侵略行径才告终结。但可耻的是，日本并未真正反省，以史为鉴，反而不断扩充军备，妄图重返军国主义道路，而且其国内一些右翼势力却一直在歪曲篡改历史资料和教科书，试图掩盖和否定这种种罪行。再如，以美国为首的西方集团假以推进"阿拉伯之春"之名，强行输出西式民主，导致中东、北非连年战乱、民不聊生，并且引发巨大难民潮涌向欧洲等。所有这些错误行径本应受到国际社会的一致谴责和相应制裁，但在"各怀鬼胎的国家利益"面前，事实并非如此。因此，倡导推进国际德治，有助于引导国际社会形成"对其他国家民族的任何政治、经济、文

---

❶ 韦正翔. 国际政治全球化与国际道德危机［M］. 北京：中国社会科学出版社，2006.

化和军事的侵略掠夺行径都是非道德的、非人道的"的道德价值观。

第四，倡导推进国际德治，有助于引发各国人民对全球道德伦理的反思、重构和坚守，优选本国或地区组织机构的领导者，对道德修养更高者委以信任和权力。❶ 如果一国尤其是大国领导人的品德不够高尚、不能站在全人类整体利益的高度为全球百姓谋福祉，却在心中装满非睦邻友善和冷战对抗思维的话，则很有可能会给国际社会带来巨大麻烦甚至灾难。在 20 世纪末 21 世纪初，某些大国以"存在大规模杀伤性武器"为由，行抢夺掌控石油等战略资源之实，悍然发动入侵伊拉克等小国的战争，结果并未找到所谓的"大规模杀伤性武器"，但却给伊拉克的老百姓和海湾地区带来了巨大的苦难。历史上的战乱纷争尤其"一战"与"二战"之所以发生，除了各国社会政治经济方面的原因外，更重要的一个原因应该是与当时发动战争、制造事端的该国家领导人的个人精神境界和道德修养紧密相关，如法西斯的代表希特勒个人的道德水平和精神境界等就值得世人质疑。道理很显然，任何人都没有理由因为个人自身的原因（如贫困、情感等），而去损害他人的正当权益，如实施抢劫、偷盗或者强奸等违法犯罪行为——这无论是于法理或是于天理而言均难以容忍。这种为人处世的最起码的天理和法理，同样应当被国际主体遵守和适用。在真正以人为本、充满人性的国际社会里，无论一国存在何种政治经济方面的困难，都不应该任意将其意志强加于他国民族视为正当、将其灾祸转嫁他国民族视为合理，更不应发动侵略性的非正义的战争。倘若历史可以假设，那些带给人类的巨大战争灾难是可能在"国际德治"的模式下予以避免的。

---

❶ See Hans Küng, *Global Responsibility*, Continuum, New York, 1991；孔汉思，库舍尔. 全球伦理 [M]. 何光沪，译. 成都：四川人民出版社，1997。

（二）对两者融合互动功能的考察

第一，当今国际社会"黑天鹅"事件连续不断，国际安全情势不确定性进一步加大，利益勾兑、违约退约、道德失范等现象频发，现有国际法治规则体系受到严峻挑战，亟待倡导推进"国际德治"。❶ 这主要体现在以下几方面：其一，作为资本家的地产商人——特朗普曾经当选美国总统、入主白宫。他奉行与传统政治精英不同的治国策略路线，基本上推翻了前总统奥巴马政府的政治经济策略，奉行"商人治商思维"且使用"政治敲诈"手段，推行美国优先主义和贸易保护主义，如践踏人权强行发布"禁穆令"、恃强凌弱执意修筑"美墨边境隔离墙"和密谋抵制 WTO 机构的裁决等。这些都是令人始料未及和有违国际道义的大事。其二，出现国际法上的"退约潮"，如时任美国总统特朗普宣布退出前总统奥巴马牵头推进的 TPP，美国、俄罗斯、南非、菲律宾等国宣布退出《国际刑事法院规约》，❷ "英国脱欧"事件持续发酵并引发了欧洲多国脱欧的连锁反应，等等。这一逆"国际法治"和反全球化的现象，无疑会进一步使得原本就势弱力微的国际条约体系和国际法治陷入尴尬境地。其三，局部地区纷争不断，自然灾害频发，使得当地普通民众饱受苦难、深受其害，如叙利亚战乱引爆中东难民危机问题，"伊斯兰国"等国际恐怖组织及其袭击活动愈演愈烈，厄瓜多尔、意大利等多国地震灾难不断，"寨卡"病毒肆虐南美洲多国，飓风灾害肆虐海地、古巴、巴哈马等国，等等。其四，利益集团斗争激烈，多国政局动荡不安，如 2016 年土耳其的军事政变，委内瑞拉经济面临崩溃导致人民失业、饥饿疾病肆虐，巴西前

---

❶ 王承志. 美国集团诉讼中的法律选择问题 [J]. 法学评论，2007（2）：85–92.

❷ See Milde, Michael, *Bringing power to justice?: the prospects of the International Criminal Court*, McGill-Queen's University Press, 2006.

总统罗塞夫被罢免并出现"一日三总统"的政治乱象，等等。可见，国际社会的和平发展正面临如此多且大的不确定性和现实困难，因而需要倡导推进"国际德治"，引导各国共同坚守国际道义和担负人类社会的责任，避免全球治理格局的进一步分裂和恶化。

第二，倡导推进"国际德治"，既契合马克思主义关于人类通往共产主义的社会目标和中国国际道义责任担当，更符合"人类命运共同体"的整体利益。"物质文明和精神文明两手都要抓，两手都要硬"，是马克思主义的基本指导思想之一，更是中国共产党的基本执政方略之一。❶ 随着中国综合国力和国际地位的大幅提升，中国的国际地位和作用越来越得到国际社会的认同。这就为倡导和推进"国际德治"打下了国际社会的实践基础。推进道德文化价值观的全球认同，有助于引导各国人民自觉消除"冷战意识和对抗思维"，放下不同意识形态之间的敌意，增进世界各国人民之间的民心沟通，从根本上捍卫来之不易的世界和平与发展。在世界各国法治文化多元化发展且一时难以深度融合互动的大背景下，弘扬"国际道义"精神和倡导推进"国际德治"，符合推进我国"走出去"战略、"一带一路"倡议和建构"人类命运共同体"的现实诉求。

第三，国际法治暂时无法克服自身弱点，需要与"国际德治"融合互动，形成全球治理的双擎模式。从法治的主体与本质上来看，国际法治归根结底还是"人治"和"治人"，因而可以说人性具有多少弱点，国际法治就有多少弱点，所以更加需要倡导推进"国际德治"。❷ 道德与法律犹如人之左膀右臂，共同推动着人类社会的发展进化。从"道德入律"和"律成道德"来看，都说明法律与道德

---

❶　朱敏彦. 社会主义精神文明建设理论是马克思主义中国化的重要成果 [J]. 中国特色社会主义研究, 2006 (2)。

❷　See Lewis, Douglas, *Global Governance and the Quest for Justice*, Hart Publishing Limited, 2006.

在不断融合互动和进化发展。因而，"国际法治"在相当程度上也是"国际德治"的重要体现，而"国际德治"却是"国际法治"的应有内涵和更高目标。从国际法治的现状看，由于缺乏统一的国际法律强制执行机构，导致国际法的基本原则和规则等严重欠缺约束力和强制执行力。以美国为首的西方利益集团奉行强权政治和霸权主义等实质违反国际法治精神的行为却得不到国际法的有效规制，如美国绕开联合国实施单边主义军事行动、美国滥用优势地位和WTO规则实施贸易保护主义、长期拖欠联合国巨额会费等。联合国等国际组织在国际事务处理中的作用十分有限，甚至沦为受某些利益集团操控、助纣为虐的工具，无法对国际法主体（尤其是西方大国）产生与国内法同样的效力。在国际交往过程中，时常有单方面撕毁双边或多边条约或者采取各种消减条约效力的变相毁约的行径，但国际社会却无可奈何，主要只能依靠当事方商议解决。如果不能受到国际法的有效控制，那么道德修养并不高尚的某些个别国家的独裁者和当权派很容易挑起国际事端、引发地区冲突甚至世界大战，如"一战"与"二战"的爆发，中东、北非地区的冲突就是例证。

由此可知，倡导推进"国际德治"与"国际法治"融合互动非常重要，而且就当前国际社会的发展情势看，也显得十分必要。那么，在全球治理体系中，完善和推进这一重大建构的策略和举措切实可行吗？同现有国际法治规则体系和国际政治经济秩序存不存在根本冲突？是否具备基础理论支撑？

四、两者融合互动的思想主张与历史渊源

在对倡导推进"国际德治"的国际国内社会实践发展情势进行考察之后，相信我们对两者融合互动的主要原因已经有了较为明确的了解和判断。那么，鉴于理论之于实践的指导评判意义和新旧国际社会治理理论及规则体系之间的承继性与兼容性，为了

回应前述疑问，笔者将竭力从认识论和方法论的视角对其理论基础进行以下初步检视。

首先，依据系统论的理论，大到整个宇宙及其之外的世界、中到人类社会组织生态系统、小到细胞分子原子等微观粒子世界，都可以被视作一个系统，而且这些系统之间又犬齿交错、融合互动，构成一个更大更复杂的系统。国际社会本来就是一个巨大的复杂系统，随着人类交往活动的日益频繁深入，经济全球化、一体化和信息网络化也不断演进升级，整个人类社会越来越深度融合成为"地球村"，正在逐步成为"一损俱损、一荣俱荣"的命运共同体。与之相对应的是国际条约、国际惯例、行业规则和人类文明规则、道德伦理等各种社会规范，自然也应该形成一个调整对象不同、规范客体有别、层级效力各异的规范系统或者体系。仅从国际法治规范来看，国际法规范同样也是一个大的规范系统，既包括不同国家地区的立法、司法及其解释，国际条约，国际惯例或者政府间国际组织的宪章、原则、规约等，也包括非政府间国际组织、法人、自然人和自组织制定遵守的规则等。就国际社会主体而言，既包括国家或地区、国际组织，也包括公司企业法人，还包括自然人和自组织等多元化主体，既享有国际权利又承担国际义务。❶ 但通过揭开国家和各种组织机构的面纱，从主体的本质上看，终归还是"人的集合"，而集合中的"人"也是一个系统：一方面，人能够进行智力思维等精神活动；另一方面，人能够实施语言行为等实践活动。因此，如要使人向善并最终达至和谐社会，就必须要从这两个方面加以教化。纵使国际法治能够在一定程度上调整和规范人的外在言行，但也由于自身存在的不足，加之人的精神活动及其可能衍生出的言行又是内隐的、不在法律

---

❶ See Noortmann, Math, *Enforcing International Law: From Self-Help to Self-Contained Regimes*, Ashgate Publishing Limited, 2005.

规范的调整范围内，那么这方面的教化和规制重任是不是应该由国际德治来担当？很显然，倡导推进"国际德治"与"国际法治"的融合互动，恰好符合社会系统论这一元认知体系。综观古今中外的思想史，中国有《周易》系统思想、"阴阳八卦五行说"、道家"天人合一、道法自然"的思想和宋明理学等；西方有古希腊哲学、德国古典哲学、近代科学和莱布尼茨与狄德罗的系统论思想理论等，当然更有马克思主义唯物辩证法和系统论等。一个系统作为有机整体，既杂乱无序又循规蹈矩，既相对稳定又不断演进，既协同发展又矛盾斗争，既分层有序又分工制衡——这正是系统论及其进化规律。❶ 因此，全球治理应以系统论作为理论指导，凝聚更多的价值共识和道德认同，去理解和阐述人类社会治理的这两种基本工具模式，并推进建构这种"双擎模式"的社会状态。

其次，从马克思主义唯物辩证法看，任何事物都应"一分为二"地分析，都具有正反面和优缺点；国际德治与国际法治也不例外，各自具有自身的优劣势。因此，两者理应取长补短、相辅相成和融合互动，共同推进全球良性治理，促进人类社会和谐发展。只不过，综观人类社会发展历史便会发现，类似于一国或地区内部的治理，几乎所有国家或地区、国际组织、法人和自然人等国际社会主体，基于主体的或客体的、内部的或外部的各种原因，国际社会治理理论与实践并没有使得两者实现真正融合并形成良性互动。在不同的历史时期和不同的场合，他们要么强调法治多一些（如古罗马的万民法、海商法等），要么强调德治多一些（如古代中国封建王朝"仁政""德主刑辅"等），又或者干脆采取单一治理工具模

---

❶ 姜璐. 钱学森论系统科学（讲话篇）[M]. 北京：科学出版社，2011；魏宏森，曾国屏. 系统论：系统科学哲学 [M]. 北京：世界图书出版公司，2009；郭洪水. 当代风险社会：基于哲学存在论与复杂系统论的研究 [M]. 北京：中国社会科学出版社，2015；等等。

式——即现代国际法的治理。这或许正是由法治的优势和劣势所决定的。具体而言，其优势主要体现在：其一，由于人类社会发展历史上尤其是在奴隶社会和封建社会里，"人治"❶ 和 "神治"带给普通民众的苦难和灾祸令人不寒而栗、刻骨铭心，因而 "法治"就更受人们的欢迎——这是历史经验的教训；其二，"法律面前人人平等""公平正义"等思想理念和价值目标，契合人民大众的心理愿景，令人充满期待并愿为之而奋斗——这是对人的精神引导、心理暗示与心灵激励；其三，基于法律规范的公开透明属性，令人感觉可以对现有事实和未来行为作出预期和预判，故自然心里感觉更加安全，因而法治自然易于为人所接受；其四，法律规范作为现代国家或地区最基本的社会行为规范，依靠国家暴力机关和强制力作后盾保障实施，因而具备崇高的尊严和公信力，令人产生敬畏之心且感觉信赖可靠。而其优势之中同时也蕴含着一些劣势，主要体现在：其一，"法治"归根结底是 "人治"和"治人"❷，无论是从法治的主体、客体和调整对象看，还是从法律的制定、执行、实施和遵守来看，都是 "人事"，因为 "法不能自生自明"，而且 "徒法不足以自行"。所有这些法治的实践过程中，都充满 "人"，既包括其言论和行为等外显的东西，也承载着各自不同的利益诉求、权力欲望、道德修养等内隐的东西。如若不然，怎么可能会出现诸如 "以法谋私""法律失语""有法不依""执法不严""违法不究""司法腐败""法律失灵"等不良社会现象。

---

❶　值得注意的是，这里的 "人治"当属狭义范畴，我国法学界和法治理论一般认为它是与 "法治""德治"等概念相对应的一个概念。参阅苗延波. 论法治、人治与德治的关系：中国与西方人治、法治思想之比较 [J]. 天津法学，2010（2）：17 – 27.

❷　此处所言 "人治"与狭义范畴上探讨的古代社会 "人治"的内涵不同，主要是基于法律作为现代社会最基本的社会规范而言的，是从人类社会治理主体、规范工具、法律运行等形而上层面上讲的。

只不过，在"法治"大旗的名义下，这些通常不易被人察觉，而且有些问题要举证也非常困难。因此，这恰恰就成为某些国际社会主体和既得利益集团愿意极力推行法治的一个"无足轻重"的原因。其二，正因为法律具备其他社会规范无可比拟的威严、公信力和强制效力，所以更易沦为某些国际社会主体和利益集团首选的控制工具，如维系不公平不合理的国际政治经济旧秩序的国际法规则体系等，以便通过制度谋取更多更大的利益。在国际法治的大旗下，他们这样选择一方面可以"防民之口"，另一方面可以成为推进国际法治的所谓"正义之士"。

依据马克思主义唯物史观，人类社会的生产力和生产方式是社会发展的最终决定力量，经济基础决定上层建筑。由于资本主义无法克服自身的社会矛盾危机且无法根本抑制资本无限贪婪扩张的欲望而必然走向消亡；人类社会随着物质资料的日益丰富，人的道德精神境界日益提升，必将迈向共产主义（社会主义作为过渡阶段）。精神文明建设本是马克思主义思想理论体系的应有内涵。❶ 由此可知，坚持以马克思主义思想为指导，引领建构国际政治经济新秩序，倡导推进国际法治新理念、新模式和新方法，必然要求在全球治理过程中倡导推进其与"国际德治"融合互动的"双擎模式"。❷

最后，一直以来，国内外法律学界和法治实务界的诸多专家学者都在致力于探讨"国际法治"的理论与实践，而较少去关注和探讨"国际德治"的问题。对此，除了考虑到上述法治的优势外，主要原因可能还在于"德治"自身确实存在不足：一是由于世界各国各民族的道德文化存在多元性，伦理道德观念也存在多样性，道德修养整体水平也可能参差不齐，因而德治之"德"，难

---

❶ 马克思恩格斯选集 [M]. 3 版. 北京：人民出版社，2012.
❷ 李兰芬. 德治与法治结合的科学精神 [J]. 马克思主义研究，2003 (1)：33 – 39.

以达成国际社会共识，国际德治难以获得普遍认同；二是伦理道德作为对人更高层次的目标和要求，需要人类社会整体具备较高水平的道德修养这样一个社会基础，方能像法治那样更多地被赋予国家强制力保障实施或者根本无须国家强制力保障，而不一定要通过"道德入律"等方式获取强制执行力，但在国家安全、民族利益和特殊集团利益等权力利益面前，这样的国际社会道德修养基础非常脆弱或者说难以理想形成；三是综观古今中外哲学史，道德规范重在强调对社会主体的教化，基本是通过社会主体的"自律"加以实施，因而作为社会治理工具，国际德治运行起来难度较大，况且一旦社会道德修养整体水平达到一个较高层次则自然无须更多地依赖于国家强制力。然而，在全球治理和"人类命运共同体"的建构进程中，作为知性与理性化身的法律人，不应该选择"避重就轻"，将国际社会治理的规则和工具人为地局限在法律规范范畴，而无视或者规避国际社会治理规范应有的逻辑体系和其治理工具应有的理性；不应该选择性失忆，忘记或者回避国际法治自身暂时无法克服的不足，而不去为完善和建构新的全球治理理论与规则体系和科学促进全球治理能力的现代化而呐喊；不应该违背全球治理的初心使命和人性良心，由此助长国际社会主体"见利忘义"的言论行为和偏离人类社会和谐发展的价值取向和终极目标的规则工具。正所谓"千里之行始于足下""不积跬步何以至千里"。正视在全球治理过程中"国际德治"的地位和功能，并深入探究其与"国际法治"融合互动关系的理论、规则和机制，是所有法律人应有的责任担当和目标使命。❶

"公平地对待每一个人"是所有法律人应有的善良人性和行为准则，"确保每一个人都受到公正对待"则是所有法律人应有的理

---

❶　刘振民. 建设国际法治的基础［N］. 人民日报，2014－6－10（23）.

想信念和职业道德。这对于全球治理和国际和谐社会的建构而言同样适用。❶ 故此，应当从系统论出发，坚持以马克思主义思想为指导，努力倡导推进建构"国际德治"与"国际法治"融合互动的全球治理"双擎模式"。

五、两者融合互动的策略与机制

在人类找到更加科学合理的社会治理模式之前，推进建构全球治理体系"双擎"模式——国际德治与国际法治融合互动的治理模式，应是当前可持续地促进国际社会和平发展与不断提升全人类福祉的最佳选择。这既是人类社会历史发展的必然选择，也是推进和谐国际社会建设的现实需求。那么，应如何打造这一全球治理体系的"双擎"模式呢？笔者认为，主要可以从以下几方面进行策略思考和机制构想。

首先，应当宣教人们正确认知人类传统优秀伦理道德文化的历史地位功能、"国际法治"的现实不足和"领导决策者道德素养"的极端重要性，从思想观念上加强国际道德伦理教育宣传，倡导推进营造国际德治思想氛围的长效机制。从社会治理思想和道德观念来看，现代人的思想理论并不见得比古代人的治世智慧更加高明，而且更多的是对古代圣哲明君思想理念的一种现代性诠释。这意味着，古人优秀的传统伦理道德对于今之治世仍具有非常重要的价值地位和功能作用，应当继续承继、宣教以规范人们的言行。从国际法治的弱点看，由于现代社会治理过度依赖法治的"工具理性"，无视、遮掩或拒认法律的不足而故意或放任社会单一治理模式（"慵政懒政"的表现），未真正认知或确立道德对促进人类社会文明进步的基石意义（当然中国已在倡导"德

---

❶ See Paulussen, Christophe, *Fundamental rights in international and European law: public and private law perspectives*, Asser Press, 2016.

治"），没有同步推进建构"法治文明"和"道德文明"，致使社会道德水平滑坡、立法谋私、司法腐败、选择性执法等乱象丛生。为此，应当宣教人们正确认知"国际法治"的不足并协同倡导施行"国际德治"。从权力的运行结果看，国际社会主体领导决策者们的人格意志和道德价值观通常会通过政党、政权和公器外显为主体的人格意志和道德价值观，权力高度集中的组织机构意识形态尤其如此。在国家安全和民族利益等的掩护下，他们侵害其他主体的卑劣行径与不道德就可能在达至人类忍受极限之前常常会被给予理解和宽恕，以致这种私欲私利在单一法治模式下反而被一再放纵而逐步走向极端（如法西斯、冷战对抗）并最终酿成人类灾难（如世界大战与局部战争、军备竞赛）。因此，应当鉴古通今，谨记人类历史的教训，充分认识国际法治的不足，重视提升领导决策者的道德修养，推进人类道德人性教化，通过联合国等具有广泛代表性的国际组织在全球治理进程中营造国际德治的大思想气候。

其次，推进"人类共通的道德入律"，建构柔性"道德"向硬性"法律"转化的常态机制，赋予人类共通的优秀伦理道德文化以强制执行力。❶ 为此，大致可从四方面展开思考：一是要坚持学术思想理论先行论证的原则，通过广泛深入的国际伦理道德文化大研讨，共同探寻人类共通的道德价值观，努力凝聚人类伦理道德价值观的思想共识，如推进立法严禁"克隆人"、严格规制"转基因食品"和出台"好人法"（美国、加拿大、德国、法国、意大利、新加坡、

---

❶ 当然，对于道德选择性进入法律规范以干预调控人类行为的做法应当经过正当性证成和实践检验，在西方思想史上被用作证成的理据主要包括伤害原则、法律家长主义原则、冒犯原则、法律道德主义原则。譬如，主张"法律可以强制执行道德"的英国自然法学派代表人物帕特里克·德富林爵士在论证"法律道德主义原则"时作了限定：容忍与社会完整统一相协调的最大限度的个人自由、容忍限度的改变、尽可能充分地尊重私人秘密、法涉及最低限度而非最高限度的行为标准等。参阅张文显. 二十世纪西方法哲学思潮研究［M］. 北京：法律出版社，1996：428.

巴西等国的《撒玛利亚好人法》和《中华人民共和国民法典》）等；● 二是坚持基本原则优先确立的原则，倡导国际社会尽早将"国际社会本位""以人为本""宽宥包容""诚信透明""公平共赢"等伦理道德观确立为全球治理体系的核心价值观和基本原则；三是坚持最广泛代表性的原则，通过联合国、WTO 等全球代表性的国际组织，建立优选人类共通伦理道德入律的常态机制，确定全人类必须共同遵守的优秀道德伦理规范，并适时将一些人类共通的道德伦理强制纳入双边、多边或诸边的国际人权保护公约、全球气候环境保护框架协定与国际贸易投资条约等全球性或区域性的国际条约体系，如 2001 年加拿大"干预与国家主权国际委员会（ICISS）"在向联合国提交的报告中首次提出的《保护的责任（Responsibility to Protect）》等❷；四是通过概念移植、规范转化、司法适用等方式，将国际条约体系内化的伦理道德规范纳入一国的道德法律规范体系，以确保国际法和国际道德的普遍效力。

再次，适时从具有普遍代表性的国际条约、国际惯例或各国法律规范中提炼共通的伦理道德性强的法律规范原则，建构他律的"法律"向自律的"道德"转化的常态机制，以此上升为全人类应当共同遵守的伦理道德价值观。这也可以从以下几方面展开思考：其一，从法律与道德的关系来看，现代法律规范条款并非都具有传统文化的伦理道德意义，因为人们的某些行为违规在古代社会是不存在或者不具有普遍意义的，如"行人横穿马路或闯红灯"

● 万俊人. 寻求普世伦理 [M]. 北京：商务印书馆，2001.

❷ 另外，"联合国威胁、挑战和改革问题高级别小组"的报告《一个更安全的世界：我们的共同责任》[联合国文件 A/59/565（中文）] 和联合国秘书长的报告《大自由：实现人人共享的发展、安全和人权》[联合国文件 A/59/2005（中文）] 持此主张，并逐步成为共识，被纳入《2005 年世界首脑会议最终成果》等。参阅宋杰."保护的责任"：国际法院相关司法实践研究 [J]. 法律科学（西北政法大学学报），2009（5）：55 - 64.

等具有普遍性的轻微违法却又没必要或无法处罚的行为，则应当被普遍视为"非道德行为"，对此类行为应加强宣教并形成社会道德共识，以道德律加以规制；其二，国际社会主体既要享有权利，也必须承担义务（包括国际条约法上的和国际道义上的），但是很多国际社会主体并没有恪守义务，而是善于钻法律的空子，游走在法律的边缘，如跨国公司在赚取巨额财富的过程中对社会责任的承担并没有达到预期甚至存在规避现象，对所在地国造成环境污染（如垃圾跨境倾销）、制售假冒伪劣有毒有害的产品或广告（如耐克"气垫门"、互动百科成虚假广告"垃圾站"）或其他疾病源及物种灾害（如巴西龟、水葫芦等动植物跨境买卖）等；其三，由于历史文化背景各异、社会经济发展不平衡、思想意识形态对抗及综合国力竞争等原因，国际社会主体间存在不同的法律规范制度体系，当然也有为了促进本土社会经济发展而纷纷采取的"规范竞争"（如贸易投资优惠政策、税收优惠措施），造成国际"避税天堂"，进而有可能或者已成为他国贪腐分子藏匿的"庇护圣地"。

次之，由于经济危机、地区战乱、政权更替、党派斗争等原因，导致一些国际主体间出现"新官不认旧账"的国际违约行为❶、国家政局动荡、经济滑坡甚至崩溃、社会秩序混乱和人民生活健康水

---

❶　俗话说"欠债还钱，天经地义"，但对于违反人类基本道德伦理和法治精神的国际债权债务关系，是否需要"守约履约"则另当别论。譬如，半岛电视台 2017 年 3 月 13 日报道称，美国多次坚持要求柬埔寨偿还 1972 年至 1974 年越战期间当时亲美的"高棉共和国"政府向美国农业部借的 2.74 亿美元债务（按照美方算法，这笔债务连本带息现已高达 5 亿美元）。当时，该款项本应用来购买美国农产品改善国内民生，但却被"高棉共和国"政府用来购买军火弹药。因此，柬埔寨现政府非常愤怒，拒还该笔"沾血的巨额债务"。而且，20 世纪 70 年代报道过柬埔寨局势的美国记者伊丽莎白·贝克也认为，美国政府要求柬埔寨方面偿还这笔债务是不道德的。王品植. 美国要求东方偿还 5 亿美元 柬埔寨拒还"沾血"债务. 环球时报 http：//world. huanqiu. com/exclusive/2017 – 03/10311643. html，最后访问日期：2017 年 3 月 15 日.

平下降甚至恶化等严重侵害基本人权（尤其生存权和发展权）的现象，因而应当积极倡导联合国、WTO 等具有广泛代表性的国际组织牵头推进建设国家主权安全信誉度（包括国家履约情况）等统一数据库和国际道德水平评价体系等信息平台，作为引导国际贸易投资、国际金融贷款援助、人道主义救援和国际经济军事制裁等的重要依据，积极倡导建构"国际德治"评价监督体系，以引导提升国际社会主体的道德水平，夯实全人类和谐共存"命运共同体"的基石。❶与此同时，还应当倡导建构"国际德治"奖惩激励体系。譬如，针对国际社会主体决策者的"道德失范"（如贪污受贿）或作出"异于常人"（如违约或预期违约）的行为，一方面积极倡导联合国、WTO 等国际组织和整个国际社会实施集体谴责，建立全球治理体系"黑名单"机制，实施对相应决策者的制裁措施，如宣布为不受欢迎的人或不被信任的人、限制其经营消费行为、驱逐出境或限制入境、冻结其境外资产等；另一方面积极探索建立与现有国际贸易投资体系融合互动的机制，联合实施贸易投资限制措施，减少或禁止对相应国际社会主体的贸易投资等，直至其领导决策者及时改正自己的错误行为，并就其造成的不良国际影响和损害公开进行全球道歉并实施相应赔偿补偿，或者敦促该主体产生新的决策者。❷

最后，建构和谐全球治理体系与人类命运共同体需要传统"礼仪之邦、仁义之国"的中国积极倡导和引领，需要中国在倡导建构全球治理体系的"双擎模式"和推进国际德治与国际法治融合互动进程中积极贡献出"中国智慧"。这主要可能体现在以下三

---

❶ See Kott, Alexander W, *Estimating Impact: A Handbook of Computational Methods and Models for Anticipating Economic, Social, Political and Security Effects in International Interventions*, Springer, 2010.

❷ see Parlett, Kate, *Individual in the international legal system: continuity and change in international law*, Cambridge University Press, 2011.

个维度：一是应当尽快动员中国社会各界深入研讨，结合世界优秀道德文明、中国优秀传统伦理道德价值观和马克思主义思想及其在现代中国实践中新发展的思想理论，提出符合全球治理实践的国际德治思想理论框架；二是应当积极深入开展与世界其他国家民族的对话交流，汲取全球优秀的道德文明成果养分，传播中国声音并提出中国方案，倡导建构符合全人类共同利益的全球治理"双擎模式"话语体系；三是应当深入研讨全球治理"双擎模式"与现有国际法规则体系之间的关系问题，合理衡平全球治理"双擎模式"与国家主权利益之间的关系❶，努力探索符合"人类命运共同体"整体利益的新的全球治理规则与理论体系，确保国际社会朝着不断增进全人类福祉的方向前进。

总之，在当今多元多极化发展的国际社会，全球化与反全球化共存，贸易自由化与反贸易自由化并立，开放主义与保守主义、多边主义与单边主义、国际社会本位与本国优先主义等各种思潮共存于世，传统与现代不断对话并深度交织，全球治理规则话语博弈日趋加剧（如 WTO 与 TPP），传统的国际政治经济格局正在发生深刻调整与演进，原本单一的国际法治模式对国际社会主体的规制愈显乏力，无法有效化解人类社会的发展困局，还不断衍生出新的全球治理危机。❷ 因此，要引导国际社会共同塑造更加开放自由、民主多元、公正合理、包容共赢的国际新秩序关系，引领国际社会共同建构和维护持久和平、普遍安全、共同繁荣、开放包容和清洁美丽的"人类命运共同体"，就应当坚持习近平新时

---

❶ 俞可平. 全球化与国家主权 [M]. 北京：社会科学文献出版社，2004：38 – 50.
❷ 自 1989 年世界银行首次使用"治理危机"一词并于 1992 年起将年度报告称为《治理与发展》，之后"治理（governance）"和"善治（good governance）"便成为国际社会科学中最时髦的术语之一，也成为多学科领域中的最新研究范畴。参阅俞可平. 治理与善治 [M]. 北京：社会科学文献出版社，2000。

代中国特色社会主义思想，贯彻落实党的十九大、二十大精神，秉持共商共建共享的全球治理观与"和天下""世界大同"的情怀，贡献弘扬中国智慧——"法治"与"德治"融合互动的社会治理模式，结合世界优秀的道德文明、中国优秀传统伦理道德价值观和马克思主义思想及其在现代中国实践中新发展的思想理论，探讨阐明"国际德治"的内涵要素，引领国际社会协同建构"国际德治"的规则理论体系，推进全球治理体系内"国际德治"与"国际法治"融合互动的"双擎模式"；厘清其得以建构的理论基础和应当遵循的基本原则，合理衡平全球治理"双擎模式"与国家主权利益之间的关系；以国际社会主体的"决策者"为首要规制对象，建构国家组织机构主体与决策者个体双重规制评价的机制；探索推进"道德"与"法律"的融合互动机制、主权安全信誉的监督评价机制和国际德治的奖惩激励机制；在构建中国特色社会主义法治理论体系框架下，不断探索创新中国特色社会主义全球治理规则与理论体系，促进人的全面自由发展和增进全人类的福祉。❶

---

❶ 马新民. 不懈推动国际法治　努力服务和平发展 [N]. 光明日报，2014 - 10 - 30（10）.

第六章

人类命运共同体下国际法治的基本原则

从人类社会治理规则体系的建构过程看，"原则"代表规则体系所秉承的思想理念、内涵的价值取向和明确的目标定位，是规范和评判该规则体系"善"与"恶"的基本标准。正所谓纲举目张，"原则"乃纲，"规则"为目。足见，要促使"国际德治"与"国际法治"融合互动，就必须先明确两者理应共同遵循的基本原则。那么，应该筛选和确定哪些基本原则才能更科学合理地促进两者的融合互动？这不仅是一个价值判断问题，更是一个方法论问题，而且注定是一个充满正义和持久争议的论题。2017 年 1 月 18 日，习近平主席在联合国日内瓦总部作的《共同构建人类命运共同体》的演讲强调，纵观近代以来的历史，建立公正合理的国际秩序是人类孜孜以求的目标。从 360 多年前《威斯特伐利亚和约》确立的平等和主权原则，到 150 多年前《日内瓦公约》确立的国际人道主义精神；

从 70 多年前联合国宪章明确的四大宗旨和七项原则，到 60 多年前万隆会议倡导的和平共处五项原则，国际关系演变积累了一系列公认的原则。这些原则应该成为构建人类命运共同体的基本遵循。为此，基于对马克思主义基本原理和中西方哲学尤其是道德与法律关系等思想理论的粗浅认知，笔者认为，除不得违反现行有效的国际法基本原则规则外，推进国际德治与国际法治的融合互动尤其是人类命运共同体的"善治"，还应遵循两者共通的基本原则。世界文明多元、原则规则众多，但大致可以归结如下。

一、人类社会的根本德性：坚持国际社会本位原则

无论世人如何纷争论说，历史总是以事实演绎自身的传奇，这便是历史的逻辑。随着人类社会政治经济全球化、区域一体化和信息网络化的纵深发展，多元多极的国际社会主体越来越"利益交融、命运与共"，那种"置身事外、独善其身"的可能性愈来愈小，因而必须将自身利益诉求与国际社会共同利益深度融合，共同应对全球化时代日益凸显的全球性问题，才能不至于激发国际社会的仇恨和被人类文明抛弃。在国际法上，即便有学者质疑"是否存在着某些共同的、伦理的、道义的和法的基本观念，以及法的义务是否在原则上是被视为有约束力的"❶，但依循"善良"与"道德"的评判看，坚持国际社会本位原则就是人类社会应有的基本德性之一。在现代中国法学界，李双元先生较早站在建构国际和谐社会的高度，提出并系统论述了"国际

---

❶ 闵希. 国际法教程 [M]. 林荣远，莫晓慧，译. 北京：世界知识出版社，1997：41.

社会本位理念"。❶ 随着人类社会的实践发展，这一思想理念越来越彰显出与马克思主义思想理念的内在一致性，高度契合全球治理发展的需求，是指引建构"人类命运共同体"这一国际社会新秩序的重要思想理论观点。"所谓国际社会本位，主要是指在 21世纪国际法将进一步深入某些传统上纯为国内法调整的社会关系中去，一国的法律遵循某些国际社会公认的准则成为客观要求，个人以至国家为法律行为或行使法律权利，都应考虑到不损害国际社会的共同利益。"❷ 笔者也认同这一观点。可见，坚持国际社会本位原则，既是人类社会发展的大势所趋和文明进步的重要标识，自然应当成为实现人类普遍正义和维护共同利益诉求的基石原则，是国家主权行使和国家利益诉求的边界和底线，也应是推进"国际德治"与"国际法治"融合互动的首要的基本原则之一。

二、全球治理的应有人性：秉承以人为本原则

作为人类社会治理的基本工具，道德与法律从来都是人类社会发展状况及其历史文化的综合反映。"法律源于人、用于人、评于人、行于人、服务于人，人始终是法律的主体、目的和关键所在。"❸ 人的道德和道德的人也是如此。每个人都是其自身权益及捍卫此种权益的方法最好的裁判者。每个人都有权知晓自己权利

---

❶ 李双元，李赞. 构建国际和谐社会的法学新视野：全球化进程中的国际社会本位理念论析 [J]. 法制与社会发展，2005（5）；李双元，邓杰，熊之才. 国际社会本位的理念与法院地法适用的合理限制 [J]. 武汉大学学报（社会科学版），2001（5）；郭玉军，李伟. 李双元法律趋同化思想研究：谨以此文贺李双元先生九十华诞 [J]. 时代法学，2016（5）；刘益灯. 崭新的全球化视野：李双元教授国际私法理论述评 [J]. 法制与社会发展，2002（3）；等等。

❷ 李双元，徐国建. 国际民商新秩序的理论建构：国际私法的重新定位与功能转换 [M]. 武汉：武汉大学出版社，1998：11–15.

❸ 李龙. 人本法律观简论 [J]. 社会科学战线，2004（6）.

或义务被分配的过程和结果。❶ 此处所谓"以人为本"原则，是指强调从人性的角度去理解道德法律，从全人类的视角理解和尊重人类的主体性，去规范和评判国际德治和国际法治的价值目标和规范体系。❷ 它是一种"宽泛的倾向，一个思想和信仰的维度"❸，是一种社会观念或意识形态，或者说是一种视角和态度。❹ 那么，为什么说"秉承以人为本原则"是全球治理应有的人性？道理很显然，正是由于国际社会的德治与法治不同于国内社会的德治与法治：一是全球治理在经历各种利益博弈之后，由于国际社会主体治理能力的决定性影响，其规则体系会走向较为强势一方倡导或被主流认同的价值观念和思想理论，即便并非完全适应国际社会关系的调整需求。因此，必须秉承"以人为本"原则，才能公平保护弱势方的正当权益不被损害。二是"国际德治"和"国际法治"规则体系的建构完善只有秉承"以人为本"的思想理念，将人看作"类存在"的整体，把不断促进"人的全面自由发展"作为共同诉求，❺ 才能建构"老吾老以及人之老，幼吾幼以及人之幼"的和谐"人类命运共同体"。三是虽然各国或各地区一般都会关爱自己的"子民"，但却不一定会关爱"他国国民"（如难民），因而只有秉承"以人为本"的思想理念，方能通过国际德治与国际法治的融合互动达至"善治"。正如王泽鉴先生所言，"（研读'民法概要'）乃在更深刻认识以人为本位的私法秩序，及其所要

---

❶ See MITCHARD, Paul, Is CIETAC Leading Arbitration in Asia into a New Era of Transparency?, Asia-Pacific Arbitration Review: A Global Arbitration Review special report, (January 2009).

❷ 何志鹏. 国际法治论 [M]. 北京：北京大学出版社，2016：238 – 239.

❸ 侯健，林海梅. 人文主义法学思潮 [M]. 北京：法律出版社，2007：6.

❹ 侯健，林海梅. 人文主义法学思潮 [M]. 北京：法律出版社，2007：7.

❺ 张文显. 法治与国家治理现代化 [J]. 中国法学，2014（4）：13 – 14.

维护、促进、实践之人的尊严、价值及自由、平等的理念"。❶

因此，从推动人类社会发展进步的视野看，马克思和恩格斯指出的"人是国家、法律之本"❷ 中的"人"更应被理解为"全人类"，而不仅是"一国公民"。黑格尔曾谓："社会和国家的目的在于使一切人类的潜能以及一切个人的能力在一切方面和一切方向都可以得到发展和表现。"❸ 无论属于哪个国家民族或社会形态，也无论属于何种道德法律领域体系，"人（人类）"就是全部道德法律存在发展的基石。❹ 从社会治理工具的运行上看，道德和法律上的"人"重在具体的当事人，因而其权利与义务也就变得较为具体而可为道德规则、法律条款所标识，也可以通过道德伦理和法律规范所预设，尽管他们同时也作为抽象的"人"而享有政治经济意义上的人权。然而，令人遗憾的是，人类几千年历史以来，虽然中西方"人本"思想源远流长，但却一直不曾正式将"以人为本"确定为道德法律应当遵循的基本原则。❺ 这既

---

❶ 王泽鉴. 民法概要 [M]. 北京：中国政法大学出版社，2003：27 – 28.

❷ 徐显明. 以人为本与法律发展 [M]. 济南：山东人民出版社，2008（80）.

❸ 黑格尔. 美学：第 1 卷 [M]. 北京：商务印书馆，1979：59.

❹ 事实上，"人"是极其复杂而深邃的法律概念。譬如，为了规定（人的）权利能力，学理为什么首先要将所有的人（Menschen）定义为人格人（Personen），然后将所有人格人定义为人？在对法律上的"人"的探索过程中，施瓦茨（Schwarz）曾指出，在 1908 年，有人对民法提出"谁是人？"这样一个问题。海尔斯坦也写道，民法中所表现的"作为法律制度的人格"是什么？为了能够将人（Menschen）定义为（民）法的绝对的中心，该人格，作为一种法律制度，使得各种法律制度成为必要，并与之相适应，"在没有人（Menschen）的那里"，该各种制度也在完全的忧虑中寻找人（Menschen）。参阅克尼佩尔. 法律与历史：论《德国民法典》的形成与变迁 [M]. 朱岩，译. 北京：法律出版社，2003：74 – 75.

❺ 事实上，在人文主义观念产生几个世纪之后，表达这种观念的名词才被杜撰出来，并得到广泛的使用，成为现代学术界的一个时尚的话语。参阅侯健，林海梅. 人文主义法学思潮 [M]. 北京：法律出版社，2007：5 – 6.

不利于实现人类的实质正义，又不利于公平保护国际社会主体间的利益，也不利于建构国际德治和国际法治新的秩序体系。当前，无论是从学理分析还是从国际社会实践的发展来看，秉承"以人为本"原则，完全符合全球治理体系进化与人类命运共同体理想建构的需求。

三、多元多极的本质要义：坚持宽宥包容原则

从不同主体的立场视域看，"宽宥包容"可能呈现出不同的内涵解读，但其本质承载的是"尊重""兼爱""非攻"——"己所不欲，勿施于人"，这正是缔造和维护多元多极世界的本质要义。在中华民族文化精髓中，自古便有"宽宥包容"之精神理念。譬如，《汉书·五行志下》有云：上不宽大包容臣下，则不能居圣位。苏轼也在《上神宗皇帝书》中写道：若陛下多方包容，则人才取次可用。笔者认为，在全球治理体系中，坚持宽宥包容原则合于墨子的"兼爱、非攻"思想。一方面，在精神世界层面上"兼爱"，即摒弃零和博弈和冷战对抗思维，放下利益争斗和各种仇恨，以"开放包容"的心理情感接纳多元多极的世界，不谋求霸权主义和强权政治（如美国的"亚太再平衡战略"就充满了对抗思维）。另一方面，在物质世界层面上"非攻"，即世间万事万物对立统一、和谐共存，在社会政治经济文化等领域深入交流合作，互联互通互爱、共建共治共赢，不以国家安全和国家利益为由而无视、排斥或损害其他主体的尊严和权益。此外，宽宥包容也是儒家"仁爱"思想的重要内涵之一，指要用心去关爱每一个人，是一种仁者大爱；也是儒家"和"（君子和而不同）思想文化的重要内涵之一，指与世间万事万物和谐共处，互利共赢。时至今日，宽宥包容更是中国共产党治国理政的重要精神内核，无论是构建"和谐社会"，践行"科

学发展观",还是推进"人类命运共同体"等命题,均是对中华民族文化精髓和马克思主义思想的继承和发扬,因而推进国际德治与国际法治融合互动也必然要求遵循宽宥包容原则。❶ 可见,在推进构建国际新秩序和人类命运共同体的过程中,应该更多地从全球视野去思考和发掘中国元素。从规范技术层面看,"宽宥包容"并非一个法律传统意义上的概念,但确是国际德治的内涵要义,因而理应成为两者融合互动的基本原则。之所以强调"宽宥包容"应成为基本原则之一,是因为全球治理体系唯有坚持宽宥包容,方能建构全球治理新秩序和人类命运共同体(或许正是我国古代"大同世界"思想的现代表达),最终实现全人类的共赢和善治,因而应该系统深挖有关思想理论元素,加快将其融入全球治理规范体系,明确作为规范指导全球治理进程的基本原则。

四、德治法治的核心基石:恪守诚信透明原则❷

在中国,作为一种伦理化的价值观,"'诚信'孕育于商朝晚期至春秋时期,形成于战国时期。"❸ 而在西方,诚信(Bona fide,Treu und Glauben,Good Faith)❹ 作为法律原则,起源于罗马法上

---

❶ 实际上,只要稍加搜索便可知,习近平主席曾多次在重要的国际会议和国际文件中,着重阐述了"包容""共赢"的和平发展理念。这也是对中华文化精髓和习近平新时代中国特色社会主义理论的国际阐释和现代表达。

❷ 王淑芹. 诚信道德正当性的理论辩护:从德性论、义务论、功利论的诚信伦理思想谈起 [J]. 哲学研究, 2015 (12): 72-77.

❸ 在古代中国,文字用语方面以单音词居多,"诚"与"信"最初也是单独使用的。后因两者的意义和使用存在诸多相通之处,故而随着语言的使用,逐渐结合形成了双音词"诚信"。参阅詹贤武. "诚信"的词源性研究 [J]. 新东方, 2004 (12).

❹ Reinhard Zimmernann, Simon Whitaaker. 欧洲合同法中的诚信原则 (Good Faith in European Contract Law) [M]. 丁广宇, 杨才然, 叶桂峰, 译. 林嘉, 审校. 北京: 法律出版社, 2005: 22.

的契约诚信和诉讼诚信。❶ 自 20 世纪以来，在大陆法系国家的合同法中，诚实信用原则已成为至高无上的帝王条款。❷❸ 这不仅打破了传统的合同自由与意思自治为核心的合同原则体系，而且衍生出了禁止权利滥用原则等新的一般条款，更把利益均衡原则引入了私法理论与实践中，对推进合同解释规则起到了非常重要的作用。在大陆法系中，1912 年《瑞士民法典》首先确立了具有现代法意义的诚信原则。之后，法国法、德国法等都通过司法解释和立法使诚信原则迅速成为其民法的"帝王规则"。❹ 例如，《法国民法典》第1134 条、《德国民法典》第 157 条、《瑞士民法典》第 2 条、《萨克

❶ 我国诸多专家学者也相继对其作了深入的研究并取得了丰硕的成果，如佟柔. 中国民法 [M]. 北京：法律出版社，1990；徐国栋. 民法基本原则解释 [M]. 北京：中国政法大学出版社，1992（至今已出第 5 次修订版）；梁慧星. 民法解释学 [M]. 北京：中国政法大学出版社，2000；徐国栋. 诚实信用原则研究 [M]. 北京：中国人民大学出版社，2002；刘凯湘. 民法总论 [M]. 北京：北京大学出版社，2006；尹田. 民法教程 [M]. 北京：法律出版社，2006；赵万一. 公序良俗问题的民法解读 [M]. 北京：法律出版社，2007；李锡鹤. 民法基本理论若干问题 [M]. 北京：人民出版社，2007；周大伟. 佟柔中国民法讲稿 [M]. 北京：北京大学出版社，2008；等等。但尚有一些学者的著述没有专门论述"民法基本原则"问题，如史尚宽. 民法总论 [M]. 北京：中国政法大学出版社，2000；李宜琛. 民法总则 [M]. 北京：中国方正出版社，2004；郑云瑞. 民法总论 [M]. 3 版. 北京：北京大学，2009；等等。

❷ "诚实信用"原本属于道德律，后被法律赋予了一定的强制性。美国的富勒在其《法律的道德性》一书中将道德分为意愿性道德（Morality of aspiration）和义务性道德（Morality of duty），前者属人类非共同的、非基本的道德规范；而后者则属人类共同的最基本的道德规范，诚实信用原则就属此类。参阅富勒. 法律的道德性 [M]. 纽黑文：耶鲁大学出版社，1977：6 - 9，转自郑强. 合同法诚实信用原则研究 [M]. 北京：法律出版社，2000：109.

❸ 对此，我国学者也曾展开过激烈的讨论。譬如，孟勤国先生曾指出，应将"诚信原则"作为"意思自治原则"的例外或补充，且不应借"诚信"之名，谋法官造法之实；参阅孟勤国. 质疑"帝王条款" [J]. 法学评论，2000（2）. 李锡鹤先生也曾质疑过诚信原则的"帝王规则"的地位；李锡鹤. 民法哲学论稿 [M]. 上海：复旦大学出版社，2000：321 - 327.

❹ 郑强. 合同法诚实信用原则研究 [M]. 北京：法律出版社，2000：66 - 93.

森民法典》第 158 条和我国《民法典》第 7 条等，都对 "诚实信用和公平交易（good faith and fair dealing）" 作出了明确规定。❶ 在英美法系中，诚信原则也是一项极为重要的基本原则。❷ 美国 1933 年的柯克·拉歇尔公司诉保罗·阿姆斯特朗公司案（Kirke La Shelle Co. *v.* Paul Armstreng Co.）确立了诚信原则作为当事人履行义务的准则。任何一项合同均包含诚实信用（good faith）和正当交易（fair dealing）的默示条款。❸ 在国际法上，《联合国国际货物销售合同公约》、《国际商事合同通则》第 1.7 条❹、《欧洲合同法原则》第 1 - 201 条等，都规定了 "诚实信用和公平交易"。《维也纳条约法公约》第 31 条 "解释之通则" 也规定，条约应依其目

---

❶ 具体而言，1804 年《法国民法典》第 1134 条是这样规定的，"合同应依诚信方法履行"。1863 年《萨克森民法典》第 158 条规定："合同的履行，除依特约或法规外，应遵守诚信，依诚实之人所应为者为之。"1900 年《德国民法典》不仅在第 157 条规定，"合同应斟酌交易上的习惯，遵从诚信以释之"；而且其第 242 条还进一步规定，"债务人负有斟酌交易上的习惯，遵从信义，以为给付的义务"。1907 年《瑞士民法典》第 2 条也明确规定："任何人行使权利、履行义务，均应依诚信为之。"

❷ See［Canada］Gary F. Bell, Good Faith, the Incoterms and the UN Convention on Contracts for the International Sale of Goods（CISG）, presentation at UNCITRAL-SIAC Seminar on Celebrating Success: 25 Years United Nations Convention on Contracts for the International Sale of Goods, Singapore, 15（22 September 2005）.

❸ See Kirke La Shelle Co. *v.* Paul Armstreng Co. 263 NY 79, 188 N. E163（1933）; Westem Oil & Fuel Co. *v.* Kemp, 245 F2d 633（8th Cir, 1957）.

❹ There are a number of provisions throughout the different chapters of the Principles which constitute a direct or indirect application of the principle of good faith and fair dealing. See above all Art. 1. 8, but see also for instance, Arts 1. 9（2）; 2. 1. 4（2）（b）, 2. 1. 15, 2. 1. 16, 2. 1. 18 and 2. 1. 20; 2. 2. 4（2）, 2. 2. 5（2）, 2. 2. 7 and 2. 2. 10; 3. 5, 3. 8 and 3. 10; 4. 1（2）, 4. 2（2）, 4. 6 and 4. 8; 5. 1. 2 and 5. 1. 3; 5. 2. 5; 6. 1. 3, 6. 1. 5, 6. 1. 16（2）and 6. 1. 17（1）; 6. 2. 3（3）（4）; 7. 1. 2, 7. 1. 6 and 7. 1. 7; 7. 2. 2（b）（c）; 7. 4. 8 and 7. 4. 13; 9. 1. 3, 9. 1. 4 and 9. 1. 10（1）. This means that good faith and fair dealing may be considered to be one of the fundamental ideas underlying the Principles. See UNIDROIT PRINCIPLES OF INTERNATIONAL COMMERCIAL CONTRACTS（2004）, International Institute for the Unification of Private Law（UNIDROIT）, Rome, at 18, 2004.

的及通常意义，善意解释之。可见，"诚实信用"在本质上就是法院或仲裁庭善意行使解释权的重要体现。在司法实践中，若法院遇到立法时未预见的新情况与新问题时，则可依诚实信用原则行使公平裁量权，以及时调整当事人间的权利义务关系，达到定分止争的预期目的。❶ 遵循诚信透明原则，是指导合同主体必须诚实及善意地行使权利和履行义务，信守当事人之间的承诺和遵守法律法规，并最终获得预期利益的法律原则。❷ 这既平衡了当事人之间的利益，而且也平衡了当事人与社会之间的利益。此外，为保证国际贸易环境的稳定性和可预见性，WTO 法明确将透明度（transparency）原则作为基本原则之一，要求各缔约方公布自己制定和实施的所有贸易措施并通知其一切变化情况（如修订、废止等）。❸ 这就意味着国际社会主体制定的法律法规、政策、行政、司法救济措施、行业规定及国际协约等应予以及时"公开"，以便其他主体能在阳光下维护自身正当权益。

"诚信"本质要求"透明"，"透明"则长效维护"诚信"。恪守诚信透明原则，是推进实现国际社会公平正义和诞生其他原则的基石原则，理应成为指引国际德治与国际法治融合互动的基本原则。从形式上看，私法领域向公法领域扩展，是顺应全球治理

---

❶ 刘承韪. 违约可得利益损失的确定规则 [J]. 法学研究，2013（2）.

❷ 郗伟明. 论合同保护义务的应然范围 [J]. 清华法学，2015（6）.

❸ 依据 WTO 法，透明度原则是指缔约各方将已经或者将要有效实施的有关进出口货物的销售、运输、分配、仓储、保险、检验、加工、展览、混合或使用的法令、条例和能够普遍适用的司法判决及行政决定，以及一缔约方政府或其机构与另一缔约方政府或其机构之间缔结的有关双边国际贸易政策的协定，有义务及时公布或通知其他各缔约方。从公布或通知的内容看，包括各缔约方的法律法规、国家政策、司法判决、行政裁定和有关贸易措施，如反补贴、反倾销措施以及保障措施等。该原则的适用范围很广，涵盖了各成员方之间的货物贸易、服务贸易、技术贸易、与贸易有关的投资措施、知识产权保护，以及法律法规和贸易投资政策的颁布实施程序等方面。

进程和建构全球治理规则体系的重要体现；但实质上"透明"意味着以"公开"促"公平"，符合人类对正义的追求，应被内化为全球治理体系的基本原则。从社会规范认同及其公信力看，道德法律规范体系如果被认为没有恪守诚信透明原则，则规则必因不可知而失去公信力或人们因被欺骗而不认同规则。因此，作为现代社会发展和治理的根基，道德法律规范体系首先应是一种最庄严崇高的"社会信用"体系，因为：一方面"诚信透明"是人类社会道德法律规范的核心要义，否则会由于缺乏该"核心基因"而无法形成稳定有效的社会规范体系；另一方面"诚信透明"是人类社会道德法律规范的效力源泉，否则会由于"随性飘忽"和"深藏不露"而无法得到遵守和执行。从道德义务和法律责任上讲，"诚信透明"表明了个人的基本道德法律义务❶，理应成为人类社会治理和正常运行的核心基石。

五、全球治理的理想愿景：奉行公平共赢原则

2017 年 1 月 18 日，习近平在联合国日内瓦总部作的《共同构建人类命运共同体》演讲中明确指出，法律的生命也在于公平正义，各国和国际司法机构应该确保国际法平等统一适用，不能搞双重标准，不能"合则用、不合则弃"，真正做到"无偏无党，王道荡荡"。"公平"是达到"共赢"的基础前提，"共赢"是评判"公平"的基本标尺。"公平"对于整个人类的意义已在古今中外的人类文明史上清晰地标明：它始终是人类的奋斗目标之一。❷ 虽

---

❶ 目前，各国对"诚信"一词仍没有一个统一的定义，而且众说纷纭，如"主观判断说""利益平衡说""恶意排除说"等；王利明. 合同法研究 [M]. 北京：中国人民大学出版社，2002：161－163.

❷ 张文显. 法治与国家治理现代化 [J]. 中国法学，2014（4）：7－10.

然对于"平等公允"，每个人心中都怀有自己的标准❶，但即便简短的"法律面前人人平等"，都充分寄托了人类对公正平等的诉求。❷ 就国际人权保护而言，当前最重要、最基础的人权依然是保障人的生存权和发展权。❸ 无论国际社会主体之间的交往关系多么繁杂庞大，其政治、经贸与人文关系往来过程中最基本的原则目标就是"公平共赢"。在很大程度上讲，这一交往关系过程中公平共赢贯彻的水平程度，就体现了人类道德法律规范的思想理念、道德水平和文明程度，标识着全球治理规则体系的道德水平和文明程度。如何促进公平共赢的国际关系，正是保障和改善人类生存权与发展权等人权之关键。在当今"人类同呼吸共命运"的全球化时代，推进贯彻这一原则要求显得更为重要而迫切，一方面

---

❶ 美国伦理学家汤姆·L. 彼彻姆（Tom·L. Beauchamp）指出："一切正义理论共同承认下述最低原则：同样的情况应当同等地对待——或者使用平等的语言来说：平等的应当平等地对待，不平等的应当不平等地对待。这项基本原则通常称为'形式上的正义原则'。"参阅汤姆·L 彼彻姆. 哲学的伦理学 [M]. 北京：中国社会科学出版社，1990：330－331. 乔·萨托利（Giovanni Sartori）也认为："平等原则：（1）对所有的人一视同仁，即让所有的人都有相同的份额（权利或义务），（2）对同样的人一视同仁，即相同的人份额（权利或义务）相同，因而不同的人份额不同。"参阅乔·萨托利. 民主新论 [M]. 北京：东方出版社，1993：353－354.

❷ 被誉为英美国家法律界圣经的《布莱克法律词典》是将"公平"与"平等"互为解释的。"equity：1. Fairness；impartiality；evenhanded dealing〈the company's policies require managers to use equity in dealing with subordinate employees〉. 2. The body of principles constituting what is fair and right；natural law〈the concept of 'inalienable rights' reflects the influence of equity on the Declaration of Independence〉", See Black's Law Dictionary（9th Ed.），Bryan A. Garner（Editor in Chief），WEST of Thomson Reuters，at 619，2009；"fair：1. Impartial；just；equitable；disinterested〈everyone thought that Judge Jones was fair.〉2. Free of bias or prejudice〈in jury selection，the lawyerstried to select a fair and impartial jury.〉" See Black's Law Dictionary（9th Ed.），Bryan A. Garner（Editor in Chief），WEST of Thomson Reuters，at 674，2009.

❸ 张文显. 法治与国家治理现代化 [J]. 中国法学，2014（4）：10.

要从统筹推进公正合理的国际德治与国际法治规范体系的角度去考量，另一方面应从国际社会主体间具体的交往关系和行为上去考证，而不应将促进国际人权保护的思维继续停放在传统的国际公法层面上。❶ 私法对人的重视水平与人权保障的水平紧密关联，应该重视和加强私法，促进和落实国际人权保护内容的地位和作用。❷ 通过对国际民商事法律规范的比较分析，从中发现国际民商事法律法规越来越注重"公平"的价值取向。❸"权利本位理念的确立，是法律公民性和普遍的社会功能的增强及法律效应提升的社会基础。在权利本位理念的指导下，以民商法为主体的私法规范地位的提高并将成为法制基础，这是法律理念现代化的又一基本价值取向。"❹ 而法律上的"权利"就是"法律人格"的内容（或者说表现形式）之一。故此，应该将"公平共赢"作为推进国际德治与国际法治融合互动的思想理念和基本原则，把无视"国际社会本位理念"和"以人为本"理念而主张实施反全球化、反自由贸易的所谓"单边主义""本国主义""孤立主义"等趋向分裂的观念行为拉回到人类社会文明发展的正确轨道上来。

综上可知，国际社会主体应该秉承"求同存异"的精神，尽一切努力破除阻隔人类文明交流发展的障碍，寻求人类社会道德

❶ 蔡从燕. 公私关系的认识论重建与国际法发展 [J]. 中国法学，2015（1）：187 - 206.

❷ 肖永平. 论法治中国建设背景下的中国国际法研究 [J]. 法制与社会发展，2015（4）：5 - 12.

❸ See FITZGERALD，Peter L. The International Contracting Practices Survey Project：An Empirical Study of the Value and Utility of the United Nations Convention on the International Sale of Goods（CISG）and the UNIDROIT Principles of International Commercial Contracts to Practitioners，Jurists and Legal Academics in the United States，27 Journal of Law and Commerce，1 - 111（2008）.

❹ 李双元. 李双元法学文集 [M]. 北京：中国法制出版社，2009：573.

法律思想观念的共通点和一致性，共同推动将其确立为指导建构
全球治理体系新模式——国际德治与国际法治的基本原则，以奠
定推进建构全球治理体系与共建和谐"人类命运共同体"的核心
思想和制度基石。❶

---

❶ 王毅. 中国是国际法治的坚定维护者和建设者 [N]. 光明日报, 2014-10-24 (2).

第七章

人类命运共同体下国际法治的 "系统责任"❶

一、问题探讨的新时代与新世界

当前，中国正稳步进入推进全面深化改革开放，建设中国特色社会主义法治国家和实现中华民族伟大复兴的重要历史阶段，正处在世界秩序话语权与主导力"东升西降""南升北降"的重要战略机遇窗口期，正处在深入推进"一带一路"建设与倡导建构新型国际关系和人类命运共同体的新时代。2017 年 2 月 17 日，习近平主席在国家安全工作座谈会上强调指出，"要引导国际社会共同塑造更加公正合理的国际新秩序"，"引导国际社会共同维护国际安全"。2022 年 10 月 16 日党的二十大报告关于习近平新时代中国特色社会主义思想和基本方略更是明

---

❶ 宋云博. 人类命运共同体视域下法治社会新秩序的责任思维及其体系建构［J］. 南京社会科学，2019（03）：87-91.

确，"全面推进中国特色大国外交，推动构建人类命运共同体，坚定维护国际公平正义""中国式现代化为人类实现现代化提供了新的选择，中国共产党和中国人民为解决人类面临的共同问题提供更多更好的中国智慧、中国方案、中国力量，为人类和平与发展崇高事业作出新的更大的贡献"。正如朱子所云："仁者，以天下为己责也。"可见，党的二十大精神提出的崭新历史命题和中华优秀传统文化都深刻蕴含着"责任与担当"。因此，在向世界诠释习近平新时代中国特色社会主义思想的过程中，首当其冲应予阐明的核心要义之一也正是"责任"一词。

与此同时，全球正迈入治理规则话语博弈加剧、传统国际格局深刻调整演变的新世界，全球化与逆全球化民粹主义思潮并存，贸易自由化与贸易保护本国优先主义同场角力，传统安全与非传统安全恐怖主义等不稳定性不确定性问题突出、风险交织，以联合国、WTO、国际货币基金组织（IMF）和世界知识产权组织（WIPO）等为代表的传统国际法治规制渐显乏力，在这个各国"同呼吸、共命运""一损俱损、一荣俱荣"的深度依存的新世界，面对资本肆意扩张导致金融危机不断，市场投机导致物价房价飞涨，世界性贪污腐败严重，社会诚信体系脆弱，社会责任意识淡薄，环境污染，气候恶化，功利主义、拜金主义、享乐主义盛行等一系列难题挑战，是不是也应当正视和发挥"责任"的地位功能和全面倡导"系统责任"思维？2014年7月4日，习近平主席在韩国首尔大学《共创中韩合作未来，同襄亚洲振兴繁荣》的演讲中强调："以利相交，利尽则散；以势相交，势去则倾；惟以心相交，方成其久远。"因此，在改革完善全球治理体系的进程中，要引导国际社会共同建构更加开放自由、民主多元、公正合理、包容共赢的新型国际关系与持久和平、普遍安全、共同繁荣、开放包容、清洁美丽的人类命运共同体，是不是应当在习近平新时代中国特色社会主义思想指引下，弘扬中国正确义利观，引领国际社会树立正确的全球治理观和系统责任思维，协同建构"责任共同体"的规则和理论体系？同利益共同体建构一样，责任共同体建构是通往人类命运共同体的必由之路。唯有人人尽责而不是唯利是图，方能在全球协同推进建构共建共享共赢的"人类命运共同体"。"系统责任"理念及其体系在世界范围内的确立，正是引领国际社会树立正确的全球治理观、建构全球治理的新规则话语体系和指引人类命运共同体建构与国际法治实践发展的治理思维和体系。

二、系统责任与国际法治的问题勾连

党的十九大精神强调，要以习近平新时代中国特色社会主义思想为指导，在推进建构"人类命运共同体"的进程中，除了要结成"利益共同体"，还要首先形成"责任共同体"。在新时代推进现代社会法治文明进程，不应片面和过度追求个体权利的无限扩张。就个体自由权利而言，如果说"人权天赋""法不禁止即自由""法无明文规定不为罪、不处罚"是国际社会普遍认同的法治社会建构的思想理论基础，那么"法治"是否恰恰意味着对"个体义务责任"的规定、监督、裁判和执行？"个体权利的觉醒和膨胀"，不应以"个体责任的沉睡和萎缩"为代价。这是习近平新时代中国特色社会主义思想的应有之义，自然更是建设中国特色社会主义法治理论体系的应有之义。

众所周知，国际社会经济发展过程中存在着不少伴生的现象和问题，如资本任性扩张导致金融危机不断，传统贸易投资逐利模式导致贫富分化加大，恐怖主义分裂主义导致难民危机四起，单边主义与本国优先主义导致全球化不断撕裂，大气污染导致雾霾现象严重、绿色植被毁坏导致沙尘暴、地表地下水污染导致水中毒等环境污染问题，食品药品存在卫生安全问题和教育、医疗、住房矛盾问题；再如，中国国内社会"老虎""苍蝇"贪污腐败案件频发和"非法利益共同体"问题长期存在，等等。这些共性的社会问题困局或许可以被浓缩为人类社会的"互害模式"。❶ 那么，为什么人类社会经济发展了、人们生活富裕了，却反而滋生出了这一系列困扰人们幸福的问题和现象？❷ 除了精神文明建设有待进一步加强外，这是不是同全球治理过程中本应承载强化的"责任"意识淡薄、思维不强、定位不准及功能错位等情形存在关联？这是否与世界各国法律人的"责任后置"思维（即违反法律义务而承担的相应法律后果为法律责任）存在某种关联？

长期以来，"权利"被作为法治理论和规范体系的核心基石，支撑着整个法治社会的建构活动，以至于个体层面的"权利本位主义"理论被作为对抗"公权"的思想工具而深入人心。但事实上，可以从以下六方面加以反思。

一是从人类社会发展的起源看，即便在没有法律规范（制定法）的时代，原初社会里的人们也是能够自由自在地生活和劳作的；

二是从现代社会秩序结构的运行状态看，即便没有法律（制定法）或者其鞭长莫及之处，人们尤其是底层社会的人们也是能够自主自在地生产生活的；❸

---

❶ 陶凯元. 法治中国背景下国家责任论纲 [J]. 中国法学，2016 (6)：24 - 26.

❷ 姚大志：我们为什么对自己的行为负有道德责任？——相容论的解释及其问题 [J]. 江苏社会科学，2016 (6)：14 - 21；罗素. 西方哲学史：下卷 [M]. 马元德，译. 北京：商务印书馆，1976：357 - 367.

❸ 埃里克森. 无需法律的秩序 [M]. 苏力，译. 北京：中国政法大学出版社，2016：译者序 4 - 6.

　　三是从"法不禁止即自由""法无明文规定不为罪""法无明文规定不处罚"等法治基础理论看，即便没有法律（制定法），人们也依然享有自由和人权。

　　四是从"宪法是人民权利的保障书""法律是最低限度的道德""法律是人的行为底线"等根本理念来看，法律在法治秩序建构中的初衷与根本使命在于"保障权利"而并非"规定权利"（之所以规定权利，是为"承担责任"之利剑树立标靶），其内容和方式恰恰是明文规定的"承担责任"；

　　五是从"社会本位理念""国际社会本位理念"乃至"人类命运共同体理念"看，则更多的是从维护与发展社会组织系统中集体、整体与大局的共同权利出发，强调人类社会"个体权利"对"整体权利"的认同、服从、让渡与协同建构责任；[1]

　　六是从法律（制定法）机制的实施运行效果看，即便规定了丰富的"权利"，但若没有规定明确的"责任"，那么无救济则无权利，所谓权利也将是一纸空文。

　　由此可知，这是否意味着：从人类社会的起源和进化来看，法律帝国及其法治秩序建构的"核心基石"从来就不应首先是"权利"，而应首先是"责任"？只不过，为了满足同社会既得利益权贵集团和既有不公正政治经济秩序作斗争的需要，无数关切社会底层劳苦大众和新型阶层阶级利益的先知们和先驱们通过自己的思想言论和实践行动，努力使"权利"成为促进人类社会更新换代的旗帜符号和确立新的社会利益分配秩序机制的核心词汇。倘使如此，那么未来推进建构人类责任共同体乃至人类命运共同体则需要首先在世界范围内引领确立"系统责任"理念及其体系。

---

[1] See Lewis, Douglas, *Global Governance and the Quest for Justice*, Hart Publishing Limited, 2006.

否则，契合人类社会发展诉求的全球治理观将可能无法确立，"条约不被信守的现象""全球治理的投机行为""无休止的搭便车占便宜行为""空手套白狼、坐收渔利行为"等将极大挫伤和深度损害真正全球治理践行者、付出者的意愿和利益，从而可能根本阻滞责任共同体乃至人类命运共同体的建构和人类社会的发展进步。最终，人的生存权和发展权等一系列权利，必定得不到有效保障。很难想象，每一个国家都只想谋利索取而不愿付出和担责的人类社会将会变成一个什么样的状态。那么，未来推进建构人类责任共同体乃至人类命运共同体，需要首先在世界范围内确立什么样的"系统责任"理念及其体系？

三、人类命运共同体下国际法治需要何种系统责任

众所周知，作为一种意义符号和负担体系，责任应涵盖每一个社会个体或组织应当作为和不应当作为的两大方面，应包含责任意识、责任能力、责任行为、责任规范和责任成效等五大内涵要素。❶ 从语义方面理解，责任一方面是指作为善良的人在处理事务、为人处世方面所应尽的义务，如工作职责、社会责任、家庭责任等；另一方面也是指未尽义务之时而应承担的后果或强制性义务。作为一种精神、能力和品格，责任意识和责任思维本应涵盖一切领域。❷ 从事物发生作用的机理看，想要通过对一个人为何应负责任、是否应负责任、应负何种责任以及如何负责任等基本逻辑的考辨，科学设定和落实一项责任，至少应包括辨识责任、

---

❶ 方旭东. 服从还是不服从？——孟子论人臣的政治义务 [J]. 文史哲, 2010 (2): 40 – 49.

❷ 饶娣清. 人的存在、人的自由与人的责任——萨特自由观新释 [J]. 广东社会科学, 2006 (1): 66 – 70.

划分责任、归属责任、判定责任、受惩责任、悔改责任和免偿责任等七大基本步骤。❶ 从涉及的领域看，责任又可被分为政治责任、经济责任、社会责任、文化责任、家庭责任、法律责任等。从法律责任的分类看，又可分为国家责任、民事责任、刑事责任、行政责任、党员责任（党内法治、依规治党）和再细分的违约责任、侵权责任、有限责任、无限责任、连带责任、严格责任等。所有这些都是任何社会法治建设所不可能也不应该回避和排斥的基础要素，因为世界上根本不存在割裂法律之外一切事物的法治社会。因此，人类责任共同体建构应该具有系统责任思维，从宏观统筹、中观规划、微观着手，协同解决社会问题、推进法治文明建设。❷

　　但如前所述，无论是从国际法治理论体系还是从国际法治规范实践来看，法学界与法治实务界整体上是承继了"责任后置"思维的。亦即，承担相应的法律责任的基本前提是违反法律规定的义务。就中国法治而言，这是否与中国法学理论研究中长期存在的力图将"责任"限定于"法律责任"有关？由于受到旧有法治思想及其法治实践的影响，对于人（公民）的道德责任、社会责任、政治责任等，不少中国法学学者也在尝试着"政治的归政治、法律的归法律"，为了最大限度地彰显出法律理性及公平正义，而尽力与之划清界限或者避而不谈，试图与法律之外的东西撇清关系。然而，法律作为社会关系的基本调整工具之一，"法之理在法外"。既然作为"社会的医生"，法律人的眼里自然不能仅有法律，而要涵盖中国社会乃至整个人类社会。无论是对"法律

❶　宋周尧. 人：基于一种责任视角的解读 [J]. 长白学刊，2005 (4)：48 - 52.
❷　郭道晖，江平，陈光中，等. 中国法治百年经纬 [M]. 北京：中国民主法制出版社，2015：45 - 46.

的信任"还是对"法治的信仰"，其善与恶的评判标准并不是法律或法治本身，而应是整个人类社会的"良知""良心"和"良治"，因为法律或法治本身并非人类社会的终极发展目标。❶

那么，中国特色社会主义国际法治理论体系和中国参与国际法治的实践是否只应承载"法律责任"？答案当然是否定的。原因在于：作为人类社会的一分子，每个存在的个体必须对自身家庭、组织集体、所属国家乃至国际社会的公平承担并履行一定的责任。❷ 作为一个系统，责任应被作为整体对待，而不应人为地被割裂或回避。责任存在于每一个社会角色和社会发展全过程中，不同范畴的主体承担各自相应的责任。❸ 譬如，政党领导人承担推进社会公平治理的责任，而社会个体组织承担维护权威、服从领导的责任；父母承担养育子女的责任，而子女承担赡养父母的责任；学校教师承担教书育人的责任，而师生承担维护学校权益的责任；医院医生承担救死扶伤的责任，而患者承担维护医疗秩序和医院医生权益的责任；企业组织承担提供优质社会生产服务的责任，

---

❶ 古今中外，任何社会里的法律与道德从来就是融合互动、相辅相成的。譬如，对法律中权利的认知，格劳秀斯和 19 世纪形而上学法学家们一般强调道德伦理因素，将权利看作人基于道德上的理由或超验的应享有之物，如格劳秀斯将权利看作"道德资格"；霍布斯、斯宾诺莎等将"自由"看作"权利的本质"或"权利即自由"；与霍布斯不相同，康德、黑格尔等也用"自由"阐释"权利"，但康德不限于意志自由，强调人与人的协调共存。黑格尔则认为，权利的基础是精神，意志既是权利的实质又是权利的目标，而权利体系则是已成现实的自由王国。实证主义则侧重于从实在法的角度将权利置于利益关系中考察，如耶林认为权利就是受到法律保护的利益，使人认识到隐藏在权利之后的利益。功利主义者则主张普遍的功利即为权利的实质，由社会功利规定全部的权利义务并派生出所有的道德标准。

❷ 饶娣清. 人的存在、人的自由与人的责任：萨特自由观新释 [J]. 广东社会科学，2006 (1)：66 - 70.

❸ 李文潮. 技术伦理与形而上学：试论尤纳斯《责任原理》[J]. 自然辩证法研究，2003 (2)：41 - 47.

而企业职工承担维护企业组织权益的责任；军人承担保家卫国的责任，而人民承担维护军人家庭权益的责任；等等。只有社会的每一个个体或组织都严格担负起自身本应承担的责任，那么整个人类社会才能够和谐运转并最终形成人类责任共同体乃至人类命运共同体。❶ 因此，建构人类责任共同体是不是也应当破除"责任后置"和"法律责任"的思维禁锢，确立并运用系统责任思维，创建责任话语体系，整体判断和规范设定人类社会成员（无论是国家及地区、组织机构还是个人）的责任范围、层级和大小等？

四、人类命运共同体下国际法治将应对何种问题

系统论视域下的责任，涵括了目标使命、能力担当和规范实践。作为一种积极的意识思维、处世态度和正面行为，强调系统责任思维自然能够使社会个体或组织充满正能量且对社会有益，能够使事情处理过程和结果变得更加趋近于目标理想和公平正义，因而负责任的人应当是受人欢迎的和可信赖的，促进人类责任共同体乃至人类命运共同体建构的社会主体基础——责任共同体的根本目标和使命之一就在于促成和巩固这一社会主体基础。❷ 然而，在当前全球治理社会实践中，由于对"责任"的意识、思维、定位和功能等存在模糊认识，在人类责任共同体的建构进程中，也存在和衍生出一些问题❸。

第一，古今中外，各种关于保障"人权"的思潮，正是促使

---

❶ 方旭东. 服从还是不服从？——孟子论人臣的政治义务 [J]. 文史哲, 2010 (2): 40-49.

❷ 谢文郁. 自由与责任：一种政治哲学的分析 [J]. 浙江大学学报（人文社会科学版）, 2009 (5): 34-47.

❸ 姚大志. 我们为什么对自己的行为负有道德责任？——相容论的解释及其问题 [J]. 江苏社会科学, 2016 (6): 14-21.

人类社会（无论何种社会形态）不断地从传统走向现代、从野蛮走向文明的内核力。"宪法是公民权利的保障书"，足以代表权利本位主义的精神要义。在人类社会法治文明发展进程中，权利意识的不断觉醒、权利本位主义的确立，使得权利占据了整个法治进程的绝对核心地位。❶ 虽然"权利"至今仍未形成一个"放诸四海而皆准"的定义，仍是法哲学上一个纠缠已久的基础论题，但却在当前全球治理理论体系和实践操作过程中出现了所谓"零和博弈""互害模式"。很显然，这与"权利"被过度阐释和滥用不无关联❷，尽管义务与责任总是被要求——一对应，但是"责任后置"仍是切实存在的。对此，只要通览那些具体的法律规范的基本框架便可得知。因而，在人类责任共同体理论体系的建构进程中，需要摒除"责任后置"思维，努力形成"责任前置"的系统责任思维。

第二，在"法不禁止即自由"的权利话语思维下，由于法律规范的制定与理解存在一些歧义、空白、滞后和漏洞的实际情形，加之全球化市场经济发展的大环境使得资本肆意扩张的欲望极度膨胀，一些国家和地区社会的既得利益个体或组织习惯性地善于利用规范监管的缝隙游走在法律边缘，导致许多国家和地区的市场出现了信任危机、民间金融（如地下钱庄、高利贷、裸条借贷）等游离于监管之外的社会问题，进而助长了金融泡沫、联

---

❶ 邓正来. 中国法学向何处去：建构"中国法律理想图景"时代的论纲［M］.
2 版. 北京：商务印书馆，2011：67－73.

❷ 譬如，《牛津法律便览》在"权利"词条中认为权利是"一个严重地使用不当和使用过度的词汇"。当权利欲望不断膨胀和被过度主张时，权利与义务的天平自然就会失去重心，导致欧美普遍存在的极端个人主义、出卖人身肉体或器官被合法化等现象。以此类推，当某些具有相同相似偏好的群体达到足以引起社会重视甚或促成相应立法的时候，那么吸毒、人身买卖（在古代社会是合法的）等被现代文明社会再次合法化也不是天方夜谭，如已经出现的安乐死合法化等。

手操控股市、为祸楼市、违规排放污水废气、制售有毒有害食品及假疫苗等投机行为，造成无人愿承担社会责任的社会心理状态。凡此种种，一旦融入一个国家地区的社会习惯甚至成为民族文化的一部分，则是不是最终会导致整个社会的信任危机和礼法崩盘？

第三，在 GDP 目标导向考核指标体系下，一些国家和地区的地方政府片面追求扩大招商引资、大搞政绩工程甚至不惜恶性竞争以积累政治资本，导致不合理地放低准入门槛、放松监管，一些企业组织本应负担的社会责任被放任甚至未被纳入规范管理，一些城市在规划建设过程中各自为政互相推诿致使项目工程规划乱象丛生及腐败严重，一些人文生态环境遭永久性破坏，当地社会风气被严重误导，等等。例如，在中国某些共享单车企业只管市场投入与开发盈利，但对于共享单车的后续维护和管理却投入不足，致使共享单车乱停乱放，进而导致社会公共环境秩序被侵害，社会道德风险不断增加，而且共享单车中废旧车辆的后续维修报废处理也隐存了相当大的危机。

第四，由于受到功利主义、拜金主义等不良思潮的影响，社会个体或组织的责任意识淡薄、趋利避害心重，人人都期待在市场经济转型过程中和法治建设初期获取更多的自由和利益，但又不愿管束自己、对自己的行为负责，致使形成了唯利是图、互相坑害的"互害模式"，如黑心棉、地沟油、纸板楼、问题疫苗、矿难等重大社会事故频发，信贷危机、房贷危机、股灾等金融危机此起彼伏。❶

第五，社会个体或组织片面强调追求个体权益和极端自由主

---

❶ 陶凯元. 法治中国背景下国家责任论纲 [J]. 中国法学，2016 (6)：25-30.

义，以自我为中心、"各人自扫门前雪"，逐渐将自己从组织集体、社会或国家中剥离出来，回避或无视自己对国家、社会和历史的应有责任，沦为"精致的利己主义者"，如出现侮辱历史英雄人物黄继光、"南京大屠杀与我有什么关系？"之类的不当言辞或行为。社会个体或组织热衷于索求和维护自身权益，却不愿意背负应有的国家责任、社会责任和历史责任。

第六，在以经济建设为中心的改革发展浪潮中，社会个体或组织对经济利益的重视普遍超过了对家庭、子女教育、父母赡养的责任意识，发生了"功能错位"（某主体应担负的责任却转嫁给了其他主体），导致诸如留守儿童的教育与安全问题（如出现校园暴力）、老龄社会的敬老养老问题等。❶ 与此同时，某些社会个体或组织自身的一些权益未得到应有的重视和保障。

可见，当前社会集中爆发的一系列问题，都是人类社会快速发展、深刻变革和转型调整过程中必然出现的现象，需要时间去消化、解决和转变。但是，这的确也需要重新反思法治建设的目标信念、实践过程和理论体系。❷ 如何科学地建设中国特色社会主义法治理论体系，才能让最大多数人公平地享受到更多的社会改革发展的成果，让法治建设真正为改革开放和社会资源的公平配置保驾护航，从而最终实现党的执政纲领与国家发展规划、治党与治国、法治与德治、法意与民意的完美统一？❸ 现在看来，毫无疑问除了创新建构"权利"话语体系外❹，中国法治理论体系和中

---

❶ See Westra, Laura, *Child Law: Children's Rights and Collective Obligations*, Springer International Publishing, 2014.

❷ 苏力. 法治及其本土资源 [M]. 3 版. 北京：北京大学出版社，2015：11 - 15.

❸ 埃瓦尔德. 比较法哲学 [M]. 于庆生，郭宪功，译. 魏磊杰，校. 北京：中国法制出版社，2016：323 - 324.

❹ 张文显. 法哲学范畴研究 [M]. 北京：中国政法大学出版社，2001：342.

国法治实践还必须突出"责任"基因，同步创新建构"责任"话语体系。❶

五、人类命运共同体下国际法治应有的责任系统

"奉法者强则国强，奉法者弱则国弱。"法治是世界各国治国理政的基础工具，建设法治国家则是全面推进现代化建设的历史必然要求。党的十八大以来，以习近平同志为核心的党中央高度重视法治建设，提出了全面依法治国的"新十六字方针"：科学立法、严格执法、公正司法、全民守法。作为一个全面融合互动、相辅相成的有机整体，坚持贯彻新十六字方针，推进完善科学立法、严格执法、公正司法、全民守法工作，有利于促使中国特色社会主义法治体系建设和地方立法工作进入新境界。

第一，深刻认知法学教研的引领责任。百年大计，教育为本。在全面推进依法治国的进程中，无论是中国法治理论体系的建构还是中国法治实践的推进，法治教育研究的功能地位均不容小觑，均具有思想启蒙、理念宣教、规范引领、理论研讨、人才培育、决策咨询等系统功能。❷自由开放的法治教育研究是法治社会建构的核心灵魂，法治人才队伍建设则是法治国家建设的中坚脊梁。❸一个国家倘若不能真正重视和发展法治教育研究，便不可能真正建成人本文明、民主富强的法治国家。因此，法治人才队伍肩负的不仅仅是法治责任，更要肩负国家责任、社会责任等，要从社会系统治理的视域出发，统筹建设中国特色社会主义法治理论体

❶ 黄源盛. 中国法史导论 [M]. 桂林：广西师范大学出版社，2014：73 - 80.
❷ 石冀平. 对《学者的社会责任与马克思主义基本立场》一文的看法：与何怀远先生商榷 [J]. 马克思主义研究，2011 (5)：123 - 131.
❸ 顾红亮. 启蒙与责任：康德和"五四"思想家的启蒙观 [J]. 天津社会科学，2007 (1)：44 - 48.

系，引领推进中国法治实践和地方立法工作。❶

　　这其中，应当优先正视认同和教育引导社会深刻认知的几组具有内在一致性的重要关系：其一，法不外乎人情，法治的公平正义与公民社会的人道情理本就是彼此融合互动的，"道德入律"和"律入道德"两者彼此相通、兼而有之，不应刻意回避或者割裂两者之间的关联，法治与德治本是社会治理的两大基本工具，两者协同发力、不可偏废，德治的道义责任与法治的义务精神不应被人为割裂；其二，党纪与国法、治党与治国同属于中国法治体系，两者相辅相成、共同规范引领中国法治实践，党内法治责任（强调"一把手"的责任等）与国家法治责任（强调公民的权利义务）本质上也是相通的，必须在党的统一领导下统筹推进；其三，公平立法责任与促进社会普遍正义责任（一种主要的政治责任）是一致的，立法就是要用制度规范某些社会行为、解决某些社会问题，本身担负着统筹考量如何更好地促进和维护全社会公平正义的责任；其四，维护司法公正独立与体现回应民心民意本质上并不矛盾，甚至可以说司法公正与否的基本衡量标准正是社会公众普遍认同与否，如山东聊城辱母伤人案就是一个关于如何处理"司法独立"与"人伦民意"关系的典型案例。

　　第二，科学把握立法规则的衡平责任。立法的根本目标是，"努力使每一项立法都符合宪法精神，反映人民意愿，得到人民拥护"，促使法律成为社会公众的行动准则，进而指引社会个体或组织的行为。因此，立法应秉持人类命运共同体理念，坚持国内法治与国际法治协调统一的思维，更多掌握国际规则的话语权，通过规则创新引导世界秩序重构；应恪守"法治"与"德治"融合

---

❶ 孙筱泠. 责任与应答：海德格尔原伦理学初探 [J]. 复旦学报（社会科学版），2006（2）：87－90.

互动思维，法律规范的制定应与社会诚信体系的建构同步对接，将违反法规人员同步纳入社会诚信考核评价体系，从源头上引导和谐社会的建构；应贯彻"治党"与"治国"相统一的思维，从立法源头上联通"党规"与"国法"，形成坚持党的领导和依法治国有机统一的规范体系。立法队伍应具备较高的法治素养（不应是"领导退居二线的阵地"和"大龄老龄干部的安置班"）和社会系统责任思维，必须肩负起的责任不仅包括法律责任，而且还应包括政治责任、经济责任、文化责任等，努力从源头上形成法治建设科学、规范的生态系统❶，并以进化论的观点对待法律思想理念、概念内涵和规则原则，以科学高效地规范引导现代社会系统中个体或组织的行为，努力做到"重大改革于法有据""处理普遍或重大的社会问题于法有据"，避免以立法的方式撕裂基本人性世情，最大限度地消除社会法治领域内的"行人闯红绿灯效应"（某行人肆意横穿马路却不受责罚因而逐渐由个案演变为普遍的社会现象）和"马太效应"（使强者愈强、扩大贫富差距和加剧社会不公平），从而不断趋向于人类社会普遍认同的"善良"。❷

　　如果存在一项恶的法律制度或者缺失一项好的法律制度，那么好人极有可能因此变坏，久而久之整个社会风气就败坏了。因此，立法在对人们教化引导时也应认识到"对违法者的偏袒就是对守法者的不公"，应坚持"违法收益"与"违法成本"动态平衡的原则，加重权利与权力的对价责任（增加违法成本），让行使权利与权力的人不敢违法乱纪，用高压对高位，促上行下效，强化公信力，引领社会法治。也应坚持违法代价与守法成本系统规制，

---

❶ 陶凯元. 法治中国背景下国家责任论纲 [J]. 中国法学，2016（6）：24-39.
❷ 孙筱泠. 责任与应答：海德格尔原伦理学初探 [J]. 复旦学报（社会科学版），2006（2）：86-93.

严格规范和保障权利，防止权利保障供给不足或过剩，预防权利被忽视，防止权力的滥用与误用，减少奉法者的合法成本。例如，法条规定的"根据情节处十万元以下罚款"是否应修改为"依据情节，以生产数量或销售额为基础，处其对价的罚款"，对应增大违法代价和降低守法成本？法条规定的"对负有责任的领导人员和直接责任人员，依法给予处分"，是否应修改为"对负有组织领导责任的人员和直接责任人员，依法依规给予处罚处分"？某些特区或者特殊阶层是否存在滥用改革的先行先试权力，从而达到以法谋私的目的，制度性地剥夺了部分阶层群体依照宪法应有的正当权益？这种以法谋私等现象，在地方立法过程中，尤其值得重视防范，如"雄安新区"规划建设的法治化问题就值得认真研究。鉴于《核安全法》事关国家安全战略发展、国内生态环境保护和子孙后代可持续性发展的大计，《中华人民共和国核安全法（草案）》是否应坚持加重责任原则、安全处置能力前置原则（即必须满足具备安全处理核辐射物品、救助事故受害人员、恢复生态环境的能力水平，方可核准建设核电厂等设施），坚持"最低限度原则"（即使发生意外事故，完全有能力应对核辐射危机，将损害降至社会公认的最低限度）？

第三，严格落实政府行政执法的管控服务责任。政府行政机构作为社会治理的直接主导部门，在社会资源的拥有、管控和服务方面，相较于立法、司法部门具有天然优势。也正因为如此，政府行政执法部门的能力水平、队伍素养、态度形象等方面，影响政府社会公信力、人心凝聚力和队伍战斗力等需要法治建设和立法加以考虑的重要因素，这要求执法者"站稳脚跟，挺直脊梁，只服从事实，只服从法律，铁面无私，秉公执法"。道理很显然，位高权重或位于窗口位置的行政官员的贪污腐败行为对社会造成的伤害和撕裂，要超过其他社会人员或组织，如周永康、苏荣、令计划、薄熙来、蒋洁敏等犯罪分子造成的恶劣社会影响就远远超过普通刑事案件的犯罪人。严格配置"权力—责任"，扎实权力的笼子，尤其是落实"一把手"的责任配置，才不至于权力被不正确行使甚至任性滥用，损害社会公序良俗、国家公信力和人民利益。❶ 例如，当前的国家监察体制改革（由同体监督至异体监督），作为事关全局的重大政治体制改革，尤其需要为"形成科学的权力结构"合理供给和科学配置法治资源，包括思想理论、制度规范、人才队伍等方面，尤其要科学配置和落实的是与"权力"相对应的"责任"，形成权责对应统一的法治机制，严防出现"破窗效应"（归责不明、问责不严、执法不严导致上行下效、浑水摸鱼、跟风违法违纪等）。❷

　　第四，贯彻落实司法的公正裁判责任。司法作为人们追求争端公平解决和实现社会公平正义的最后一道防线，肩负起的正义责任绝不亚于立法、行政部门。应当做到"努力让人民群众在每一个司法案件中都感受到公平正义"，否则人们便会彻底失去社会公平正义的信念，且积怨深重之后便会激化社会矛盾。公正司法不能违背或忽略基本的社会伦理道德，不能置人情世俗于不顾，否则就会挑战社会公众既有的伦理情理底线，激起社会公愤乃至激化社会矛盾。例如，山东聊城于欢因母亲受辱而伤人案，就是较为典型的事件，引发了全国诸多知名法学家关于修正"正当防卫"适用要件的探讨与共鸣。还有大数据时代不正当竞争第

---

❶ 谢文郁. 自由与责任：一种政治哲学的分析 [J]. 浙江大学学报（人文社会科学版），2009（5）：34 – 47.
❷ 李永忠. 制度反腐 [M]. 北京：中央编译出版社，2016.

一案——"脉脉非法抓取新浪微博用户信息"案❶，表明大数据时代对用户信息的保护是衡量经营者行为正当性的重要依据，也是反不正当竞争法关于尊重消费者权益的体现。该案的判决注重引导互联网经营者遵循自愿、平等、公平、诚实信用的法治原则，遵守商业职业道德规范，尊重保护网民的合法权益，严禁交易网民的个人信息（隐私）。当然，更要从立法源头预防由于刑讯逼供、非法取证、徇私枉法、枉法裁判等情况导致的冤假错案发生，即制定和完善《关于办理刑事案件严格排除非法证据若干问题的规定》等法律规范。

第五，统筹规范企业的社会发展责任。长期以来，很多地方以经济发展挂帅，片面强调圈地开发、毁林建厂和招商引资等，忽略或放松了企业应该承担的社会责任，如对当地环境的保护和修复、职工的教育培养、有毒有害产品的回收处理、地方社会的可持续发展等。这些本应该由企业承担的社会责任，却由地方政府（财政税收）和当地居民的健康来买单，如出现荒凉鬼城、烂尾高楼、荒废工厂等。再如，企业只管生产盈利，不管有毒有害产品的回收处理，如电池、塑料、化学化工产品等需要专业人员和设备才能安全环保地处理，但是却成了随处可见的垃圾，严重毁坏了生态环境，最终受害的仍是当地居民。企业一味强调新招员工的熟练技能，却忽略了自己教育培训员工的义务，发生"功能责任错位"（本应由企业承担的员工职业技能培训责任却直接转嫁给了高校），一定程度上促使中国高等教育形成了"以就业为导向"的指导思想，结果功利主义侵蚀毁坏了中国高等教育的应有理念和根基。

❶ 何靖. 脉脉非法抓取新浪微博用户信息 [N]. 人民法院报，2016 - 4 - 27 (3).

　　第六，规范和强化公民的社会主体责任意识。❶ "全民守法"既是中国法治实践（立法、执法、司法）的基本目标之一，也是中国特色社会主义法治体系建设所欲达至的理想社会状态。然而，当今社会存在一种"不负责任"的不良现象，亦即有些个体或组织认为，社会责任意义沉重，担负社会责任太辛苦，不如轻松潇洒地走一回；或者把社会主体责任与个体自由发展割裂对立起来，认为社会主体责任是一种束缚，严重限制了个人自由且阻碍了个性发展。❷ 作为人类社会中的一分子，社会个体或组织在追求个体权益、彰显自身个性的过程中，必然需要遵守和维护这个社会中历史形成的、约定俗成的或共同制定的伦理道德、法律规则、风俗习惯、乡规民约等。社会个体或组织谋求权益、彰显个性的边界就是他人的权益及个性保护，就是社会公序良俗与国家利益的维护。否则，"覆巢之下，安有完卵？"没有一个有序运行的社会和安定繁荣的国家，个体或组织的权益该如何保障？如果人们都缺失社会主体责任意识，那么最终结果只能是人人自危、相互戕害。因此，作为社会的人，不可能推卸社会责任而独自生存发展。❸ 要享有自由，就应负有责任；只有履行了责任，才能享受自由。在"深入开展法治宣传教育，在全社会弘扬社会主义法治精神"的过程中，无论法治理论教育研究还是立法、执法、司法等法治实践都应旗帜鲜明地规范和强化公民的社会主体责任意识❹，

---

❶ 李文潮. 技术伦理与形而上学：试论尤纳斯《责任原理》[J]. 自然辩证法研究，2003（2）：41 – 47.

❷ 周文惠. 对增强当代青年社会责任意识的思考 [J]. 人民论坛，2013（2）：154 – 155.

❸ 丁利强. 以行为重：在社会责任意识中"敢于担当" [J]. 学术论坛，2015（5）：13 – 16.

❹ 郭荔宁，曾青云. 国家责任与成人教育盛衰 [J]. 中国成人教育，2009（1）：5 – 7.

反对无视社会主体责任的极端个人主义、分裂主义、孤立主义等，从幼儿教育、家庭教育和学校教育开始❶，全面营造每一个社会个体或组织自觉主动地担负起社会主体责任的社会环境氛围，才能建设、传承和发展法治文明。❷

六、"系统责任"思维的建构与维护功能

在中国法治理论体系的建构和中国社会法治实践过程中，除了应保障发展"权利"，还应强化"责任"意识和思维。❸ 当前社会集中爆发的环境污染、房价高涨、食品药品安全问题、既得利益集团非法分享改革开放红利等这些甚至被称为"互害模式"的现象，与社会个体或组织的"责任"意识淡薄、思维不强、定位不准及功能错位等问题是紧密相关的。因此，在建设责任共同体的过程中，应该全面形成和强化"人、社会与自然"三位一体的"系统责任"思维，深刻认知法学教育研究的思想引领责任，科学把握立法规则及社会资源配置的衡平责任，严格落实政府行政执法的管控服务责任，贯彻落实司法的公正裁判责任，统筹规范企业的社会发展责任，规范强化公民的社会主体责任，营造社会个体或组织自觉主动担负社会主体责任的大环境，才能科学建设、传承和发展"人、社会与自然和谐统一"的中国法治文明。❹ 而且值得注意的一个问题是，相较于"权利"话语而言，"责任"似乎

---

❶ See Gedera, Dilani S. P., *Activity Theory in Education Research and Practice*, Sense Publishers, 2016.

❷ 王永明，国蕊，夏忠臣. 公民社会责任意识培育的途径探讨 [J]. 齐齐哈尔大学学报（哲学社会科学版），2016 (10)：170－171.

❸ 宋周尧. 人：基于一种责任视角的解读 [J]. 长白学刊，2005 (4)：48－52.

❹ 顾红亮. 启蒙与责任：康德和"五四"思想家的启蒙观 [J]. 天津社会科学，2007 (1)：44－48.

是联通"道德与法律""党纪与国法""德治与法治""法理与情理"等法治建设基本问题的最佳核心元素或者说"法治的基因"。❶ 如此看来，这就不难理解党的领导与依法治国、治党与治国、德治与法治、法意与民意等因素间内在统一、并行不悖、融合互动的关系。而且，有鉴于资本的无限扩张性和人本能的趋利避害属性，人们（尤指圣哲）具有自发自动的权利觉醒以及权利诉求意识，因而要创新建设中国特色社会主义法治理论体系和规范指引中国法治实践不断达至"善治"，要利用规则制度打破既得利益集团以全面深化改革开放、建构人与自然和谐共存的法治社会和"天人合一、世界大同"的人类命运共同体，"责任"正是不可或缺的"基因"，必须基础性创新建设中国法治理论体系中的责任话语体系。❷ 这是实现国家治理体系及治理能力现代化的必由之路，也是建构社会诚信体系的必然要求和核心基因，因为"治理"和"诚信"本身就蕴含着强大的责任要求和担当精神，这是"权利"话语所不具备的（权利可以不行使，但责任必须承担），或者说对"权利"单向过度诉求和不正当行使等是不是在相当程度上已经导致了一种"精致的利己主义"为特征的社会时期——功利主义社会的形成？❸ 那么，在这样一个功利主义社会和法治社会交织建构的时期，社会主体是不是首先应有一个思维转向：由自我诉求的"权利本位"思维转向权责并举的"系统责任"思维❹，因为

❶ 姚大志. 我们为什么对自己的行为负有道德责任？——相容论的解释及其问题 [J]. 江苏社会科学，2016（6）：14－21.
❷ 方旭东. 服从还是不服从？——孟子论人臣的政治义务 [J]. 文史哲，2010（2）：40－49.
❸ See Parlett, Kate, *Individual in the international legal system: continuity and change in international law*, Cambridge University Press, 2011.
❹ 王人博. 法的中国性 [M]. 桂林：广西师范大学出版社，2014：47－51.

担负责任更多地意味着公民社会的主体责任和自主担当精神（如人民当家作主与民主法治相统一等），主张权利则更多地意味着对象性的权益诉求和索取（如私权对私权、私权对公权、公权对公权和公权对私权等）。譬如，法治过程中很多积聚民怨民愤的冤假错案，是因刑讯逼供和枉法裁判而起，因而一方面应该从保障公民和犯罪嫌疑人的权利角度出发，寻求系统规范和机制保障，从根本上消除这种行为发生的条件；另一方面应该从刑讯逼供人和枉法裁判人的"系统责任"着手，依权责动态平衡原则加重其违法枉法的成本代价——也相应地公平降低了奉法者的"守法成本"，保障了守法公民和犯罪嫌疑人的正当权利。无论是享有权利还是行使权力，都应当负有公平对应的"系统责任"，以防其不被正确行使甚至被滥用。

第八章

国际贸易法治对责任分配的 "公平" 观

　　公平正义，不仅存在于每个人心中，而且是千百年来人类讨论得最为激烈的话题。时至今日，人类仍在不断地摸索和探讨通往公平正义的道路。2018 年 3 月 23 日，时任美国总统特朗普签署对华贸易备忘录，声称要对中国进口的 600 亿美元商品加征关税，随即中国列出了 30 亿美元的 "报复清单" 加以反制，因而 "贸易摩擦" "贸易战" "美国经济屈服" "特朗普缺口" 等各种声音不绝于耳。后来随着 2018 年 5 月 2 日原美国财政部长努钦（Steven Mnuchin）率领的经贸谈判代表团的到来，中美贸易谈判在紧张对话中艰难磋商推进。政治学家爱德华·勒特韦克（Edward Luttwak）称为遵循商业语法的冲突逻辑。究其本质，就是要建构新型国际经济关系以推动和维护 "公平贸易" 以及解决如何识别和评判 "公平" 的问题。事实上，2017 年 1 月 18 日，习近平主席在联合国日内瓦总部作的《共同构建人类命运共同体》的演讲中就明确指出：法律的生命在于公平正义，各国和国际司法机构应该确保国际法平等统一地适用，不能搞双重标准，不能"合则用、不合则弃"，真正做到"无偏无党，王道荡荡"。

无论古今中外，在人的法律行为中，最基本的就是民商事行为；人与人之间最基本的社会关系也是民商事关系。在很大程度上，国际国内民商法的发展水平就象征着这一社会与时代文明进步的程度。"权利本位理念的确立，是法律公民性和普遍的社会功能的增强及法律效益提升的社会基础。在权利本位理念的指导下，以民商法为主体的私法规范地位的提高并将成为法制基础，这是法律理念现代化的又一基本价值取向。"● 王泽鉴先生也曾明确指出："研读《民法概要》乃在更深刻认识以人为本位的私法秩序及其所要维护、促进、实践之人的尊严、价值及自由、平等的理念。"● 而我们知道，法律上的"权利"就是"法律人格"的内容（或者说表现形式）之一。正是受此启发，在中国经济社会转型发展的特殊时期，在中国国际地位和影响力大幅提升和迅速崛起的新时期，为进一步促进国际经济贸易健康有序发展，进一步推进构建国际经济新秩序和在重构国际法律体系中增强中国的话语权，有必要将视线转移至中外货物销售合同违约责任的价值取向问题上来。通过对国际统一合同法与各国合同法律规范的比较分析，中外货物销售合同法律规范在违约责任的分配上应更加注重"公平"的价值取向。●

● 李双元. 李双元法学文集 [M]. 北京：中国法制出版社，2009：573.

● 王泽鉴. 民法概要 [M]. 北京：中国政法大学出版社，2003：27 - 28.

● See FITZGERALD, Peter L. The International Contracting Practices Survey Project: An Empirical Study of the Value and Utility of the United Nations Convention on the International Sale of Goods (CISG) and the UNIDROIT Principles of International Commercial Contracts to Practitioners, Jurists and Legal Academics in the United States, 27 Journal of Law and Commerce, 1 - 111 (2008).

一、何谓"公平"以及如何识别

（一）什么是法哲学中的"公平"

"公平"对于整个人类的意义已在古今中外的人类文明史上清晰地标明：它始终是人类的奋斗目标之一。即便是简短的"法律面前人人平等"，也足以表达人们对公平的诉求。说起"公平正义"，自然会想到罗尔斯，他解答道："财富和收入的分配及权力的等级制，必须同时符合平等公民的自由和机会的自由。"❶ 其实，对于"平等公允"，每个人心中都怀有自己的标准。"公正被认为是，而且事实上也是平等，但并非是对所有人而言，而是对彼此平等的人而言。不平等被认为是，而且事实上也是公正的，不过也不是对所有人，而是对彼此不平等的人而言。"❷ 此外，被誉为英美国家法律界圣经的《布莱克法律词典》也是将"公平"与"平等"互为解释的。❸

据此可知，法理中的"公平"至少应包括两层内涵：人人所享有的基本权利的完全平等；人人所享有的非基本权利的比例平

---

❶ 罗尔斯. 正义论 [M]. 何怀宏，何包钢，廖申白，译. 北京：中国社会科学出版社，1988：62.

❷ 苗力田. 亚里士多德全集：第九卷 [M]. 北京：中国人民大学出版社，1994：89.

❸ "equity：1. Fairness；impartiality；evenhanded dealing〈the company's policies require managers to use equity in dealing with subordinate employees〉. 2. The body of principles constituting what is fair and right；natural law〈the concept of 'inalienable rights' reflects the influence of equity on the Declaration of Independence〉", See Black's Law Dictionary（9th Ed.），Bryan A. Garner（Editor in Chief），WEST of Thomson Reuters，at 619, 2009；"fair：1. Impartial；just；equitable；disinterested〈everyone thought that Judge Jones was fair.〉2. Free of bias or prejudice〈in jury selection, the lawyerstried to select a fair and impartial jury.〉" See Black's Law Dictionary（9th Ed.），Bryan A. Garner（Editor in Chief），WEST of Thomson Reuters，at 674, 2009.

等。在反对西南非洲案（第二阶段）的判决时，塔纳克（Tanaka）法官也深刻指出："平等原则并不意味着绝对的平等，而只是承认相对的平等，即根据具体个别的情况相应区别对待。"❶ 而就国际货物销售而言，是指"公平买卖（fair sale）"，即对于合同当事人双方的权利及利益，均属公平之买卖。❷

（二）法哲学中如何识别"公平"

"绝对公平"既不符合现实，也不可能实现。因为，我们至今无法统一确定：应该公平分配与不应公平分配的内容（权利和物品）及其所依据的人们的相同方面与不同方面（判断标准）。对于公平的内容与判断标准的思考，自然就涉及"价值判断"与"价值观的统一"问题。对此，罗尔斯作了这样的强调：所有社会价值——自由和机会、收入和财富、自尊的基础——都要公平地分配，除非对其中的一种价值或所有价值的一种不公平分配合乎每一个人的利益。❸ 虽然这一回答有些抽象，但并未超出任何常人的理解力。换言之，他认为，公平的内容就是"所有社会价值"，而判断标准则是公平的分配是否合乎每个人的利益，否则即是不平等分配。这在国际货物销售违约中则主要是指：对销售合同双方责任的分配，应当同时满足合同双方当事人的利益诉求，做到不偏不倚：既不能"仗法欺人"预设"霸王条款"以

---

❶ U. Oji Umozurike, *The African Charter on Human and Peoples' Rights*, Martinus Nijhoff Publishers, at 30, 1997.

❷ 薛波. 元照英美法词典 [M]. 北京：法律出版社，2003：528. See also Black's Law Dictionary (9th Ed), Bryan A. Garner (Editor in Chief), WEST of Thomson Reuters, at 1454–1455, 2009. 不过，基于用语习惯的考虑，本书主张，"公平"的含义与"平等"的含义一致，但考虑到传统理论用语的习惯，本书仍沿用"公平"一词。

❸ 罗尔斯. 正义论 [M]. 何怀宏，何包钢，廖申白，译. 北京：中国社会科学出版社，1988：62.

谋取非正当利益，也不能滥用优势地位、借机"暗度陈仓"以谋求不正当利益。

当然，不能说罗尔斯的这一诠释就是终极答案，但至少可以让我们对"公平"的判断标准有了一个大致标尺，而且在中外货物贸易实践中具有期待可能性。

二、外国法与国际法如何"公平"分配违约责任

（一）外国法如何"公平"分配违约责任

在德国，作为德国古典法学的集大成者，温德夏特（Windscheid）考虑到罗马法甚有体系且合乎公平原则，殊值得继受，故才进一步构架整个罗马法体系以为德国所用。❶ 德国学者迪特尔·施瓦布在《民法导论》一书的第二篇"人"的第一章"自由与平等、人（自然人）的权利能力"中就论述了"平等"在（德国）民法中的表现："（1）人享有人格权和为人所有的受保护地位的前提和方式相同；（2）人在行使行为自由时，所应遵守的规定和所受到的限制相同；（3）人所受到的法律保护的方式和程度相同。"❷ 他还指出："平等原则并不妨碍在人员群体中按事物性质进行合理区分。因此，制定商法规范作为商人的特别法是与事物本身相关而不是与等级相关，因为在商业自由和经营自由的标志下，这些职业并未被表述为封闭性的人员群体：每个人都可以成为商人，并由此而同这些专门的职业规定打交道。"❸

在法国，法国民商法也同样坚持平等公允，这至少可以从作为其特别法（droit d'exception）的商法中看出。法国著名学者伊

---

❶ 杨仁寿. 法学方法论［M］. 北京：中国政法大学出版社，1999：78.
❷ 施瓦布. 民法导论［M］. 郑冲，译. 北京：法律出版社，2006：85.
❸ 施瓦布. 民法导论［M］. 郑冲，译. 北京：法律出版社，2006：86.

芙·居荣（Yves Guyon）教授认为："商人同样也是普通的个人，对他们给予过多的普通法上的特权，既无必要，也不恰当，因为那样做有悖于'平等'之民主原则。"❶

《瑞士民法典》第 11 条明确规定："在法律范围内人人都有平等的权利能力与义务能力"。此外，依《瑞士民法典》第 2 条与第 3 条之规定，亦可知其"诚实信用""善意"与"平等"的原则。

在英国和美国，还有专门的促进公平交易的立法，如 1973 年《英国公平贸易法》（Fair Trading Act）和《美国公平买卖法》（Fair Trade Acts）、《美国公平交易法》（Fair Sales Act）。❷

在苏联和现在的俄罗斯，1964 年《苏俄民法典》在第一编第一章规定了"权利主体的权利平等原则"。1995 年《俄罗斯民法典》也确立了主体平等原则，并将其与善意、公平、合理和诚实信用等原则一起贯彻于民法具体条款之中。

《日本民法典》也在总则编中第一章第 2 条较为明确地规定了"平等原则"，即"本法须以个人的尊严及男女两性本质性平等为宗旨解释"。

在中国，梁慧星先生认为，"平等性"是近代民法的概念、原则、制度和思想理论体系的两大基石之一。❸ 首先，我国《民法典》第 2 条规定："民法调整平等主体的自然人、法人和非法人组织之间的人身关系和财产关系。"紧接着，其第 3 条规定："民事主体的人身权利、财产权利以及其他合法权益受法律保护，任何组织或者个人不得侵犯。"其第 4 条规定："民事主体在民事活动

❶ 伊芙·居荣. 法国商法：第 1 卷 [M]. 罗结珍，赵海峰，译. 北京：法律出版社，2004：20.
❷ 薛波. 元照英美法词典 [M]. 北京：法律出版社，2003：528.
❸ 梁慧星. 从近代民法到现代民法 [J]. 律师世界，2002（5）：4-5.

中的法律地位一律平等。"这体现了民事主体资格平等，权利和义务平等受法律保护的原则。《民法典》第 6 条规定的公平原则也是这方面的体现。从《民法典》的体系来看，"平等原则"列为民法基本原则之首，确立了平等保护的基本观念。

（二）国际法如何"公平"分配违约责任

1. 法律理念中的"公平"

公元 212 年的《安东尼亚那敕令》废除了市民与臣民的区别，从而使"平等公允"观念成为后世罗马法及其研究的基本理念之一。事实上，"平等公允"观念在国际民商法律秩序中的地位早已被确立。❶ 萨维尼（Savigny）曾指出：世界各国和整个人类的共同利益决定了各国在处理案件时，最好采取互惠原则，并坚持内外国人之间的平等。在国家之间存在一个跨国性普通法（或共同法）必将随着时间的推移成为大家的共识。❷ 我国国际私法学泰斗李双元先生强调，一国在处理跨国民商事法律关系时，应该坚持平等互利的原则，既平等公允地对待当事双方利益，也不至损害第三方的正当权益。然而，如果只满足于形式上的平等互利，而不从国际私法制度上保障实质上的平等公允，将仍不能推进国际民商事关系的发展，也不能推进国际民商新秩序的建立。❸ 从本质上说，国际民商新秩序中的这种国际社会本位理念正是基于人的"平等"。在世界范围内，自然法的复兴以及各种具有强烈批判性

❶ 公平与善良原则亦可成为国际私法的渊源，是完全没有疑义的，就看有关国家的法律或国际条约是否有这样的明确授权。参阅李双元. 国际私法学 [M]. 北京：北京大学出版社，2000：22. 事实上，"平等互利"原则也是国际法和国际经济法的基本原则。

❷ 萨维尼. 现代罗马法体系：第八卷 [M]. 李双元，等，译. 法律出版社，1999：13 - 17.

❸ 李双元. 国际私法 [M]. 2 版. 北京：北京大学出版社，2007：34.

与反思性特征的当代社会思潮❶也进一步证实了人们对于平等公允的普遍诉求。

2. 国际民商事立法中的"公平"

（1）实体法规范。在解决国际货物销售合同纠纷时，法院和仲裁庭目前所适用的国际性实体规范，主要有《联合国国际货物销售合同公约》（以下简称"《公约》"或"CISG"）、《国际商事合同通则》（以下简称"《通则》"）及《欧洲合同法原则》等。就"公平"的相关规范而言，《公约》第74条关于"损害赔偿的原则及计算的一般规则"中，就明确要求损害赔偿额与损失额相等，且特别强调包括利润在内。此外，《通则》第1.7条和《欧洲合同法原则》第1-201条也专条规定了"诚实信用和公平交易"原则；而且《欧洲合同法原则》第4-109条和第4-110条还分别对"过分的利益或不公平的好处（excessive benefit or unfair advantage）"与"未经个别协商的（not individually negotiated）不公平合同条款（unfair terms）"作了限制，在此种情形下赋予对方当事人宣告合同无效或该条款无效的权利。

除此之外，我们不仅可以从上述规范的其他制度设计中寻找到"平等公允"，如减价规则中的"比例原则"、损害赔偿中的"时价"规则等，还可以从各国司法实践中发掘使用"公平合理"原则的证据。例如，在"G& G Component Complementaries（荷兰）诉 Errelle S. R. L.（意大利）"案中，荷兰塞尔托亨博斯上诉法院就否定了买方意大利 Errelle S. R. L. 公司以确保公平合理为由请求驳回卖方荷兰 G& G Component Complementaries 公司主张的观点，因为除买方未提供任何旨在驳回卖方主张的事实证据之外，

---

❶ 它们或与传统和主流价值观分庭抗礼，或是对其的发展与创新，如反全球化运动、人权组织、劳工组织、女权主义、新自由主义和新理性主义等。

基于公平合理的考虑，《公约》第 7 条第（1）款在立法本意上是不能容忍任何违约行为的。❶

（2）冲突法规范。1987 年《约旦国际私法》第 2 条第 2 款规定，其国际私法若无规定，可依穆斯林法律的原则，以及在无此种原则时，依公平原则裁判国际私法案件。❷ 2005 年《乌克兰国际私法》第 1 条第 1 款就指明，私法关系是指基于法律平等、意志自由、财产自治等原则上的关系。在国际民商事仲裁制度中，依公平原则进行仲裁的实例更为常见。例如，1976 年《联合国国际贸易法委员会的仲裁规则》第 33 条规定，如双方当事人明确授权且仲裁程序适用的法律许可时，仲裁庭可依公平与善良的原则就实质问题作出裁决。1987 年《瑞士国际私法》第 187 条也规定，在国际商事仲裁中，允许当事人授权依公平原则裁决实质问题。❸

回顾总结国际私法的发展历程与趋势，以解决双边或多边法律规范冲突为逻辑起点的国际私法的本质就是要"平等公允"地对待内外国法律及其规范的人与物。

三、为什么必须"公平"分配违约责任

（一）"公平"分配违约责任符合宪法精神与原则

无论是大陆法系国家的普通法律，还是英美法系国家的普通法律都不得与宪法精神与原则相抵触。王泽鉴先生曾谓：宪法的基本权利对私法关系中的当事人有"间接的效力"，即该基本权利

---

❶ 参阅荷兰塞尔托亨博斯上诉法院 2005 年 10 月 11 日的判例（C0400803/HE）。See UNCITRAL, Case Law on United Nations Convention on the International Sale of Goods, United Nations Publication, A/CN. 9/SER. C/ABSTRACTS/94, 11 （28 April 2010）.

❷ 李双元. 国际私法学 ［M］. 北京：北京大学出版社，2000：22.

❸ 李双元. 国际私法学 ［M］. 北京：北京大学出版社，2000：22.

正凭借民法的概括性条款或不确定的法律概念实践着宪法的基本价值。❶ 而作为一国根本大法，宪法（包括宪法性文件）是最强调"平等公平"的。作为国际法的基石，《联合国宪章》也在序言中"重申基本人权、人格尊严与价值，以及男女与大小各国平等权利之信念"。作为下位法，民法必须符合宪法的精神和原则，勿论中外。从法律解释的角度来看，"合宪解释"属体系解释或目的解释之一，并在法律解释方法上居于优先地位，以期实现宪法规定之基本权利的价值。❷

（二）"公平"分配违约责任是法律的基本价值

作为法律的一般价值，"公平"在民法中强调的是"人格平等"以及民事主体在民事关系中"意志独立"。对于公平的重要价值，卢梭（Rousseau）是这样认为的，社会创造了不自由和不平等的罪恶，只有在人人"平等"的社群中，"自由"才成为可能。在人类漫长的文明发展史中，它们就是法律价值目标中的"双子座"。我们至今无法衡量出这两者的分量孰轻孰重。价值选择问题始终是人们争议的核心，明显反对"平等公允"的人通常是借"自由"和"经济效率"（如效率违约等）之名行事。作为基本的法律价值和原则，"平等公允"可以强有力地规制法官的自由裁量权，而不论各国法律差异的程度有多大，都能维护和均衡国际货物销售合同双方当事人的应有利益。在英美法上，"平等公允"作为衡平法的基本原则，是衡平法原理的发展基础，甚至可以说"平等即衡平"（Equality is equity）。❸

---

❶ 王泽鉴. 民法概要 [M]. 北京：中国政法大学出版社，2003：28.
❷ 王泽鉴. 法律思维与民法实例：请求权基础理论体系 [M]. 北京：中国政法大学出版社，2001：242.
❸ 薛波. 元照英美法词典 [M]. 北京：法律出版社，2003：480.

（三）"公平"分配违约责任是维护合同当事人法律人格的基础

对于国际货物销售合同的当事人，各国民法"不考虑其业务和职业地调整在其自身关系和与国家的关系中的人，而这些关系以满足人性的需要为目的"。❶ 基于维护当事人法律人格的考量，国内外的民法均赋予"弱方当事人"特殊的保护，也在一定程度上体现了"平等公允"。譬如，德国学者沃尔夫在其《民法通论》中就把人这一享有自由和尊严但同时也负有责任的主体作为私法价值体系的基础，并置于私法的中心地位。❷ 徐国栋先生也曾指出，"人文主义和物文主义的两派民法学者都承认民法调整平等主体间的人身关系和财产关系"❸。

（四）"公平"分配原则派生出其他原则

在国内外民法上，"平等公允"是其他原则的基础，并可以派生出后者。例如，合同法上的"意思自治原则"所强调的当事人"意志自由"，即是当事人法律人格平等和"意志独立"的当然结果。作为民法之帝王原则，"诚实信用原则"更加注重均衡由当事人信息的不对称所造成的不公平状态，并更加体现对弱方当事人权益的保护。在合同的订立、履行及解释方面，均须遵循该原则，如《德国民法典》第157、242条和《美国统一商法典》第1－203条等。《公约》也强调，贯彻该原则在一定程度上有利于遏制不公

---

❶ Véase Jorge Joaquin Llambias Tratado de Drecho Civil, parte general, tomo I; Editorial Perrot, Buenos Aires. 40（1997）. 转自徐国栋."人身关系"流变考（下）[J]. 法学，2002（7）：54.

❷ 卡尔·拉伦茨. 德国民法通论（上册）[M]. 王晓晔，谢怀栻，等，译. 北京：法律出版社，2003：2.

❸ 徐国栋."人身关系"流变考（上）[M]. 法学，2002（6）：46.

平交易，如其第 16、21、29、37、40 及 85 条等。"禁止权利滥用"，则更是为防止合同当事人（尤指债权人）滥用自己已有的支配地位，加重对方的法律负担，进而保证双方当事人真正的公平地位。这也是在国际货物销售合同中，为什么我们必须谨慎反对以波斯纳为代表的经济分析法学的实用主义理论提出的"效率违约（efficient breach）"❶ 的根本依据之所在。这就像汽车应在道路上行驶一样，如果每辆车都可以"走捷径，高效"为由，而肆意奔驰在非机动车道的地面上，则整个社会的安定秩序必将受到严重威胁，甚至不复存在，即便嗣后会有损害赔偿的补救形式。

故此，可以说"公平原则"是国内外民法中首要的基本原则。国内外民法几乎全部的法律思想与理念，都是建立在该原则基础之上并由其推衍而来的。

（五）"公平"分配违约责任是当事人责任分配的目的

"法律面前人人平等"反映了在一定历史时期的政治、经济、文化和社会的文明程度。尽管基于各种主客观的原因，人生来就处于不平等和不公平的状态；但是，作为各种利益的均衡器，法律与生俱来就应肩负着追求和维护公平正义的使命，创制出保障人人平等和有尊严的社会规则体系。在民法上，它意味着"任何民事主体都以平等的资格参与民事关系，并平等地享有民事权利和承担民事义务，因而也平等地受到民法保护"。通观当今国际货物贸易及法律实践的状况，即便要实现不同国家的"人与人之间

---

❶ 所谓效率违约，又称有效违约、违约自由，是指合同一方当事人因违约带来的收益将超出己方及相对方履约的预期收益，并且针对该项预期收益的损害赔偿有限，在承担违约责任后仍有盈余时，违约是一个理性的选择。简而言之，如果违约能够实现合同标的物价值最大化时，应当鼓励违约。这是以波斯纳为代表的美国经济分析法学派提出的一种违约理论。对于这一制度国内学界存在诸多争议，有些学者并未全面理解甚至刻意片面地去理解这一制度的构成。

的真正平等公允"尚需加倍努力，但不可否认，在国际货物贸易中，"公平"始终是当事人责任分配的一种理性选择。

（六）"公平"分配违约责任是类推适用的基础

对于法官和仲裁员在处理不同的国际货物销售合同案件中坚持"公平"的理由❶，拉丁法谚云："法律必有漏洞（non est regula quin fallet）""对同一理由应适用同一法律，类似事项应予以类似判决（ubi eadem ratio, ibi idem jus；et de similibus idem est judicium）"。在解决国际货物销售合同违约的争议中，法官和仲裁员基于"公平"的理念，运用"类推适用"的方法将一案的法律效果转移至另一案时，仍应满足类似性要求；而对相似者作相似之判决处理，正是公平之体现。可见，法院或仲裁庭在处理此案与他案时，尽力追求相近或相同的法律效果而类推适用的做法，其依据就是每个人都有得到公正审理（fair and impartial trial）的权利❷。

四、国际法治如何实现违约责任的公平分配

除上述原则性规定之外，在规定中外货物销售合同违约问题的过程中，我们可以发现，《公约》《通则》等国际国内法律规范对当事人责任公平分配的处理措施，主要可归结为以下几个方面。

（一）违约救济中的公平分配

第一，实际履行。基于满足当事人预期利益的需要（达成合

---

❶ See CHANDRASENAN, Anukarshan, UNIDROIT Principles to Interpret and Supplement the CISG: An Analysis of the Gap-Filling Role of the UNIDROIT Principles, 11 Vindobona Journal of International Commercial Law and Arbitration, 65－80 (2007/1).

❷ See Black's Law Dictionary (9th Ed), Bryan A. Garner (Editor in Chief), WEST of Thomson Reuters, 676 (2009).

同目的），优先适用之；与此同时，若实际履行有显著困难或者明显不合理，则应采取主动补救、修理或替代交付的方式，如《公约》第 46 条至第 50 条的规定；而且对于部分履行不符合合同的情形，《公约》第 51 条规定了"部分货物不符时买方的救济手段"、《德国民法典》及《美国统一商法典》第 2 - 601 条（c）项还规定了"合同分割"的原则。

第二，损害赔偿。为实现对受害方的充分赔偿，有必要强调按"时价规则"（合理时间点）进行赔偿，即区分不同的情形，最大限度地保护非违约方的利益，但又以不显失公平为准，如《公约》第 76 条"宣告合同无效时损害赔偿额的计算"的规定、《通则》第 7.4.2 条第（1）款和《欧洲合同法原则》第 9 - 502 条的规定等。而且，还可以由法院或仲裁庭依自由裁量权确定平等公允之标准，如《通则》第 7.4.2 条第（3）款的规定。诚如前文所述，在损害赔偿计算中，应贯彻"最经济方式"的准则，债权人在实施违约救济时不得任意加重债务人的负担。从国际货物贸易的实践来看，非物质损害赔偿正渐渐成为国际货物销售合同违约责任承担的新动向，如《欧洲合同法原则》第 9 - 501 条的规定。

第三，中止履行。为均衡买卖双方的利益，双方当事人都有中止履行权，如德国法、美国法与我国《民法典》的规定；但卖方在一定条件下享有中途停运权，从而从权利救济上与专属买方的减低价款权相平衡，如《公约》第 71 条第 2 款、《英格兰 1979 年货物销售法》第 41 条与第 44 条及我国《民法典》合同编第 527 条与第 528 条的规定。

第四，降低货价。要求严格按照"比例原则"计算减价额度，以尽可能达成买卖双方当事人对利益损失的公平分摊，而非一味地偏袒买方，如《公约》第 50 条"减低货价"、《欧洲合同法原则》第 9 – 401 条的规定等。

第五，违约金。当事人可以约定损害赔偿金，但以与违约导致的实际损害或可合理预见的损害之间的比例不严重失衡而致明显不公平为限，如我国《民法典》合同编第 585 条的规定。

（二）风险责任承担中的公平分配

第一，风险转移。区分"在途货物""路货"等不同情形，分别明确货物损害风险的转移时间和地点，以公允分配买卖双方当事人的责任，如《公约》第 66~70 条的规定。

第二，免责条款。为避免当事人的权利义务分配过程中出现严重的不公平，法律明确规定了一些免责事由，如《公约》第 79 条与第 80 条、《通则》第六章第二节第 6.2.1～6.2.3 条与第 7.1.6 条、《欧洲合同法原则》第 8 – 109 条以及《英格兰 1979 年货物销售法》第 7 条、《美国商法典》第 2 – 613 条的规定等。而且，当事人也可约定免责条款，但仍应以不违反合同的目的和公平原则等为限。

第三，不真正义务。各国法律通常会预设不真正义务条款，其目的就在于最大限度地减低因受害方自己的作为或不作为而导致的利益损害（避免浪费社会资源），均衡合同双方的权利义务与风险损害，从而实现合同的公平正义，保障整个人类社会财富的不断增长。

（三）可预见性与合理性：一种可期待的公平分配

其一，可预见性（foreseeability）。《公约》与《通则》等法律规范在其具体条文中反复使用"预料或理应预料""没有理由预期当事人在订立合同时就考虑到""可以合理预见"等词语，如《公约》第 79 条"因一定障碍而免责"、《欧洲合同法原则》第 9 – 503 条的规定，意在减免债务人的责任或限制其无限扩大。

其二，合理性（reasonableness）。《公约》等法律规范在条文中一再使用"合理的时间、地点""通情达理的人""合理事由"等词语，其意旨在极尽一切努力均衡双方当事人间的权利与义务，以使立法和裁判结果令人信服，即为"平等公允"，如《公约》第 8 条"当事人行为的解释原则"与《欧洲合同法原则》第 1 - 302 条。

（四）司法与仲裁制度：公平分配的法治实践

首先，默示条款制度❶。该项制度借助法官的自由裁量权，引入当事人约定之外的义务，以使当事人之间因合同关系产生的权利与义务达到某种均衡。而且，一般而言，对于法定的默示条款，当事人不得任意排除之，尤其对某些不公平条款（如不公平格式合同）而言更是如此。这有利于保护弱方当事人的权益，进而实现合同的实质正义和平等公允。❷

其次，合同解释方面。在法院或仲裁庭解释合同时，法律也赋予了它们一定的裁量权以平衡因法律或者合同约定导致的不公。譬如，当事人对由单方当事人事先拟订的合同条款（如格式合同条款、未经个别协商的条款等）产生争议时，法官或仲裁员就应作出不利于制订合同条款当事方的解释。例如，《通则》第 4.6 条"对条款提议人不利规则"、《原则》第 2 - 104 条等均有此类规定。

最后，诉讼时效制度。就债权请求的时间而言，尽管各国合

---

❶ 自 19 世纪末以来，英美合同法最先发展出了默示条款制度，即除双方当事人明示约定的条款外，亦可从已有的合同内容中推衍出其他条款，或者由交易习惯或法律或由法院直接推导出来的条款。杨帧．英美契约法论［M］．北京：北京大学出版社，1997：286.

❷ 王利明先生早在其"论合同法的新发展"一文中，就强调了合同法"从形式正义走向实质正义"的转变。所谓"合同正义，是指合同法应当保障合同当事人在平等自愿的基础上缔约和履约，并保障合同的内容体现公平、诚实信用的要求。"王利明：论合同法的新发展［J］．江海学刊，2003（2）：117.

同法都规定有时效制度，但期间一般较短，为 2 ~ 3 年。鉴于国际货物销售一般历时较长的特殊性，《公约》规定了 4 年的诉讼时效期间，以限制债权人的请求权或者说排除债务人超出法定期限的义务。以此，督促债权人行使权利和消除债务人的无限期义务负担。譬如，在 2007 年 10 月 30 日，"Jelen d. d. 诉 Malinplast GmbH"一案❶中，克罗地亚卖方因支付价款问题起诉奥地利买方。作为一审法院，萨格勒布商业法院拒绝了该项起诉，理由是已过诉讼时效。该法院援引了《克罗地亚义务法》对商业合同规定的 2 年时效期限。但克罗地亚高级商业法院认为，一审法院在适用实体法方面有误。依照《公约》第 1（1）条的规定，销售合同受《公约》管辖。依据《联合国时效公约》的规定，诉讼时效期限为 4 年。本案中，由于从原告起诉之日起算至起诉时并未超过 4 年，因此法院裁定，该项起诉并未失去时效，应予立案审理。

综上可知，"公平"作为人类社会的基本价值观，不仅在各国国内贸易法中得到规定，在中外国际货物贸易过程中得到实践，而且应是新型国际关系与人类命运共同体建构的基本价值取向。唯有如此，在逆全球化思潮迭起、贸易保护主义时有抬头的大环境下，全球正常的经济贸易关系才能得以持续健康发展，全人类才能不分国家、民族、种族、文化、地域等的不同，真正实现公平发展。

---

❶ See UNCITRAL, Case Law on United Nations Convention on the International Sale of Goods, United Nations Publication, A/CN. 9/SER. C/ABSTRACTS/91, 3（12 January 2010）.

第九章

国际民商事规则秩序的"平等"观

平等，作为中国特色社会主义核心价值观的重要内核之一，无论是在全面推进国内法治还是在倡导引领国际法治的进程中，都必然首先彰显在民商事法律规则之中，而且必然具备指引法治规则及理论建构的基础价值和功能地位。2017 年 1 月 18 日，习近平主席在联合国日内瓦总部作的《共同构建人类命运共同体》演讲中明确指出，主权平等是数百年来规范国与国彼此关系最重要的准则，也是联合国及所有机构、组织共同遵循的首要原则。主权平等的真谛在于国家不分大小、强弱、贫富，主权和尊严必须得到尊重，内政不容干涉，都有权自主选择社会制度和发展道路。中共二十大报告也指出，"中国尊重各国主权和领土完整，坚持国家不分大小、强弱、贫富一律平等，尊重各国人民自主选择的发展道路和社会制度"。在联合国、世界贸易组织、世界卫生组织、世界知识产权组织、国际移民组织、国际劳工组织等国际组织机构中，各国平等参与决策，这使世界各国都成为完善全球治理的重要力量。在新形势下，我们要坚持主权平等，推动各国权利平等、机会平等、规则平等。这正是习近平新时代中国特色社会主义“平等”思想在国际公法上的阐述和体现。2020 年发布的《民法典》第 2 条规定“民法调整平等主体之间的人身财产关系”，第 4 条规定“民事主体的法律地位一律平等”。这正是习近平新时代中国特色社会主义“平等”思想在私法上的体现，是对“平等”思想和“平等基因”的法治彰显，其对于国际法治规则及其理论话语的示范效应与引领意义极其深远。

　　然而，正如前文所述，但凡论及“法治中国”，就可能有人会自觉不自觉地以欧美法治模式为标杆加以衡量，仿佛除此之外别无其他，从根本上忽略或者回避了源于政治、经济、社会、文化及生态多样性的法律文明（此处尤指法治）应具多元性的本质，也不利于重归“中国法治自信”。无论古今中外，“法治”本质上应具有多元性，一国民法的基本原则恰恰体现了该国民法的法治精神及其奉行的法治理念。在以马克思主义法律思想为指导的社会主义法制体系基本建成❶和中国国际地位大幅提升之际，正视这一点对于推进中国特色社会主义“法治中国”进程的作用就不言而喻了，同时对在法治文化方面加强中国的国际话语权的作用、开创法治多元性理论和推进马克思主义法律思想大众化的时代意义就尤为明显。作为中国民法领域意义最为重大且最为基本的一

---

❶　对此，中共中央原总书记胡锦涛同志在中共第十七次全国代表大会报告中指出：中国特色社会主义法律体系已经基本形成。参阅付子堂. 文本与实践之间：马克思主义法律思想中国化问题研究［M］. 北京：法律出版社，2009：247. 2010 年，全国人民代表大会常务委员会原委员长吴邦国也曾明确向世界庄严宣布了中国法治的这一伟大成就。

个议题，坚持"平等原则"也真正体现了马克思主义法律思想和社会主义中国的民法特色——在相当程度上区别于欧美资本主义民法的法治个性，也印证了法治的多元性。❶ 我国民法学界泰斗，如佟柔、江平、梁慧星和王利明等先生均有相关著述。❷

当然，也有著名学者曾在经过大量细致的实证研究和比较法分析之后，提出了一些独到的见解和主张，大致有以下几点内容❸。

其一，"平等原则是民法的灵魂"只限于中国民法及其教科书，从其他国家的民法及其民法学说来看，法律规定平等原则的条款或其相关论述并不多，甚至干脆没有（如意大利民法）。

---

❶ 毕竟中国的国情与西方有别，必须基于中国的社会诉求来确定我们的选择标准和依据。正是在民主、自由、权利、平等、公平等方面存在制度性差异，法治建设才必须符合中国国情。参阅付子堂. 文本与实践之间：马克思主义法律思想中国化问题研究 [M]. 北京：法律出版社，2009：27.

❷ 佟柔. 中华人民共和国民法原理（上册）[M]. 北京：中国人民大学出版社，1981；佟柔. 民法概论 [M]. 北京：中国人民大学出版社，1982；佟柔. 民法原理 [M]. 北京：法律出版社，1982；梁慧星. 民法总论（修订本）[M]. 北京：法律出版社，2001；梁慧星. 民法解释学 [M]. 北京：中国政法大学出版社，1995；梁慧星. 中国民法典草案建议稿 [M]. 北京：法律出版社，2003；王利明，郭明瑞，吴汉东，等. 民法新论（上、下）[M]. 北京：中国政法大学出版社，1987；王利明. 民法总则研究 [M]. 北京：中国人民大学出版社，2003；王利明. 民法总则研究 [M]. 北京：中国人民大学出版社，2004；王利明. 民法学 [M]. 上海：复旦大学出版社，2004；王利明. 民法 [M]. 北京：中国人民大学出版社，2005；等等。

❸ 当然，有关思想在徐国栋先生发表的同题文章和 2009 年出版的《民法哲学》等论著中也有详述，且与徐国栋先生早期的研究理念不无关联。它们主要是："1. 民法典结构应采人法、物法两编制，人法居先，物法居后，以体现 21 世纪的新人文主义精神，使我国民法典获得 21 世纪的优秀民法典的桂冠，纠正德国模式带给我国民法的物文主义传统，同时体现绿色主义；2. 我国民法典应以一定的哲学思想为基础，主张它应建立在折衷主义的认识论、性恶论的人性论、以主观价值为基础的公平论基础上。"参阅徐国栋. 自然法与退化论：对 J. 2.1.11 后部的破译 [J]. 兰州大学学报，2003（1）：1.

其二,平等原则是宪法的原则,不应只是民法的,从各国的宪法规范及其学说来看,对平等原则的规定或论证就十分明显(如法国宪法、意大利宪法);平等原则主要是宪法等公法的原则,是控制立法与司法的原则,而不只规范民法问题。

其三,非社会主义国家的民法很少规定"平等原则",西方民法基于"治理"的需要等原因没有确立权利平等,而且私权社会里的平等也并不重要。

其四,在西方,"自由"高于"平等",民法本身就是平等原则的杀手;社会主义公有制为平等原则提供了经济基础。

其五,基本权利必须平等,而社会经济权利可以不平等,因为制造合理的不平等是对经济发展有利的。

其六,民法是公法与私法的混合法,对民法内容展开实证研究或统计分析就可以很容易地证明这一点。

诸如此类的新理论、新观点确实令人耳目一新,而且能够从中得到很多启发,当然也激发了笔者一点不成熟的思考:单纯实证研究的方法真的可靠吗?在法哲学语境中,对"平等原则"应作何解读?为此,有必要先从"平等原则"的实证研究方法进行探讨。

一、可靠性检视:实证研究方法反思

在学界,有不少学者注重实证研究和比较分析的方法,并用该方法深入研析了几十个国家或地区的民法(典)规范。其中,经过大量的实证分析后,有学者指出:从各国的宪法规范及其学说来看,对平等原则的规定或论证就十分明显(如法国宪法、意大利宪法),因而平等原则是宪法的原则(控制立法与司法的原则)和公法性原则,而不应是民法的原则和规制纯粹的民法问题；从世界其他国家的民法及其民法学说来看，法律规定平等原则的条款或其相关论述并不多，甚至干脆没有（如意大利民法），因而"平等原则是民法的灵魂"只限于中国民法及其教科书。的确，这些"铁证"似乎很有说服力，可能推翻我国民法及其学说坚持已久的理念——平等原则，并引发一场学术激辩乃至立法变革。

然而，在人文社会科学领域，是否应牢记社会多元性和尊重个体差异性，亦即是否应正视存在反例的可能性和合理性，或者说思考实证研究方法的可靠性？譬如，早在 1697 年，荷兰探险家（Vlaming）在澳大利亚发现了黑天鹅（black swans）的事实将所有欧洲人固守了几千年的信念——"所有的天鹅都是白色的"砸得粉碎。美国学者纳西姆·尼古拉斯·塔勒布（Nassim Nicholas Taleb）的"黑天鹅"理论使我们更清晰地认识到：即使证明了一亿只天鹅是白色的，也不应据此习惯性地坚持"所有的天鹅都是白色的"或者排除第一亿零一只天鹅是黑色的可能性。在纳西姆·尼古拉斯·塔勒布看来，我们的世界是由极端、未知和非常不可能发生的（以我们现有的知识而言非常不可能发生的）事物主导的。这就意味着我们必须把极端、未知事件当作起点，而不是把它当作意外事件置之不理。但事实上，我们却一直把时间花在了讨论琐碎的事情上，或者只关注已知或重复发生的事物。即使我们取得了知识上的进步，或者正因为这种进步，未来会越来越不可预测，而人性和社会"科学"合谋起来向我们隐藏了这一点。❶约四百年前，弗朗西斯·培根（Francis Bacon）就告诫道：我们老是以为过去发生过的事情很有可能再次发生，所以免不了会凭经

---

❶ 纳西姆·尼古拉斯·塔勒布. 黑天鹅：如何应对不可知的未来 [M]. 万丹，译. 北京：中信出版社，2008.

验办事。就"平等原则"而言，如果说"世界其他国家均未规定"为"正"，那么如何能证明"中国规定"之为"负"？"黑天鹅"事件已经告诉我们，即便是有一万个"正数"的经验亦无法避除一个"负数"产生的理由。进言之，即便能证明其他国家民法未有平等原则之利，也无法据此逻辑地推出我国民法规定平等原则之弊。若依有关学者所言平等原则的角度，即便世界民法史在相当长的一段历史时期都处在其他历史久远的民法"白天鹅"世界里，却也无法排除中国民法"黑天鹅"出现的可能性与存在的理由。对于人文社会科学领域里这样的问题，尤其是价值判断之类的问题，单纯实证和逻辑都拥有自身的"困惑"，并不能彻底地作出解答。

在世界学术领域内，尤其是现代法学与现代分析科学对证据的考证中，实证研究方法——以事实为依据进行分析和研究，已经取得了一定的成效。但是，这种研究方法也存在不足之处，主要体现在过分强调事实与数据的重要性，而可能忽视了对其本质的深入研究，因而可能导致一些失误或错判。此类事情生活中常有发生，法学理论研究也不例外，如在刑事案件中，我们的眼睛经常会为虚假（伪造）的犯罪现场和所谓的事实所蒙蔽。这均需要我们系统而辩证地解析事实与数据（白天鹅），进而发现其所隐含的"真"（黑天鹅）。马克思主义的辩证研究方法一方面重视事实与数据，另一方面更注重系统地进行深层的剖析和判断，也即辩证地认识和分析它们。这种辩证研究的法学方法也可能弥补单纯实证研究方法带来的不足。

无论自然科学还是社会科学的理论，都试图以一种更容易被理解的方式去描述事情的前因后果或预测未来——这一切努力又必须借助于实证研究才能实现，但是社会科学理论取舍相关数据或资料时始终无法避免复杂的价值判断，因而社会科学领域的问题能否单纯地凭借经验观察或科学测试（实证研究）的方式加以解答，以及涉及价值判断的情况会不会更加复杂，这仍有待研究分析。然而有趣的是，在发现"平等原则"的"黑天鹅"之后，却又不得不从实证的角度出发，考察国际国内民商法有关平等原则的规定，因为这样的事实会更有证明力和说服力。但是这与单纯的事实归纳法不同甚至相反，因为下文对平等原则的实证分析可能与有的学者的观点有所不同，或者说是"反例"表达。

二、国际国内民商法中有关"平等原则"的立法实证

依据前述观点，可能向外界传导出这样一种信息：整个西方社会似乎尚未养成"平等待人的习惯"。❶ 这从当前国际贸易谈判步履维艰的情势中似乎也可以找到答案。❷ 但对此，依然需从国际国内民商事立法及其理论中进一步求证。

（一）国际民商事立法及其理论中大量存在"平等原则"

依笔者看，在国际民商法律秩序中不乏"平等互利"的身影，

---

❶ 该一己之见深受徐国栋教授的"平等原则：宪法原则还是民法原则"一文的启发。他在经过大量细致的统计和实证分析基础上得出：西方国家的民法（典）及其民法教科书中关于"平等原则"的规定和论述极少甚至根本没有。相反，社会主义国家民法（典）及其教科书中则有大量的关于"平等原则"的规定和论述。由此，我们是不是可以得出这样的结论：在西方社会的民事行为中，很少甚至根本就没有遵循"平等原则"的习惯。当然，徐国栋先生也对其作了进一步的阐释：西方社会普遍存在的价值观认为，由"基于物质的不平等而导致的事实不平等"是合理的，应该"平等地对待平等的，不平等地对待不平等的"。参阅徐国栋. 平等原则：宪法原则还是民法原则 [J]. 法学, 2009 (3)：64 - 74.

❷ 我们知道，西方世界主导下的世贸组织进行的多哈谈判基本失败（主要是南北谈判的失败），除了极个别成果外（如《与贸易有关的知识产权协定》第 31 条对于最不发达国家的限制适用等）。

它作为国际私法基本原则的地位早已被确立。❶

　　其一，从理论层面上看，公元 212 年颁布的《安东尼亚那敕令》废除了市民与臣民的区别，从而使"平等"观念成为后世罗马法及罗马法研究的基本理念之一。古典时期的罗马法学家埃流斯·马尔西安（Aelius Marcianus，约 193—235）在《法学阶梯》第 3 卷中提出的"一切人共有的物"的概念体现了"自己（罗马人）活，让人（外邦人）活"的信条，体现了古典时期罗马法的世界主义思想。世界主义思想把外邦人——无论远近——都当作市民对待，赋予其平等的地位，相当于现代法上的无条件的国民待遇，这无疑表现出了古典时期的罗马法相对于远古时期的罗马法的进步。❷ 萨维尼（Savigny）先生早在《现代罗马法体系》（第八卷）中指出：世界各国和整个人类的共同利益决定了各国在处理案件时，最好采取互惠原则，并坚持内外国人之间的平等。在国际交往的国家之间存在一个跨国性普通法（或共同法）的观点必将随着时间的推移得到广泛的共识。❸ 沃尔夫先生也认为，国际私法的立法者必须记住一个社会的利益，而那个社会既不是他本国人的社会，也不是每个国家或每个民族的社会，而是全体人和整个人类的社会。❹ 我国国际私法学泰斗李双元先生强调，一国在处理跨国民商事法律关系时，应该坚持平等互利的原则，既平等

---

❶　公平与善良原则亦可成为国际私法的渊源，这是完全没有疑义的，就看有关国家的法律或国际条约是否有这样的明确授权。参阅李双元. 国际私法学［M］. 北京：北京大学出版社，2000：22. 事实上，"平等互利"原则也应是国际法和国际经济法的基本原则。

❷　徐国栋. "一切人共有的物"概念的沉浮："英特纳雄耐尔"一定会实现［J］. 法商研究，2006（6）：140.

❸　萨维尼. 现代罗马法体系：第八卷［M］. 李双元，等，译. 北京：法律出版社，1999：13 – 17.

❹　沃尔夫. 国际私法［M］. 李浩培，汤宗舜，译. 北京：法律出版社，2009：17.

地对待关系双方的利益，也不至损害第三方的正当权益。然而，如果只满足于形式上的平等互利，而不从国际私法制度上保障实质上的平等互利，仍将不能推进国际民商事关系的发展，也不能推进国际民商事法律新秩序的建立。❶ 从本质上说，这种国际社会本位理念正是基于"人的平等"原则。

其二，从国际民商事立法层面上看，1987 年《约旦国际私法》第 2 条第 2 款规定，其国际私法若无规定，可依穆斯林法律的原则，以及在无此种原则时，依公平原则裁判国际私法案件。❷ 2005 年《乌克兰国际私法》第 1 条第 1 款就指明，私法关系是指基于法律平等、意志自由、财产自治等原则的关系。2007 年《（欧盟）非合同之债法律适用的 864/2007 号条例》（《罗马条例 I 》）在其第 16 项目标中规定，"统一规则应当提高法院裁判的可预见性，在被请求承担责任人与受害人之间确保一种合理均衡……并且也反映出了民事责任的现代趋势及严格责任体系的发展趋势"。这些"公平原则""法律平等"与"合理均衡"是不是同时意味着"平等原则"？

在国际民商事仲裁制度中，允许友好仲裁和依公平原则仲裁的实例更为常见。例如，1976 年《联合国国际贸易法委员会的仲裁规则》第 33 条规定，虽应依当事人协议选择的法律裁决案件，在无此选择时，仲裁庭首先应适用冲突规则所指定的法律；但如仲裁庭有当事人双方的明确授权且适用于仲裁程序的法律允许这样做时，亦可运用友好仲裁和按公平与善良的原则就实质问题作出裁决。1987 年《瑞士国际私法》第 187 条规定，在国际商事仲

---

❶ 李双元. 国际私法 [M]. 2 版. 北京：北京大学出版社，2007：34.

❷ 李双元. 国际私法学 [M]. 北京：北京大学出版社，2000：22.

裁中，允许当事人授权仲裁员依公平原则裁决实质问题。❶

其三，在世界范围内，自然法的复兴以及各种具有强烈批判性和反思性特征的当代社会各种思潮❷也证实了人们对于平等、自由等基本价值的普遍诉求和真实回归。回顾总结国际私法的发展历程与趋势，以解决双边或多边法律规范冲突为逻辑起点的国际私法的本质就是要"平等"地对待内外国法律及其规范的人与物。

（二）各国民商事立法及其理论中大量涵摄"平等原则"

1. 中国民商事立法及其理论中的"平等原则"

2021 年 1 月开始施行的《民法典》第 2 条规定，"民法调整平等主体的自然人、法人和非法人组织之间的人身关系和财产关系"，第 4 条规定"民事主体的法律地位一律平等"。该法第 1041 条规定我国实行"男女平等的婚姻制度"。不妨说，平等原则基本贯彻于整个民法体系：在物权编上主要体现为财产权的平等保护，在合同编上主要体现为交易的对价平等观念（遵循权利义务的比例平等原则），在侵权编上注重对弱者的保护照顾（保护弱者原则），在婚姻和继承上表现为男女平等，等等。这是不是与有些学者所强调的"平等地对待平等的，不平等地对待不平等的"观点十分契合。

我国民法学泰斗，王泽鉴先生在《民法概要》一书中明确指出，研读《民法概要》乃在更深刻认识以人为本位的私法秩序，及其所要维护、促进、实践之人的尊严、价值及自由、平等的理念。❸ 台湾地区所谓的法律也做了类似规定："父母对于未成年子

❶　李双元. 国际私法学 [M]. 北京：北京大学出版社，2000：22.
❷　它们或与传统和主流价值观分庭抗礼，或是对其的发展与创新，如反全球化运动、人权组织、劳工组织、女权主义、新自由主义和新理性主义等。
❸　王泽鉴. 民法概要 [M]. 北京：中国政法大学出版社，2003.

女行使权利应符合平等原则，由父行使违反男女平等原则。""人民无分男女，在法律上一律平等；国家应促进两性地位之实质平等。'国家机关'为达成公行政任务，以私法形式所为之行为，亦应遵循上开'宪法'之规定。"❶ 更是专门制定了 2002 年所谓的两性工作平等法等民事特别规定。王泽鉴先生还在《民法概要》中将其列为民法基本原则之一："两性平等：夫妻在其婚姻、财产及子女亲权关系上居于平等地位，不因其性别而受不合理的差别待遇。"❷ 因此，由于有学者曾把自己归为"人文主义"民法学派并且尤其强调民法"人法（调整人身关系的法）"之性质，我们是不是可以得出：台湾在家庭、婚姻和继承等人身方面的规定更加强调"平等"？

2. 德国民商事立法及其理论中的"平等原则"

在德国，作为德国古典法学的集大成者，温德夏特（Windscheid）考虑到罗马法甚有体系且合乎公平原则，非常值得继受，故才进一步构架整个罗马法体系为德国所用。❸ 德国学者迪特尔·施瓦布在《民法导论》一书之第二篇"人"的第一章"自由与平等、人（自然人）的权利能力"中就论述了"平等原则"在（德国）民法中的表现："（1）人享有人格权和为人所有的受保护地位的前提和方式相同；（2）人在行使行为自由时，所应遵守的规定和所受到的限制相同；（3）人所受到的法律保护的方式和程度相同。"❹ 同时，他也指出："平等原则并不妨碍在人员群体中按事物性质进行合理区分。因此，制定商法规范作为商人的特别法是与事物本

---

❶ 王泽鉴. 民法概要 [M]. 北京：中国政法大学出版社，2003：27－28.

❷ 王泽鉴. 民法概要 [M]. 北京：中国政法大学出版社，2003：30.

❸ 杨仁寿. 法学方法论 [M]. 北京：中国政法大学出版社，1999：78.

❹ 迪特尔·施瓦布. 民法导论 [M]. 郑冲，译. 北京：法律出版社，2006：85.

身相关而不是与等级相关，因为在商业自由和经营自由的标志下，这些职业并未被表述为封闭性的人员群体：每个人都可以成为商人，并由此而同这些专门的职业规定打交道。"❶

3. 法国民商事立法及其理论中的"平等原则"

法国民商法也同样坚持平等原则，这至少可以从其商法中看出。法国著名学者伊芙·居荣（Yves Guyon）教授认为，"民法是从理性与理论的观点出发的，它所探讨的是能够创立权利的过程是什么样的过程"，并主要从重"实用主义"的商法的角度阐释：❷ "法律是民法与商法的主要共同渊源。'法律'（loi）一词有多种意义。它首先是指'宪法'与法国法的各项基本原则或一般原则。当然，这些最高规范仅在极少数情况下直接适用于商法，但是，它们对商法起着重要的作用，因为，这些最高规范是我国经济组织的基础。❸ 在这里，宪法委员会起着根本性作用。它重申了那些无可争议的原则的价值，例如，'商业自由原则'❹。宪法委员会同样毫不犹豫地将'平等原则'适用于商法。这样，它可以在评价公司股票❺以及公司董事会的组成方面得出其结论。"❻ 我们从这里可以看到，宪法对商法有着明显的影响，而且这种影响比人们乍一看来主观上所认为的影响要大得多❼。居荣教授还进一步指

❶ 迪特尔·施瓦布. 民法导论 [M]. 郑冲，译. 北京：法律出版社，2006：86.
❷ 伊芙·居荣. 法国商法：第 1 卷 [M]. 罗结珍，赵海峰，译，北京：法律出版社，2004：20.
❸ L. 法沃洛. 宪法委员会的判例法对法的不同部门的影响 [M] //献给 L. 汉蒙的论文集. 北京：经济出版社，1982：235.
❹ 宪法委员会. 1982 年 1 月 16 日决定 [C]. 达罗斯判例汇编. 1983.169. L·汉蒙述评.
❺ 宪法委员会. 1986 年 6 月 25 日与 26 日，9 月 18 日决定. 公司杂志. 1986. 606. 居荣述评.
❻ 宪法委员会. 1988 年 1 月 7 日决定. 公司杂志. 1988. 229. 居荣述评.
❼ N·莫勒菲斯："宪法委员会与私法"，1997。

出："商人同样也是普通的个人，对他们给予过多的普通法上的特权，既无必要，也不恰当，因为那样做有悖于'平等'之民主原则。"❶

就平等原则而言，此处之所以援用"商法"作为例证，主要基于两点考虑：一是作为民法之特别法（droit d'exception），"商法在实质性内容上和民法没有深刻的不同。区别于民法实质性的独立性并不存在。比德林斯基（F. Bydlinski）：《私法的体系与原则》中持同样的主张"。❷ 二是"举重以明轻"，即规制商行为的商法尚且如此，调整平等主体的民法是不是更应如此。

4. 瑞士民法中关于"平等原则"的规定

《瑞士民法典》第 11 条规定："在法律范围内人人都有平等的权利能力与义务能力。"

5. 各国民商事立法中有关"平等原则"的原则性规定及其理论解说

即使有些西方国家民法中没有明确规定"平等原则"的条文，也并不应理解为其在西方民法中的缺位。事实上，其他被认为是西方民法所信奉的基本原则，如意思自治原则、所有权绝对原则和过错责任原则等，在世界各国民法典中也是各有侧重，或明或暗地予以规定或由学理解释。例如，《法国民法典》和《德国民法典》都没有专门规定基本原则，其中的平等、所有权利绝对、契约自由、过错责任、善意和公平等原则，基本上是学者们为了便于理论研究从其规范中抽象出来的。再如，学者们也是从《瑞士民法典》第 2 条、第 3 条和第 11 条分别析出"诚实信用的行为""善意""平等"和"禁止滥用权利"原则的。与之相反，

---

❶ 居荣. 法国商法：第 1 卷 [M]. 罗结珍，赵海峰，译. 北京：法律出版社，2004：11.

❷ 卡纳里斯. 德国商法 [M]. 杨继，译. 北京：法律出版社，2006：10 – 11.

《日本民法典》虽深受大陆法系民法之影响，却在总则编第 1 章第 1 条与第 2 条中较为明确地规定了民法的基本原则：公序良俗（私权服从社会）原则、诚实信用原则和平等原则（其第 1 条之二明确了解释基准，即本法须以个人的尊严及男女两性本质性平等为宗旨解释）。

我们还发现：除中国民法专门规定了包括"平等原则"在内的基本原则之外，1964 年《苏联民法典》也在第一编第一章规定了基本原则，苏联学者将其概括为：权利主体的权利平等原则、权利的现实性和保障性原则、禁止民事权利滥用原则、管理国民经济的民主集中制原则和社会主义法制原则。1995 年《俄罗斯民法典》也确立了主体平等、财产所有不可侵犯和合同自由等原则，并将其与善意、公平、合理和诚实信用等原则一起贯穿于民法具体条款之中。《越南民法典》也较为系统地规定了 12 项基本原则。

由此可知，"平等原则"不仅是中国民法的"特色"，也是世界的。西方法治社会并非像我们想象的那样缺乏"平等之习惯"，非社会主义国家的民法表面文字上虽然较少规定"平等原则"，然应显而未显，"平等"之处盖隐于其法制也。至于"西方民法基于'治理'的需要等原因没有确立权利平等，而且私权社会里的平等并不重要"等，是否有悖事实和法理，仍待商榷。上述例证虽说明了"事实如此"，但并不能解答"事实为何如此"。换言之，西方国家的民法为何也在坚持"平等原则"，想要解此疑惑就不得不进一步思考平等原则之内涵本质与价值选择的问题。

三、对平等原则的基本内涵与判断标准的思考

（一）"平等原则"基本内涵的解析

作为中国一贯坚持的基本价值原则，考察平等如若脱离中国

传统思想文化，便是无源之水和无本之木。就如何看待个体而言，中国古代思想家认为，人与生俱来是平等的。例如，道家"万物齐一"思想认为，"道"对待世间万物一视同仁，世间万物皆由"道"而生，会"高者抑之，下者举之；有余者损之，不足者补之"。儒家强调"尽己曰忠""推己及人曰恕"，奉行"忠恕之道"，提倡"己欲立而立人，己欲达而达人""己所不欲，勿施于人"，实际上是强调人性平等、人格尊严平等。目前，"己所不欲，勿施于人"已被联合国等国际组织确定为最普遍的伦理原则，充分表明儒家"忠恕之道"对于全球治理的实践指导意义和人类命运共同体建构的普遍引领价值。

对于"平等"，古希腊政治家伯里克利（Pericles）早在公元前431年就指出："解决私人争执的时候，每个人在法律上都是平等的。"这里的"法律"应该包含所有的部门法，尤其是指私法（因其解决私人争执）。然而，每个人心中都怀有自己的平等观念，那么究竟应如何理解平等（原则）才是正义的。对此，亚里士多德最早这样写道："平等有两种：数目上的平等与以价值或才德而定的平等。我所说的数目上的平等是指在数量或大小方面与人相同或相等，依据价值或才德的平等则指在比例上的平等。……既应该在某些方面实行数目上的平等，又应该在另一些方面实行依据价值或才德的平等。"❶ "公正被认为是，而且事实上也是平等，但并非是对所有人而言，而是对彼此平等的人而言。不平等被认为是，而且事实上也是公正的，不过也不是对所有人，而是对彼此不平等的人而言。"❷ 美国伦理学家、乔治敦大学教授汤姆·L. 彼彻姆（Tom. L. Beauchamp）指出："一切正义理论共同承认下述

---

❶ 苗力田. 亚里士多德全集：第九卷 [M]. 北京：中国人民大学出版社，1994：163.
❷ 苗力田. 亚里士多德全集：第九卷 [M]. 北京：中国人民大学出版社，1994：89.

最低原则：同样的情况应当同等地对待——或者使用平等的语言来说：平等的应当平等地对待，不平等的应当不平等地对待。这项基本原则通常称为'形式上的正义原则'。"❶ 乔·萨托利（Giovanni Sartori）也认为："平等原则：（1）对所有的人一视同仁，即让所有的人都有相同的份额（权利或义务），（2）对同样的人一视同仁，即相同的人份额（权利或义务）相同，因而不同的人份额不同。"❷ 罗尔斯还进一步解答了两者之间的关系："这两个原则是按照先后次序安排的。第一个原则优先于第二个原则，这一次序意味着：对第一个原则所要求的平等自由制度的违反不可能因为较大的社会经济利益而得到辩护或补偿、财富和收入的分配及权力的等级制，必须同时符合平等公民的自由和机会的自由。"❸ 据此，我们知道平等原则至少应有主次之分的两层内涵：人人所享有的基本权利的完全平等；人人所享有的非基本权利的比例平等。在反对西南非洲案（第二阶段）的判决时，塔纳克（Tanaka）法官也指出："平等原则并不意味着绝对的平等，而只是承认相对的平等，即根据具体个别的情况相应区别对待。"❹ 由前文可知，有学者也非常赞同这一观点（基本权利必须平等，社会经济权利可以不平等，制造合理的不平等是对经济发展有利的），而且我们同时发现我国民法的相关规定正好充分体现了这两层内涵，并未如我们想象的那样在追求"所有人的绝对平等"。

---

❶ 汤姆·L. 彼彻姆. 哲学的伦理学 [M]. 北京：中国社会科学出版社，1990：330-331.

❷ 乔·萨托利. 民主新论 [M]. 北京：东方出版社，1993：353.

❸ 约翰·罗尔斯. 正义论 [M]. 何怀宏，何包钢，廖申白，译. 北京：中国社会科学出版社，1988：61-62.

❹ U. Oji Umozurike, *The African Charter on Human and Peoples' Rights*, Martinus Nijhoff Publishers, 1997, p. 30.

（二）"平等原则"的判断标准

"绝对平等"既不符合现实，也不可能实现。因为，我们至今无法统一确定：应该平等分配与不应平等分配的内容（权利和物品）及其所依据的人们的相同方面与不同方面（判断标准）。这也使得乔·萨托利十分困惑："最难对付的问题是：为什么正是这些差别而不是其他差别应被认为是可以接受的差别。"❶ 对于平等原则的内容与判断标准的思考，自然就涉及"价值判断"与"价值观的统一"问题。对此，罗尔斯作了这样的强调：所有社会价值——自由和机会、收入和财富、自尊的基础——都要平等地分配，除非对其中的一种价值或所有价值的一种不平等分配合乎每一个人的利益。❷ 虽然这一回答有些抽象，但并未超出任何常人的理解力。换言之，他认为，平等的内容就是"所有社会价值——自由和机会、收入和财富、自尊的基础"，判断标准则是"除非对其中的一种价值或所有价值的一种不平等分配合乎每一个人的利益"，否则"都要平等地分配"。当然，不能说罗尔斯的这一诠释就是终极答案，但至少让我们大致明白了"平等"的判断标准。至于它的相关制度设计等问题，笔者不想在此多费笔墨，也不可能"毕其功于一役"。

如文中所列，有学者还指出，在西方，"自由"高于"平等"，民法本身就是平等原则的杀手；社会主义公有制为平等原则提供了经济基础。那么，我们的疑问是："平等原则"究竟应不应该贯彻于民法？这显然也是一个价值判断的问题。先勿论是东方还是西方国家和人民（或是社会主义国家还是非社会主义国

---

❶ 乔·萨托利. 民主新论 [M]. 北京：东方出版社，1993：354.
❷ 约翰·罗尔斯. 正义论 [M]. 何怀宏，何包钢，廖申白，译. 北京：中国社会科学出版社，1988：62.

家),但问"平等"对于整个人类的意义。显然,古今中外的人类文明史清晰地标明:它始终是人类的奋斗目标之一。即便是简短的"法律面前人人平等"也足以表达对民法的平等要求。无可否认,社会主义公有制确实为社会主义国家民法提供了更为广阔的经济基础和法律思维(依据某些学者之观点),但从平等原则与社会主义的历史先后关系来看,我们不能据此否认西方民法中"平等原则"长久存在的历史事实。因此,"平等"不仅是公法的基本原则,而且更应是私法的基本原则。作为调整人们民事关系(人们日常生活中主要的社会关系)的我国民法,坚持"平等原则"有其必要性与合理性。

四、"平等原则"之于民商事规则的必要性与合理性

"在当今世界秩序中,自由市场资本主义的强势扩张常常被指导致了社会的非正义、不平等和贫富的分化",那么"人们如何才能在这似乎无情而不可逆的世界自由资本主义洪流中维持一个社会标准?"❶ 当然,要充分考察我国民法坚持"平等原则"的必要性与合理性,尚需从以下几个方面展开思考。

(一)从合法性(合宪性)看,民法坚持"平等原则"应是贯彻宪法性要求

无论是大陆法系国家还是英美法系国家都坚持这一"合宪性"原则,从而使得民法并非"平等原则"的"杀手",反而成为"护花使者"。要使得宪法的高度原则性(概括性)规范富有生命力,就必须通过颁行细化的法律规范加以实施。王泽鉴先生也在《民

❶ Appa Rao Korukonda, Chenchu Ramaiah T. Bathala. Ethics, Equity, and Social Justice in The New Economic Order: Using Financial Information for Keeping Social Score, Journal of Business Ethics 54: 1–15, 2004.

法概要》一书中专节就"民法与'宪制性规定'"的相互作用关系作了阐释，并归结为两点：（1）法律命令违反"宪制性规定"者，无效；（2）基本权利的第三人效力。"宪制性规定"基本权对第三人（私法关系的当事人）具有所谓的"间接效力"，即基本权得透过民法的概括条款或不确定法律概念，而实践"宪制性规定"的基本价值。❶ 但此处有一点需要声明：不应把民法（属于私法）贯彻宪法（属于公法）之精神理解为"私法（私权）服务于公法（公权）"，因为宪法本质上也是为保障人民权利（私权）而存在的。

在人类社会活动过程中，最基本的行为是民商事行为；人类最基本的社会关系也是民商事关系。行使国家权力的目的只能是保障与发展私法主体权利与自由。"抛弃'拒绝乃至否定私法'的旧有法律理念，确立'以民商法为核心的私法优先'的理念，是现代市场经济和法治社会发展的本质要求。"❷ 在很大程度上，一国民商法的发展程度就象征着该国文明与社会的进步程度。权利本位理念的确立，是法律公民性和普遍的社会功能的增强及法律效应提升的社会基础。在权利本位理念的指导下，以民商法为主体的私法规范地位的提高并将成为法制基础，这是中国法律理念现代化的又一基本价值取向。❸《联合国宪章》也在序言中"重申基本人权、人格尊严与价值，以及男女与大小各国平等权利之信念"。倘若我们坚持"平等原则"只是公法（尤其是宪法）原则，而不应是私法（民法）原则，这会不会有"违反宪法"和"违背历史潮流"之嫌；而且，从方法论上讲，这割裂了公法

---

❶ 王泽鉴. 民法概要 [M]. 北京：中国政法大学出版社，2003：27-28.

❷ 李双元，徐国建. 国际民商新秩序的理论建构：国际私法的重新定位与功能转换 [M]. 武汉：武汉大学出版社，1998：180.

❸ 李双元. 李双元法学文集 [M]. 北京：中国法制出版社，2009：573.

（尤指宪法）与私法之间的应有联系。事实上，作为下位法，民法必须符合宪法精神和原则，勿论中外。从法律解释的角度看，符合"宪法"解释系属体系解释，亦可作为目的解释之一种，无论如何，其于法律解释方法上居于优越地位，期能实现基本权利的价值。❶

（二）从价值层面上看，"平等"（非绝对平等或平均）作为人类基本价值理应成为民法基本原则之一

作为法律的一般价值，"平等"在民法中强调的是"人格平等"以及民事主体在民事关系中"意志独立"。一方面，即使"在西方，'自由'高于'平等'"，这也不应影响（乃至否定）平等原则在民法中的地位和功能。纵观西方文明史，我们可以发现西方人在获得了"自由"之后的追求中至少包含着"平等"。从全社会来看，即便是人们拥有"自由"，也应该是平等（平等者）的自由。另一方面，"自由"与"平等"作为人的基本价值诉求，天生就是一对孪生子，并不是非此即彼或尊卑高下的关系。卢梭（Rousseau）认为，不自由和不平等的罪恶是社会创造的，而且除非在人人"平等"的社群中，否则"自由"是不可能的。我们至今无法衡量出这两者的分量孰轻孰重。在人类漫长的文明发展史中，它们就是价值目标上的"双子座"。价值选择问题始终是争议的核心，明显反对"平等"的人通常是借以"自由"和"经济效率"之名提出反驳意见的，且强调任何社会原则所主张之相对主义的性质。我们也承认，任何社会目标，如平等、效率、自由、秩序或仁爱等均不可视为绝对，但这并不应是我们放弃推动事物不断趋近于目标的借口。"平等"作为法律

---

❶　王泽鉴. 法律思维与民法实例：请求权基础理论体系［M］. 北京：中国政法大学出版社，2001：242.

的价值基础和原则，可以强有力地规制特权和不平等现象，进而维护社会和谐与人的尊严。依有关学者关于"民法是公私混合法"的论述，❶且平等原则系属公法性原则，因此倘若在民法中否定"平等原则"，那么为之奋斗几千年的人类社会时至今日究竟是进步了还是倒退了？

（三）从人性（人本）的角度看，在民事关系中遵守"平等"原则也是维护人格尊严的基础

民法"不考虑其业务和职业地调整在其自身关系和与国家的关系中的人，而这些关系以满足人性的需要为目的"。❷这里，民法"不考虑其业务和职业地调整…"是不是可以理解为民法"无差别地或者平等地调整…"？"在现代民法中，亲属关系不失为一类身份，但更重要的是在它的旁边存在着另类身份，其一是未成年人、精神病人、外国人等影响法律能力的身份；其二是与前类身份相交错的弱者的身份，未成年人、精神病人同时也是这一类型的身份，另外，在消费者运动的冲击下，这类中还出现了'消费者'这样的身份，所有这些身份都是代表弱势群体的符号，法律也基于这一现实给这类身份的拥有者以特殊的保护。"❸由此，基于人性的考量，法律（主要是民法）给"这类身份的拥有者以特殊的保护"也在一定程度上体现了"平等原则"。事实上，有学

❶ 徐国栋. 民法私法说还能维持多久：行为经济学对时下民法学的潜在影响 [J]. 法学，2006（5）：17.

❷ Véase Jorge Joaquin Llambias Tratado de Drecho Civil, parte general, tomo I；Editorial Perrot, Buenos Aires. 1997. p.40；徐国栋. "人身关系"流变考（下）[J]. 法学，2002（7）：54.

❸ 徐国栋. "人身关系"流变考（下）[J]. 法学，2002（7）：54.

者虽称自己是"人文主义"民法学派❶，但同时认为"人文主义和物文主义的两派民法学者都承认民法调整平等主体间的人身关系和财产关系"❷。有学者还在"商品经济的民法观源流考"一文中，从主体性理论与唯物主义、人文精神的兴起、人权理论的勃兴和市民社会理论的兴起的关系等方面论述了"人"的主体性价值回归。德国学者沃尔夫在其《民法通论》中就把人这一享有自由和尊严但同时也负有责任的主体作为私法价值体系的基础，并置于私法的中心地位。❸ "人"是整个法律制度的中心。"人"是法律存在的唯一理据。与此同时，这从来就是马克思主义指导下的中国法律及其学说的基本价值取向。马克思和恩格斯认为，在人与国家的关系上，历来强调的是"人是目的，国家是为人服务的"，

---

❶ 徐国栋先生曾在"商品经济的民法观源流考"一文中指出，那种影响中国"物文主义"民法学派的经由苏俄改造后传入中国的商品经济民法观系源自德国。参阅徐国栋. 商品经济的民法观源流考 [J]. 律师世界，2002（5）：13. 对于这一论点，我们确实也可以从黑格尔的《法哲学原理》中找到相关论据："唯有人格才能给予对物的权利，所以人格权本质上就是物权。"康德甚至认为，"家庭关系完全属于物权性质的人格权"。黑格尔. 法哲学原理 [M]. 北京：商务印书馆，1961：48－49. 然则，徐国栋先生又在出版的《民法哲学》一书中指出，西塞罗是传播物文主义的源头。参阅徐国栋. 民法哲学 [M]. 北京：法制出版社，2009. 此外，徐国栋先生还通过分析我国原《民法通则》中"物法前置主义"和"人法前置主义"等得出我国以梁慧星先生为代表的民法学派为物文主义学派。又同时认为，"所有权是民法和一切法的核心"。徐国栋. 两种民法典起草思路：新人文主义对物文主义，"北大法律网·法学在线"，http: // article. chinalawinfo. com/Article_Detail. asp? ArticleID = 5912，最后访问日期：2013 年 9 月 7 日. 上述徐国栋先生的观点是否完全合理，系统阅读了徐国栋先生著述之后读者自有定论。但相比而言，笔者赞同梁慧星先生的民法思想著述，如关于"松散式""理想式"和"现实式"三种起草中国民法典的思路的论述。参阅梁慧星. 当前关于民法典编纂的三条思路 [J]. 中外法学，2001（1）.

❷ 徐国栋. "人身关系"流变考（上）[J]. 法学，2002（6）：46.

❸ 卡尔·拉伦茨. 德国民法通论（上册）[M]. 王晓晔，谢怀栻，等，译. 北京：法律出版社，2004：2.

也就是说，"人是国家、法律之本"。❶ "法律源于人、用于人、评于人、行于人、服务于人，人始终是法律的主体、目的和关键所在。"❷ 因此，中国法律体系（包括民法）整体上也应是"人文（人本）主义"的。仅从"平等原则"来看，是不是可以认为中国民法超越了西方国家民法的固有藩篱（如受基督教某些"顺服于不平等"传统信仰的桎梏）而变得更为进步，这也是值得进一步考证的问题。事实上，西方社会已经形成了一股反思马克思主义和正视中国（包括中国法律）的思潮。面对当前由所谓"法制最健全、监管最严密"的法治国家引发的世界性金融危机，这股思潮会成长得更快。

（四）从民法规范对基本原则的涵摄来看，并非所有民法条款都同等地体现（贯彻）了相同的基本原则

譬如，"平等原则"强调民事主体资格（地位）平等，尤其体现在民法之亲属篇（包括婚姻、家庭、继承等）。"契约自由原则"主要体现于契约篇（如合同法），但在公司法、亲属法中却受到制约，而且不得违背公序良俗原则和禁止权利滥用原则。"诚实信用原则"作为民法之帝王原则，尤其体现了契约的价值诉求。属于物权范畴的"所有权绝对原则"也有例外限制，如日本民法的"私权服从社会原则"。此外，笔者赞同尹田先生关于"平等原则"的观点："民法的全部基本思想和观念，都是建立在这一原则的基础之上，亦即'平等原则'是民法其他多数基本原则成立的基础而为其所派生（'意思自治'所表达的'意志自由'，实为'意志独立'的必然结果；'诚实信用'与'权利不得滥用'两原则，实为实现当事

---

❶ 徐显明. 以人为本与法律发展 [M]. 山东：山东人民出版社，2008：80.
❷ 李龙：人本法律观简论 [J]. 社会科学战线，2004 (6).

人之间的真正平等的工具）。因此，'平等原则'应为民法之最上位、最基本的首要原则并在立法上予以明确表达。"❶

（五）从法律的目的来看，民法理应肩负追求正义、均衡利益的历史使命

有人指出，基于主客观原因，人生来就不平等。但作为社会各方利益的均衡器，法律的使命（目的）就在于追求和维护正义，创设人人平等（公平）的社会规则。所有人在这种平等公正的社会秩序中自由而全面发展。也有学者认为，垄断企业（公司法人）与市民个人（自然人）实力悬殊，在它们的民事关系中民事主体地位本来就不平等，所以我国民法不应坚持"平等原则"。然而，这种事实上的地位和实力的悬殊在同一民事法律关系中会不会受到民法的相应对待呢？结果恰好相反，各国民法包括我国民法在民事活动（民事关系）中采取了矫正这种失衡（不平等）状态的一系列措施，侧重保护弱势方当事人权益（如限制格式条款合同提供方的解释权等）。这是不是正符合了罗尔斯提出的关于"平等"的评判标准？

"法律面前人人平等"反映了一定时期的政治、经济、文化和社会等历史文明，在民法上，它意味着"所有人生来具有法律上的平等人格，任何民事主体都以平等的资格介入民事关系并平等地享有民事权利和承担民事义务，因而平等地受到民法保护"。通观中西方国家的社会状况，尽管法律实现"人与人的真正平等"还需更多努力，但无可否认"平等"是民法的一种理性选择。依波斯纳（Richard Posner）所言，理性是指"选择者选择最好的手

---

❶ 尹田. 论民法基本原则之立法表达 [J]. 河南省政法管理干部学院学报，2008（1）：46.

段实现其目的"的能力。❶

（六）从对民法上法律漏洞的填补来看，"平等原则"亦
是类推适用的基础

拉丁法谚云："法律必有漏洞（Non est regula quin fallet）"，
"对同一理由应适用同一法律，类似事项应予类似判决（Ubi
eadem ratio，ibi idem jus；et de similibus idem est judicium）"。在运
用"类推适用"的方法将一案的法律效果转移至另案时，乃基于
类似性；对相似者作作相似处理，则基于平等原则和正义之要求。
这一依平等原则而为的价值判断，既是法律漏洞认定的根据，也
是类推适用的基础。

此外，从国家战略利益和中国法学对世界法治文明的推进作
用来看，我国民法也理应明确规定"平等原则"。这有利于增强中
国法及其学说在各国法及其学说中的话语权，有利于引领国际社
会养成"包容的态度"和"平等的习惯"，并将此涵摄入国际社会
共同的法治原则，抵制欧美霸权对法律文化的侵袭与它们的潜
规则。

事实上，关于"平等"思想，2017 年 1 月 18 日，习近平主席
在联合国日内瓦总部作的《共同构建人类命运共同体》的演讲中
明确指出，海纳百川，有容乃大。开放包容，筑就了日内瓦多边
外交大舞台。我们要推进国际关系民主化，不能搞"一国独霸"
或"几方共治"。世界命运应该由各国共同掌握，国际规则应该由
各国共同书写，全球事务应该由各国共同治理，发展成果应该由
各国共同分享。我国《民法典》坚持"平等原则"，这正是习近平

---

❶ Richard A. Posner, Rational Choice, Behavioral Economics, and the Law, In 50 (1998) *Stanford Law Review*, p. 1551.

新时代中国特色社会主义思想中对平等原则思想的重要彰显。当然，有时候我们"法律人不了解转型的中国社会，对社会大众基本的法律需求、基本的'是非判断'等这些常识性的问题不熟悉"❶，或许是我们忽视"法治多元性"和"中国法治"文明特色的根本原因之一。我国《民法典》坚持"平等原则"，正是从法律制度层面上均衡了各方利益，符合宪法精神、法之目的和正义要求，因而具有必要性与合理性，是坚持马克思主义法律思想为指导并推进其大众化的重要体现，是构建和谐法治社会与和谐法治世界的基本法律原则之一，也是破除欧美法治模式禁锢、推动法治文明多元性理论建构的基础之一，更是其他各国民法的立法范例。由此可知，人类命运共同体的建构和中国国际法理论体系的建构与研究，亦应承继和发展"平等"的思想基因。

---

❶ 付子堂. 文本与实践之间：马克思主义法律思想中国化问题研究 [M]. 北京：法律出版社，2009：369.

第十章

国际人权保护新理念：
境外中国公民权益保障机制构想

在中国人走向世界的过程中，如何能够避免境外中国公民的正当权益遭受不法侵害或将安全风险降至最低限度，更好地保护他们的正当权益和对受害者及时进行救助及赔偿或补偿，是一个中国与其他国家之间必须妥善处理的国际政治问题，也是国际法上的一个人权问题，更是中国国内法上的立法、执法、司法和守法等相关法律保护及救济机制建构与完善的问题。中国政府应在现有国际条约和国际习惯法的框架体系下，灵活运用外交等多种方式，积极谋求海外华人权益保障的新规则、新机制，这对中国提升国际政治经济地位、维护海外华人的正当权益、在现有国际话语体系中加强中国的话语权、建设中国特色社会主

义法治国家等都具有重大战略意义。❶

一、当前新的时代背景及问题

随着经济全球化、贸易自由化的深入发展和区域经济一体化的加快推进，中国已然成为世界第二大经济体，在全球治理进程中的地位和作用越来越举足轻重。2013 年 9 月和 10 月，习近平总书记相继提出了建设"新丝绸之路经济带"（the Silk Road Economic Belt）和"21 世纪海上丝绸之路"（the 21st-Century Maritime Silk Road）的倡议，进一步引领中国企业和公民走出国门，我国在境外的人员及资产数量呈"滚雪球"式增长。与此同时，在国际社会上，"中国威胁论"的声音不绝于耳，各种侵害海外中国公民正当权益的反华排华事件也历历在目。由于所在国发生政变、动乱及自然灾害等和外国人针对海外中国公民实施绑架、恐怖袭击、抢劫等行为以及因劳务纠纷、非法移民、出国留学、出国旅游等原因，海外中国公民的人身、财产等正当权益受到侵害的事件也越来越多。此外，海外华人作为国家的建设者之一，既是其所在国的宝贵资源，也是中华民族的宝贵资源，有力地推动了世界经济贸易文化的繁荣，优化了华人资源的全球配置，对推进世界各国社会经济文化发展都具

---

❶ 当然，这种努力肯定会面临巨大阻力，因为现有国际体系的缔造者显然不愿意看到自己精心构建的这一体系和规则受到挑战和不被遵守。据凤凰资讯 2014 年 8 月 4 日报道，时任美国总统奥巴马在接受《经济学人》的专访时指出："二战"后的国际体系是美国创造的。在很长时间里，美国利用"二战"后的国际规则拓宽美国公司和美国产品的市场，而这是为每一个人建造的生态系统。针对《经济学人》提出的"中国会遵循现有体系，还是会挑战现有体系"问题，奥巴马认为：你（美国和欧洲）必须对他们（中国）态度坚决（pretty firm），因为他们在遇到阻力之前不会停手，必须有个机制，能在我们认为他们违反国际规范时对他们强硬，也会给他们展示（遵守规则的）长期潜在利益。这就可以成为应对其他新兴市场国家的范例。可见，美国为了确保其全球利益，维持世界霸主地位和国际强权的决心非同一般。

有极为重要的地位和作用。当今世界正朝着多极化（multipolar world）、经济全球化（economic globalization）、贸易自由化（trade liberalization）、文化多样化（cultral diversity）和社会信息化（greater IT application）方向发展，随着中国经济社会飞速发展，中华民族的和平崛起，中国的国际地位和影响力不断提升。在道路联通（facilities connectivity）、贸易畅通（unimpeded trade）、资金融通（financial integration）、政策沟通（policy coordination）、人心相通（people-to-people bond）等"五通"重点措施推进过程中，我国与丝路沿途国家共用优质产能、共商项目投资、共建基础设施和共享合作成果，共同探寻经济增长之道（To explore the way of economic growth）、实现全球化再平衡（To achieve global rebalancing）和开创地区新型合作（To Start a new regional cooperation），最终将建立一个政治互信、经济融合、文化包容的利益共同体、命运共同体和责任共同体。这是21世纪中外交流发展的新契机，也必将带动海外华人、国内中国公民对沿线国家乃至全球其他国家和地区的贸易投资和人文往来的飞速发展。

但与此同时，令人揪心的是，由于受附庸国等历史观念和"中国威胁论"等不当言论的影响，很多海外华人在所在国的社会地位十分低微，且受到当地居民、主流社会的歧视排斥，国人由于所在国发生的政变、动乱及自然灾害等传统安全风险而受到严重侵害，或者是受绑架、杀害、抢劫、偷盗、歧视、排斥以及劳务、非法移民、出国留学、出国旅游过程中产生的纠纷等非传统安全风险侵害的恶性事件不绝于耳，受侵害人数之多、所受损失之大已经触目惊心、前所未有，而且与日俱增且呈现愈演愈烈之势。

为此，加强对海外华人正当权益的保护具有极为重大的意义，涉及中国人权保护事业发展的半壁江山，是中国积极参与全球社会治理、保障和发展人权的重要标识，是推动全球社会经济文化健康发展和系统建构"国际法治新秩序"的必然趋势，也是中国综合国力与国际地位大幅提升、实现国家治理体系与国家治理能力现代化和全面建构"中国法治新常态"的应有之义。国际法治新秩序的建构和新规则的制定，均需要中国的参与和中国的话语。据新华社 2015 年 12 月 31 日电，国家主席习近平在 2016 年新年贺词中指出："我们的同胞被恐怖分子残忍杀害，令人深感痛心。""党和政府一定会继续努力，切实保障人民生命财产安全。""世界那么大，问题那么多，国际社会期待听到中国声音、看到中国方案，中国不能缺席。"

然而，从已有研究成果来看，由于受传统国际人权法思想原则的约束和现实资源投入严重不足等因素的影响，中国官方机构、中国法学界的民间组织对海外华人正当权益保护的研究探索工作严重不足，国内外有关研究成果凤毛麟角。虽然重视海外华侨正当权益的保护研究者不少，但专注于海外劳务人员、临时出国人员和外籍华人、华裔与无国籍华人权益保障机制的研究者实在不多。对于外籍华人、华裔与无国籍华人的保护，中国自然应该在现有国际法规范体系下，与有关各国一起秉承"以人为本"的理念，协同创新出新的人权保护的原则和规则。❶

中国政府、中国法学界及社会各界应该根据中国宪法、国际法的基本准则和国际公理，重视加强对海外华人权益风险防控和救济保障机制的研究，呼吁推动国家立法机构适时制定专门的海外华人权益保障法规，以统一立法的方式完善现有分散的甚至各

❶ 张文显. 法治与国家治理现代化［J］. 中国法学，2014（4）：13–14.

自为政的相关法律制度，从国家人权法层面系统建构保护海外华人权益的预防、救济及保障机制，使海外华人保护工作真正实现人性化、法治化和现代化。这是整合国家战略利益与海外华人利益的重大法律保护机制和发展保护人权的重大议题；是中国汇聚全球华人才智与心声、增强其认同感、归属感和尊严感的重大举措和必须积极应对和妥善处理的国际难题；也是努力实现国家治理体系和国家治理能力现代化的核心组成部分；还是深入建构中国法治新常态和国际法治新秩序的重要内涵构成；更是中国官方组织机构和社会各界迫切需要深入思考和探讨的一项重大立法课题。

但是，如何能够在现有国际法基本框架体系内，灵活运用国际政治、外交、经贸、军事和国际组织等多种方式，积极谋求海外华人权益保障的新规则、新机制，创新发展国际人权法规则、增强中国国际规则制定的话语权，制定完善国内立法及各种保护机制，以更好保护海外华人的正当权益，有效避免其遭受非法侵害，将这一安全风险降至最低，并对受害者进行及时救助、合理赔偿或补偿？

由此可知，要让所有海外中国公民正当权益得到保障，生活得更加有尊严和安全感，必然要求在国际人权法的框架内理性思考保护其正当权益不受非法侵害的依据和策略，也必然要求中国作为强大的后盾对其予以必要的保护和及时的救助。在中国国内暂缺系统保护海外中国公民的专门立法，中外双方没有签订有关双边条约或者双边条约欠缺详细规定之际，国际人权法就是当前谋求保护海外中国公民正当权益的主要理据。对此，不妨从以下几个方面展开思考。

二、尊重与保护人权是国际人权法中最基本的义务

（一）尊重和保护人权是基本的国家义务

国家对人权保护负有主要责任，人权保护必须依赖于国家进行。这就是国际法上的尊重和保护人权原则的规定。诚如苏联学者童金（G. I. Tunkin）所谓，尊重人权原则意味着，所有国家都应当尊重其领土内任何人的基本权利和自由，不得因种族、民族、肤色、性别、宗教等差异而歧视对待，并促进世界各国对人权的尊重和与别国的合作。❶ 主权国家在平等自愿的基础上开展对人权的国际保护，因此实质上是国家行使主权的反映。

各国对人权的保护及其标准，源自人类的共同属性和赖以共同生存发展的需求。无论是在概念上还是在内容方面，或是由国内法保护逐步发展到国内保护与国际保护共存的局面，"人权"及其事业发展都经历了一个相当漫长而复杂的进程。故此，各国都承认人权的普遍性，并共同遵守人权国际准则。以《世界人权宣言》《公民权利和政治权利国际公约》和《经济、社会及文化权利国际公约》为代表的国际人权法保护体系基本确定了国际人权保护的共同标准，并随着全球经济发展而不断得到完善和充实。在订立或加入这些公约时，各国除了应该承担条约专门规定的特殊义务，还应承担条约确立的一般义务；应该充分尊重受保护的权利，保证国际人权条款在其国内法律中得到实施。从总体上看，人权国际保护的基本路径可分为三种情况：一是根据国际法适当调整国内法；二是国际法授权国际组织或国际机构执行人权国际保护；三是联合国授权各国实

---

❶ 童金. 国际法 [M]. 邵天任，等，译. 北京：法律出版社，1988：52-53；转引自邓烈. 论"可持续发展"概念在国际法上的意涵 [J]. 中国法学，2009（4）：127.

行单独或集体的人权强制保护。

然而，由于各国和各地区的实际情况和发展程度存在差异，因此不能要求所有国家和地区不分彼此之间的差异性针对同一人权问题都适用同一人权标准。这样的做法在事实上是罔顾国情，在实质上也有失公允，会造成新的不公平。虽然各国保护人权的措施可能存在差异，但各国公民个人权利的保护都是在该国国情基础上通过行使该国主权而实现的。一个"开放、包容、合作、共赢"的国际社会，应该允许各国结合本国国情，在世界人权保护的基本框架内决定本国的人权保护内容及其措施。即既要充分遵守普遍的国际人权标准，又要正确认识和对待各国人权标准的特殊性，达到相互补充、相互促进的效果，切不可顾此失彼。

所以，在保护境外中国公民权益方面，中国政府可以在不违背国际法基本原则、国际公理和国际强行法的基础上，尤其是在中外双方或者多方共同达成一致的基础上，完全可以扩大海外中国公民的权益保护。当对境外中国公民权益保护作为国家战略利益重要内核的认识越来越清晰、呼声越来越高的时候，这一保护取向终将实现。当然，值得注意的是，这里所指的保护是在中外双方平等、自愿、包容、合作、共赢的基础上强化境外中国公民权益的保护，并非希图像美国一样靠推行霸权主义和强权政治而获得。

（二）属人管辖是保护海外中国公民的基本国际法准则

国家主权支配下的属人管辖是中国保护海外企业与个人的国际法依据。国家主权原则是基本国际法原则，已为《联合国宪章》、1970 年《国际法原则宣言》、1974 年《建立国际经济新秩序宣言》及其行动纲领、《各国经济权利和义务宪章》等系列国际法律文件所明确。依据国家主权原则，任何国家对在外国的本国公民享有属人管辖权，在另一国境内的外国人仍受该外国人国籍国保护。这也是国际社会普遍承认的国际法习惯规则。依据保护性管辖原则，对在外国受到人身或财产等损害的本国国民，一国有权进行保护与援助。目前，较为普遍的做法是依据"国籍"标准确定属人管辖权并进行外交保护和领事保护。

故此，值得强调的是，国家主权原则是国际关系的基本准则，人权保护是世界各国的基本义务。此二者并非互相对立的，而是相互依存、缺一不可的，也在一定程度上体现了人权（目的）和主权（手段）之关系。譬如，《联合国宪章》就强调二者的同等重要地位，即既要促进和保护人权，也必须尊重国家主权，后者是前者得以存在和发展的基本前提。依据中国现行宪法等有关法律法规的规定，中国政府有责任保护华侨的正当权利，保护在外国的本国国民的正当权益。

（三）用尽当地救济是保护海外中国公民的主要路径

用尽当地救济是国际法上保护外国人的一项基本原则，是保护海外中国公民权益的主要路径，体现了对主权国家的尊重，是国家主权之下的属地管辖优越权的体现。所谓用尽当地救济原则，是指在一国国民与居留国政府、企业或个人之间发生争议时，应首先依据居留国的程序法和实体法，提请居留国的行政或司法机关解决该项争议（如行政机关的终局复议决定、司法机关的终审裁决等），在居留国法律规定的所有救济手段未用尽之前不得寻求国际程序解决，该国民的国籍国也不能为追究居留国的国家责任而行使外交保护权。目前，在国际侵害事件和国际争端处理过程中，用尽当地救济是受害人寻求其他救济手段（如外交保护、领事保护或国际人权保护）的前提。

从目前的国际通行做法看，当海外中国公民权益受到侵害时，自己就是首要的权利主张者，应先向居留国行政机关或司法机关寻求救济，应该用尽居留国国内法中所有程序法上的救济手段，包括调取证据、传讯证人等，使该案件的调查处理更加便捷、高效，这也有利于维护和平友好的国际关系。

然而，用尽当地救济原则的国际法依据是国家主权原则（属地管辖优先权），旨在维护来之不易的和平与发展的国际政治经济秩序、国与国之间的友好关系。那么，也就意味着，只要中外双方或多方在相互尊重、平等自愿的基础上订立双边或多边人权条约，是可以放弃用尽当地救济原则的，如约定受害人可以自由自主选择救济方式而无须用尽当地救济等。对此，基本理由有三：一是主权国家当然有权决定属于本国主权范围内的事情，包括部分让渡主权（实际上这种情形已经存在，如让渡给国际组织机构行使）；二是放弃用尽当地救济原则，完全是在中外双方或多方相互尊重、平等自愿的基础上约定的，属于国家主权行为，因而不会损害中外友好关系、危及国际秩序；三是扩大人权保护内容和强化人权保障机制，本质上是人权进步的体现，符合全人类的发展需求和根本利益。

所以，只要各方条件具备，尤其是在国家之间存在深度互信的基础上，在一定区域乃至全球范围内的国家之间废止用尽当地救济原则而改用受侵害当事人自主选择救济的方式或原则也是一种保护海外中国公民权益的可能路径。当然，值得注意的是，倘真如此，受侵害海外中国公民可以选择对自己更为有利的救济国的行政机关或司法机关及其法律，但不一定是中国的。这种情况还有赖于统一国际私法（冲突法）去研究解决。

（四）外国人待遇制度是确定中国海外企业与个人权益的国际法依据

所谓外国人待遇，是指在居留国的外国人应享有的权利和应承担的义务，通常为各国宪法及部门法所明确规定。外国人待遇制度是在外国人的权利受到侵害后寻求法律救济时最直接的依据，主要内容包括人身权、财产权、受教育权、婚姻家庭权、就业权、继承权、知识产权等权利。在不违背国际法基本原则、国际强行法准则和本国所承担的国际法义务的前提下，各国有权制定适合本国国情的外国人待遇法律制度，包括外国人出入本国国境的条件和程序、在本国驻留期间的权利和义务等内容。

（五）提请国际救助是海外中国公民权益保护的重要方式

对于海外中国公民权益保护而言，向条件合适的国际人权法（国际公约、区域性公约和国际条约）的监督与执行机制提请救助也是极其重要的方式。人权保护是各国都应承担的基本国际义务，任何一国对另一国的人权不法行为都有权主张该另一国违反国际人权法义务，并要求其提供相应救济和承担相应责任。当然，尽管国际人权机构的救济方式和手段主要限于调查、调解、向居留国提出建议等，无法对被侵害人直接给予经济补偿、赔偿或者提供其他更有力的援助，因而很少有人直接向国际人权条约的监督与执行机制寻求救助；但是，这并不能否认和排除国际人权法监督与执行机制的重要作用和地位，更不能否认其未来的发展趋势。事实上，在一些重要的区域性国际人权公约（欧洲人权公约、美洲人权公约和非洲人权公约）中，那些专门针对人权侵害事件而设立的救助机制也得到了该区域内国家和地区人民的重视。

在中国和亚洲各国共同努力下，更加体现人本精神、更加具有现代性的亚洲人权公约的缔结存在很大的可能性，海外中国公民权益将会因此而得到更加充分和完善的保障和救济。

（六）国际人权保护机制的监督与制裁是人权保护的重要手段

由于主权国家必须承担有关国际人权法责任，履行其加入的国际公约或双边条约规定的义务，因此国家主权在很大程度上受国际人权保护机制的制约。保护人权是主权国家行使权利的体现，尊重国家主权是保护人权的基本前提。在国际层面，主权国家应积极支持和参与国际人权事业，不断丰富人权内涵，促进人权得到普遍尊重，如参加世界人权大会、联合国人权委员会等组织机构的工作。与此同时，主权国家还负有执行联合国授权的个别或集体行动之义务，制裁严重侵犯人权的国家。在国内层面，主权国家应通过立法、司法、行政等手段严格执行公约，给人权以充分保护，并提交执行情况报告。主权国家不得违反国际法义务，否则要承担国际责任。当然，国家受人权保护机制约束，是主权国家的自主行为，体现国家主权。

但事实上，某些西方国家一直别有用心地主张"人权高于主权"，打着人权旗号、利用人权问题大肆干涉别国内政，甚至直接侵略别国，以推行霸权主义和强权政治。譬如，有西方学者声称，不干涉内政原则在人权领域应被重新解释，这样，国家就不能援引此原则作为国际社会对国内人权事件的国际关注的障碍。❶ 在人权和基本自由由于具有法律义务的性质而成为宪章的一个经常特色时，它们在本质上已经不属于各国内部管辖的事项。❷ 人权高于

---

❶ Malcolm N. Shaw, *International Law*, Cambridge University Press, p. 202. 转引自周忠海. 论国际法上的人权保护 [J]. 中国法学, 2001 (1)：167.

❷ 奥本海. 奥本海国际法：第1卷第2分册 [M]. 9版. 詹宁斯, 瓦茨, 修订. 王铁崖, 等, 译. 北京：中国大百科全书出版社, 1998：383；转引自周忠海. 论国际法上的人权保护 [J]. 中国法学, 2001 (1)：167.

主权的言论，目的在于将一国内的人权问题国际化、政治化和意识形态化。

　　然而，从《世界人权宣言》《公民权利和政治权利国际公约》《经济、社会及文化权利国际公约》等国际人权保护的法律文件来看，都规定了保护人权的具体实施由各国结合各国国情自行实施。因此，人权问题本质上应是主权国家国内管辖事项，对人权的发展和救济措施主要由主权国家实施，除非该国发生大规模严重侵犯人权事件，如种族隔离、种族灭绝、因外国侵略占领造成的侵犯人权、国际恐怖组织侵犯人权等。任何国家都不能以人权为本国内政为由而规避人权保护的国际义务或者肆意地侵犯人权，否则应承担国际责任。整个国际社会亦可依据国际法制止严重侵犯人权的行为和制裁严重侵犯人权的国家，以迫使其履行国际义务。故此，一旦发生大规模侵害海外华人（尤指外籍华人和无国籍华人）的事件，中国政府应当依据国际人权法，迅速出面制止、制裁该外国，以保障海外中国公民权益。

三、加强海外中国公民权益国际保护的策略思考

　　在 2014 年 6 月纪念和平共处五项原则发表 60 周年大会上，习近平主席明确指出，中国没有"称王称霸的基因"，没有侵略别国的传统，中国的和平崛起不会给各国带来威胁。❶ 相反，在全球化时代，强大的中国会给各国人民带来更多的发展机遇和更大的福祉（如"中国制造"、"援建非洲"、"一带一路"发展倡议等），

---

❶　据新华网报道，2014 年 6 月 28 日至 29 日在北京举行的《和平共处五项原则》发表 60 周年纪念大会上，习近平主席作了主旨发言，明确指出：中国人的血脉中没有称王称霸、穷兵黩武的基因，见 http：//news. xinhuanet. com/world/2014 - 06/28/c_126683735. htm，最后访问日期：2015 年 9 月 18 日.

因为中国作为一个负责任的发展中大国已经承担起了"世界工厂"等重要的经济政治角色。在推动国际政治经济的发展道路上，中国一贯倡导"开放、包容、合作、共赢"的价值理念，努力维护世界和平发展，主张构建"人人得享发展成果"的公平合理的国际政治经济新秩序，致力于缔造各国平等参与国际事务、分享国际发展成果的多极化、多元化发展的世界新格局。

（一）促进海外中国公民权益保护理念的普遍形成

面对日益扩大的海外利益和其受侵害事件的日益增多的情势，加之海外中国公民的"中国认同感"愈来愈强烈、"根之国"的情感越来越浓烈，一贯奉行独立自主与和平共处五项原则的中国政府是时候考虑加强对海外中国公民权益保护，排除和摆脱以往出于国际政治和国际关系考量而作出的国家政策与法律安排的干扰。让所有海外华人无论身在何处都能得到尊重、权益能够得到保障，这是衡量中国综合国力、国际地位和国家尊严的直接依据。对此，各种理由千差万别，但主要应体现在以下几方面。

其一，从普通大众观念上看，"重视和保障人权首先应是从保护本国人和本民族人开始的"，这是各国及其人民都能够理解的道理，因为如果一国连本国人和本民族人的权益受到侵害都不重视，且提供切实有效的援助，那么恐怕也没有人会相信这样的国家会为了其他国家和其他民族的人权事务而作出的任何承诺和努力。譬如，美国政府历来重视保护其在国外的公民的安全与利益，并将其作为最优先考虑的方向。事实上，美国政府也一直在为他们提供全方位（如政治干预、经济制裁、军事威慑或打击等）的服务和保障。

因此，要向世界展示出中国政府重视和保障人权的决心、信心和能力，首先应该也必须从切实改善本国人与本民族人的"民生"和全面促进本国人权事业（加强海外中国公民权益保护）发展开始，使每一位华人自由、平等和有尊严地生活。在这一过程中，系统建构其法治体系，应是加强海外中国公民权益保护的长久之计和根本路径。作为利益衡平器，法治是多元价值的契合点，应以法治精神引导社会价值观。"一个法治社会，并不是标榜法律至上的社会，而是一个事实上法律至上的社会，在这个社会里，因为法律和人们的价值理想获得了完全的统一，法律获得了至上的地位。"❶

其二，就中国政府目前的保护机制（包括法律规定、外交保护、领事保护等）来看，显然已经不能适应新形势下海外中国公民日益增长的权益保护需求。海外中国公民权益已经成为国家战略利益的重要组成部分，不应仅仅被看作个人利益、私人利益。当前，中国在社会主义初级阶段，海外中国公民纷纷投入祖国建设发展大潮，在一定程度上替中国政府分担了不少建设责任和本应由政府统筹承担的社会保障责任，如教育、医疗、住房等。现今，海外中国公民权益比以往任何时候更加需要得到中国政府的全面保护，因而这份历史的担当也应该由中国政府义不容辞地肩负起来。

其三，欧美等西方国家和地区（如美国、以色列等）对其国民和族裔的保护方式、措施等完全值得中国参考和借鉴。但凡遇有海外中国公民权益受侵害事件，只要海外中国公民向中国政府（如驻外使领馆）提出权益保护的合理申请或者中国政府认为实有保护之必要时，就负有采取各种合理合法的措施进行相应援助和提供相应保护的义务。

（二）加强与国际人权组织的联系和对国际法规范的理解运用

援引《联合国宪章》等国际公约的相关条款，从国际人权保护层面出发加强对海外中国公民权益的关注和保护。《联合国宪章》开宗明义，为促成世界各国的通力合作，激励世界各国尊重和发展全人类之人权和基本自由，以解决国际的经济、社会、文化及人类福祉等全人类的人权问题，宪章是所有成员国必须遵守的国际法准则，是所有成员国共同制定或承认的基本国际法律规范。随后，1948 年《世界人权宣言》第 1 条也明确指出，人人生而自由，在尊严及权利上一律平等。此后，1966 年《公民权利和政治权利国际公约》和《经济、社会及文化权利国际公约》等各类人权公约均涵盖有关于人的生命权、自由权、平等权、人身安全和法律人格权等重要的人权内容。作为许多重要人权公约的缔约国，中国政府当然负有保护海外中国公民权益的职责。

故此，当海外中国公民权益受到非法侵害，而为了不影响中外正常双边关系，不便或不能通过中外双边关系妥善处理或者无法在国内法找到合理依据时，不妨援引国际人权公约、提请有关国际组织机构对海外中国公民权益进行保护。

（三）加快推进中外双边和多边条约、保护条款的制定

依据双边领事关系条约，加强对海外中国公民权益的保护。1967 年 3 月 19 日生效的《维也纳领事关系公约》就是订立双边领事条约的国际法准则。譬如，1980 年中美两国政府依此签订了《中美领事关系条约》，对派遣国公民权益的保护进行了较为全面系统的规定。作为保护本国公民的法律依据，中国政府三十多年来一直通过外交途径反映有关要求、敦促美国政府公正合法和妥善地处理相关事宜等方式，依据条约的规定切实保护着在美国境内的中国公民的合法权益。

在对外政治经济发展过程中，应该在不违背国际社会公理和国际法基本准则的前提下尽力创造有利条件，签订权利内容更加丰富、保障更加完善的中外双边领事关系条约，加大对海外中国公民权益保护的力度。当然，在同外国签订双边领事条约时，也不妨参考借鉴一下《中美领事关系条约》的灵活做法，如中美两国政府同意给予自称具有中国国籍和美国国籍的人在中美两国境内旅行之便利，出境手续和证件依住在国法律处理，入境手续和证件依目的地国法律处理，即便中美两国政府暂不承认双重国籍。抑或，今后可以签订权利内容更显包容性的双边领事关系条约。

此外，在中国对外经济发展过程中，为了更好地保护海外中国公民权益、促使驻在国能够切实给予海外中国公民公平公正的对待和国民待遇等，可以在中外双边货物贸易协议、服务贸易协议和双边投资协议的谈判、签订过程中加入相应的保护条款，约定争议解决的方式、依据和机构等事项，以供不断走出去的华人和本来就在海外的华人在权益受损时援引。当然，值得注意的是，法治在这一场域的建构也必须遵循客观发展规律，不可能人为臆造，也不由国家任意创制，而是从社会需求中建构起来的。诚如"有限度"的法律发展观所指，"科学的法律发展观不应该是刺激法律万能奢望的滋长，而应是对法律限度保有理性的自觉"。❶

（四）完善对中国企业与个人的出国前教育防范和出国后的监督管理机制

加强中国涉外法律和目的地国有关移民、外国人在境内劳动就

---

❶ 付子堂，赵树坤，等. 发展中法治论：当代中国转型期的法律与社会研究［M］. 北京：北京大学出版社，2014：115.

业、外国人入境及居留等方面的法律宣传与教育，以增强海外中国公民的守法意识和自我保护意识。截至目前，中国已加入许多国际公约、签订了很多双边条约，但是绝大多数海外中国公民本来法律意识就不是很强，加之几乎没有受过有关法律教育，因而对此知之甚少。当权益受到侵害时，他们往往选择忍气吞声、自认倒霉或者花钱消灾、找人私了，缺乏寻求政府保护的法律意识。

因此，一方面要加强对海外中国公民的法律尤其是国际法的宣传教育，提升海外中国公民的道德文化素养，要求他们自觉遵守国际法准则、国际惯例、住在国法律和风俗习惯，努力为住在国社会经济发展贡献力量。当其权益受到非法侵害时，应积极寻求领事保护，依据国际法、驻在国法和中国法等保护自己的人身和财产权益。另一方面要加强对海外中国公民的人身、财产等合法权益的保护，使其在住在国、目的国经商、学习、旅游、生活得更有尊严、发展得更加自由平等，不受任何基于种族歧视等原因而导致的不平等待遇甚至非人待遇。

与此同时，要不断完善海外中国公民的登记备案制度，积极借鉴吸纳西方国家（如美国、英国等）对其本国侨民的登记制度，以准确了解海外中国公民的学习旅游、创业发展等情况，真正提升领事保护工作的效能，精准保护每一位海外中国公民的权益。一方面，海外中国公民有去我驻外使领馆等机构进行真实、详细登记备案的义务，对于未尽登记备案义务而受到不法侵害的海外中国公民也应在自己主观过错范围内承担相应的责任，如采取行政处罚措施等；另一方面，严格规范驻外使领馆全体人员的职务行为，细化工作责任制和强化责任追究制，对于因工作故意或疏漏而造成海外中国公民权益受到不必要损害的行为必须严格追究行政、民事乃至刑事责任。

（五）加强对海外中国公民权益国际法保护问题的研究

当前，中国政府的人权工作和中国法学界的研究工作因受传统思想影响，对国内公民权益保护十分重视，但是对海外中国公民权益保护的实践和研究存在不足。很多研究机构和专家学者重视海外华侨正当权益的保护研究，却对海外华工、临时出国人员的权益保护研究少之又少，更别说对外籍华人和无国籍华人权益保护的问题的研究。由此可见，必须引导全国教育科研机构和政府外交外事、司法实务等部门乃至全社会的人力、智力、财力，系统加强对海外中国公民权益国内国际法律保护机制的研究和实践。

总之，随着"走出去"战略和"一带一路"倡议的纵深推进，随着中国社会经济发展水平和国际地位的不断提升，中国在海外已然存在巨大利益。❶ 如此数量的巨大海外华人及其利益，既是其所在国的宝贵资源，也是中华民族的宝藏资源，对推进中国与世界各国社会经济文化健康发展、建构"人类命运共同体"等现实需求和宏伟愿景都具有极为重要的地位和作用。❷ 但令人震惊和担忧的是，海外华人及其利益历年来所受到的非法侵害❸、歧视、排斥的事件不绝于耳，受侵害人数之多、所受损失之大令人触目惊

---

❶ 庄国土. 世界华侨华人数量和分布的历史变化 [J]. 世界历史, 2011 (5)：4 - 14.
❷ 在"四个全面"战略布局中，全面建成小康社会是处于引领地位的战略目标，如期全面建成小康社会事关中国梦实现的大格局，事关中华民族伟大复兴。如期全面建成小康社会，可以充分彰显中国特色社会主义制度的优越性。赵振华. 正确理解如期全面建成小康社会 [J]. 求是, 2015 (9)：http：//www. qstheory. cn/dukan/qs/ 2015 -04/30/c_1115099182. htm, 最后访问日期 2016 年 1 月 8 日。《"十三五"规划纲要》要得到全面落实，必须深化行政管理体制改革，不断创新政府管理，包括创新政府管理理念、创新政府管理体制、创新政府管理方式。唐晓阳. 如期全面建成小康社会必须创新政府管理 [J]. 岭南学刊, 2015 (6)：12.
❸ 例如，2014 年马航 MH370 航班失踪事件中有 150 多名中国同胞下落不明。国家主席习近平发表二〇一五年新年贺词 [N]. 人民日报, 2015 - 1 - 1 (1).

心。然而，中国目前尚未有高效便捷、稳定有序地保护海外华人正当权益的机制体系和统一立法，每当遇到侵害事件发生和预知预判存在较大风险时，基本上仍是以依靠执行高层行政命令的方式加以解决。

倘若将一国人权分为国内和国外两大部分来统计考察的话，那么海外华人正当权益就占了中国人权保护事业发展的半壁江山。从经济全球化、贸易自由化和利益共同体化的视角看，加强对海外华人正当权益的保护，正是中国积极参与全球社会治理与国际法治新秩序建构、保障和发展人权和推动国际社会经济健康发展的必然要求，也是中国综合国力与国际地位大幅提升、国家治理体系与国家治理能力实现现代化和建构中国法治新常态的应有之义。❶ 那么，如何能够更好彰显"中国智慧"，❷ 在现有国际法基本框架体系内，灵活运用外交、经济、军事等多种方式，发出"中国声音"，增强中国国际法规则话语权，提出"中国方案"，积极谋求海外华人权益保障的新理念❸、新规则、新机制，创新发展国际人权法规则、制定完善国内立法及各种保护机制，以更好保护海外华人的正当权益，有效避免其遭受非法侵害，将这一安全

---

❶ 习近平. 完善和发展中国特色社会主义制度 推进国家治理体系和治理能力现代化 [N]. 人民日报，2014-2-18 (1).

❷ 习近平主席指出：中华文明绵延数千年，有其独特的价值体系。今天，我们提倡和弘扬社会主义核心价值观，必须从中汲取丰富营养，否则就不会有生命力和影响力。"大学之道，在明明德，在亲民，在止于至善"，民惟邦本，天人合一，仁者爱人，"己所不欲，勿施于人"等思想和理念，不论过去还是现在，都有其鲜明的民族特色，都有其永不褪色的时代价值. 习近平. 青年要自觉践行社会主义核心价值观与祖国人民同行努力创造精彩人生 [N]. 人民日报，2014-5-5 (1).

❸ 对此，习近平总书记提出：要加强对中华优秀传统文化的挖掘和阐述，努力实现中华传统美德的创造性转化、创新性发展，把跨越时空、超越国度、富有永恒魅力、具有当代价值的文化精神弘扬起来. 习近平. 完善和发展中国特色社会主义制度 推进国家治理体系和治理能力现代化 [N]. 人民日报，2014-2-18 (1).

风险降至最低，并对受害者及时进行救助、合理赔偿或补偿，应是中国必须积极应对和妥善处理的国际难题，也是发展和保护人权的重大议题，更是建构和完善国内相关立法、执法、司法及守法等保护救济机制和实现国家治理体系和治理能力现代化的重大课题。

通过前文对海外华人的内涵、分布现状、历史贡献、权益受侵害现状及其原因、外交保护、领事保护、应急保护、价值取向、立法保护等进行的梳理与探讨，加之对制定完善海外华人权益保障立法的分析与构想，可以得出以下几点认识。

第一，海外华人历史贡献巨大，中国政府不应忘记。无论是在中华民族抵御外侮、奋勇抗争的历史上，还是在中国特色社会主义现代化建设的今天，海外华人都一如既往地肩负国家使命、时代使命，为建设"富强、民主、文明、法治"的现代化国家而做出积极贡献。再者，从中华血统、文化认同、词义解释、历史管辖、历史贡献、公众理解、外国观念、情感纽带、法律规范等方面来看，中国政府都不应忘记要加强对同宗共祖的"海外华人"的支持和保护。中国政府应当和必须担负起保护他们正当权益的这份道义，才对得起海外华人前赴后继、慷慨解囊、共赴国难的历史壮举，才对得起他们不畏艰辛、历尽磨难、归国报效的壮志豪情。在中国经济社会发展和对外交往过程中，"责任与担当"也是中国政府和中华民族一直奉行的最基本的处世原则，"知恩图报"的政府就是敢于担当、敢于负责的政府，对引领培育全社会民众"勇于负责的意识与敢于担当的精神"具有示范效应。❶ 作为全球政治经济文化新秩序的主导建构者之一，这种做法也与中国

---

❶ 习近平. 把培育和弘扬社会主义核心价值观作为凝魂聚气强基固本的基础工程 [N]. 人民日报, 2014–2–26 (1).

作为发展中大国的国际地位相匹配。❶

　　第二，海外华人一脉相承，应作广义理解。尽管不同历史时期、不同知识背景的人对"海外华人"内涵的认识和理解存在较大差异，有关争论几乎从未停止，但综观历史事实与现实需求，对"海外华人"理应作广义理解，既应包含在中国国境之外具有中国国籍的中国公民，也应包含具有中华民族血统基因的外国籍华人、华裔和无国籍华人。

　　在保护海外华人权益方面，中国政府可以在不违背国际法基本原则、国际公理和国际强行法的基础上，尤其是在中外双方或者多方共同达成一致意见的基础上，扩大对海外中国公民的权益保护，也完全可以将外籍华人和无国籍华人纳入保护范围之内，尤其是当对海外华人权益保障作为国家战略利益的重要内核认识越来越清晰、呼声越来越高的时候。当然，此处应强调的是，中外双方是在平等、自愿、包容、合作、共赢的基础上强化海外华人权益保障的，并非"国强必霸"，靠推行霸权主义和强权政治去强化海外华人的权益保障。❷

　　第三，海外华人的数量会越来越多，分布的国家和行业领域会越来越广。除少数内陆国家和偏远岛屿地区之外，华人已经广泛分布于世界许多国家和地区，其中很多人拥有外国永久居留权或者已经拥有所在国国籍。而且，随着中国经济社会飞速发展，中华民族的迅速崛起，国际地位和影响力的不断提升，"走出去"

---

❶ 习近平主席在 2016 年新年致辞中也明确指出，在今后的国际事务中，中国应该承担更多责任。"世界那么大，问题那么多，国际社会期待听到中国声音、看到中国方案，中国不能缺席。面对身陷苦难和战火的人们，我们要有悲悯和同情，更要有责任和行动。中国将永远向世界敞开怀抱，也将尽己所能向面临困境的人们伸出援手，让我们的'朋友圈'越来越大。"

❷ 李向阳. 中国正在走和平发展的强国之路 [N]. 人民日报, 2015 – 9 – 22 (7).

战略和"一带一路"国家倡议的全面推进，越来越多的中国优质企业为实现快速健康增长而逐步转向境外投资，广泛合作开发境外资源、拓展国际业务。尤其是近年来，中国对外贸易投资发展、劳务输出、出国留学、出国旅游等持续增长，使得海外华人的总数量连年攀升。

第四，海外华人利益会越来越巨大，权益受侵害事件也会随之增多。由于海外华人所在国发生的政变、动乱、战乱及自然灾害等传统安全风险，外国人针对海外华人实施的恐怖袭击、绑架、抢劫、杀人、盗窃等行为，以及劳务纠纷等非传统安全风险因素之影响，海外华人的人身、财产等正当权益受侵害的恶性事件也与日俱增。这已经引起中国政府和人民的深度关切和积极应对。所有这些同外国当地人对华人的歧视仇视、外国当地社会治安状况、海外华人的自身因素、国外对中国和平崛起引发的担忧、所谓"黄祸论""中国威胁论"意识形态领域的对抗、冷战思维和零和博弈思维等不无关联，更与中国有关法律规范的缺失、不完善和相应保护及救济措施的不力、不足等密切相关。因此，加强对海外华人正当权益的保护迫在眉睫，完全符合中国国家发展的战略利益和现实需求。

第五，对海外华人正当权益的保护，需要理念创新、规则创新和机制创新。全球华人的安全感、认同感、归属感、尊严感的不断强化，必然要求中国坚持"开放、包容、合作、共赢"的基本理念，秉承中华传统"和合"文化传统，❶坚持独立自主、和平共处五项原则；必然要求冲破不合理国际规则的藩篱和旧的国际人权观念的束缚，灵活运用外交、文化、经济、军事等多种手段，

---

❶ 孙元君. 习近平的文化自觉与自信 [J]. 奋斗，2015 (5)：54-55.

创新国际人权法理念和人权保护的法律机制，在国际法框架内编织新的针对海外华人的国际人权保护法网，合法合理保护海外华人的正当权益不受非法侵害；必然要求中国作为母国、祖籍国承担历史担当，驾驭各种复杂多变、利益交融的国际局势，肩负起最大限度地保护海外华人权益的使命，成为全体海外华人的强大后盾，一旦预知或发现侵害事件就应毫不犹豫地予以必要保护和及时救助。

第六，对海外华人权益的保护，是中国政府践行"以人为本"理念的重要体现。中国政府对保护和发展人权具有高度自觉精神，加强对海外华人权益保护（如 2015 年也门撤侨），坚决回应了一些国家对中国人权状况长期存在的偏见或无端指责。例如，犹太民族也具有那种"只有政府爱子民，才有子民拥政府"的政治逻辑和先有"子民认同""族裔认同"，才有"国家认同""民族认同"的情感理念，或许这正是犹太人虽几经劫难而不灭、凝心聚力再奋进的根本原因。这一点更加值得中国社会各界认真学习、思考和借鉴。❶

第七，重视保障和发展人权，应是从保障和发展本国人权和本民族人权开始的。让全球华人都能得到尊重、权益能够得到保障，是衡量中国综合国力、国际地位和国家尊严的直接依据。只要受侵害的海外华人（尤指外籍华人和无国籍华人）向中国政府（如驻外使领馆）提出权益保护的合理申请或者中国政府认为实有保护之必要时，就负有采取各种合理合法的措施进行相应援助和提供相应保护的义务。

当前，在侨务等人权领域，中国政府始终奉行"以人为本"

---

❶ 习近平. 把培育和弘扬社会主义核心价值观作为凝魂聚气强基固本的基础工程 [N]. 人民日报，2014 - 2 - 26（1）.

的理念，切实强化了对海外华人的保护措施。当遇到大规模安全风险的紧急情况（如外国发生武装冲突、地区战争等）时，基于国际人道主义和国际人权保护目标，中国政府会对不具有中国国籍的华人华裔提供救助。这不仅是普通的国际人权保护，更是对同宗共祖的华人华裔的保护。亦即，中国政府不仅在观念上承认或默认应给予外籍华人和无国籍华人必要的保护，而且在事实上也从未放弃和停止过对海外外籍华人、无国籍华人的保护。

第八，保障海外华人的正当权益，符合国际人权法精神。从国际人权保护的角度看，对海外华人尤其是无国籍华人的深度保护也是中国政府应尽的国际人权法义务。当海外华人（尤指外籍华人和无国籍华人）遭受种族灭绝、种族隔离、种族歧视、奴隶贩卖等严重践踏人权的侵害行径时，中国政府应该有义务出面制止和进行干涉。这有别于干涉别国内政的国家行为，完全符合国际公理和国际法基本准则。

第九，对海外华人权益的外交保护，越来越个体化和人性化。其一，国际人权保护越来越成为当代国际关系发展的重要组成部分，[1] 将外交保护、领事保护与人权保护挂钩，把一国国民享有外交保护和领事保护的权利看作一项重要人权。[2] 尽管启动外交保护的条件非常严苛，但随着国际国内人权保护的法律制度的发展完善，外交保护的制度、职能正在发生变化，正在向保护公民个人权益的方向过渡。[3]《外交保护条款草案》扩大了外交保护对象，增加了难民和无国籍者（第 8 条）、增加了股东外交保护（第 11、

---

[1] 周琪. 美国人权外交政策 [M]. 上海：上海人民出版社，2001：500.

[2] 曾令良. 现代国际法的人本化发展趋势 [J]. 中国社会科学，2007（1）：93 - 94.

[3] 毛莉. 拓展海外中国公民保护的国际法视角 [N]. 中国社会科学网，http://www.cssn.cn/hqxx/bwych/201403/t20140304_1018345.shtml，最后访问日期：2016年1月5日。

12 条）和允许公司之外的其他法人酌情适用草案（第 13 条）。这一系列新规则、新发展充分体现出国际人权的进步，并越来越得到国际社会的认同和支持。当代外交保护国际制度逐步向国际人权保护迈进，越来越重视个人权益的保护问题。在国籍标准、权利性质和当地救济等方面对个人权利的关注和维护均有所加强，外交保护制度愈加人性化。

其二，国际不法行为国的国家责任更严，外交保护国的国家义务更强。倘若一国对其境内的自然人和法人的人身权益和财产权益疏于安全保护，将面临国际法规则的管制约束与国际国内社会舆论的强大压力。因此，对于符合条件的无国籍华人、华人难民、公司华人股东，在其正当权益遭受一国的国际不法行为侵害后，中国政府有权也应当启动外交保护。

其三，在一定区域乃至全球范围内的国家之间废止用尽当地救济原则，而改用受侵害当事人自主选择救济的方式或原则也是保护海外华人权益的一种可能路径。只要中外双方平等自愿达成协议，各方条件具备，尤其是在国家之间存在深度互信的基础上，不一定非要"用尽当地救济"，即可行使外交保护权。

其四，中国政府应充分尊重和利用有关国际法规则，制定完善有关的国内法规则，加强外交上的防控预警机制和应急反应工作体系建设，重视加强和发挥外交软实力，充分发掘出和凝聚好每一个社会分子的能量，构建一个新型的保护海外华人权益的外交保护制度，也是提升国家治理能力的重要元素。

第十，对海外华人正当权益保护的压力越来越大，适时修法承认双重国籍不失为一种新路径。面对日益增大的海外华人权益和愈加严峻的保护压力，适时修改《国籍法》承认双重国籍，可

能是中国国籍法和海外华人正当权益保障机制未来的发展方向之一。❶

第十一，海外华人正当权益保护需求愈来愈大，应该创新领事保护机制体系。由于全球和地区局势的冲突激化、国际政治经济秩序的不平等、各国对地球有限资源的争夺与制衡、世界贸易摩擦的增多等诸多原因，国际社会政治、经济、文化、种族和贫富分化等各种矛盾进一步加深和激化，尤其是国际恐怖主义威胁的蔓延和国际海盗等严重侵犯人权事件频发，导致海外华人的安全风险迅速增加，且日益多样化和碎片化。❷ 加之，国际人权保护意识和中国国际地位的不断增强，全球华人期待中国政府保护的希望越来越高，可是我国领事保护可用资源严重缺乏，海外华人领事保护工作任务极其艰巨，已经不能完全适应保护需求。

因此，必须加强领事保护议事协调机制、风险预警机制、应急处置机制、服务宣传机制、中外合作保护机制与领事保护机构及专项经费保障机制的建设，建立完善领事保护专门人才培养使用长效机制，完善领事登记制度建设，强化对领事保护工作及其人员的监督和管理，完善对海外华人中弱势群体（如儿童、老年人、劳工等）权益的特别保护，建立由政府、商业机构、社会组织和个人共同组织的全面的、多层次的立体化领事保护体系。此外，在不违背国际社会公理和国际法基本准则的前提下尽力创造有利条件，签订权利内容更加丰富、保障更加完善的中外双边领事关系条约，加大对海外华人权益保障的力度。

---

❶ 肖永平，郭明磊. 全球化视野下的双重国籍：兼论我国国籍法的弊端与对策 [J]. 武汉大学学报（哲学社会科学版），2006 (5)：581–588.

❷ 夏莉萍. 20 世纪 90 年代以来英国领事保护机制改革：挑战与应对 [J]. 外交评论，2009 (4) 114–126.

第十二，海外华人正当权益保护需求愈来愈大，应该创新应急保护救援机制体系。在应急保护救援机制方面，应制定和完善专门的应急保护救援法律规范，进一步推进应急保护救援机制的法治化和体系化；建立国家层面专门的应急保护救援系统，做到应急保护救援的规范化；❶ 设立专门的海外华人应急保护组织机构，并详细划分规划其各分支机构的职责；设立专门的海外华人应急保护救援基金，以便于应急保护工作的常态化开展；加强与有关国家和地区的应急保护合作，努力形成相互支持、相互救助的良好的国际或区域性的应急保护救援机制；开展海外华人应急保护救援相关专业的教育，积极培养海外华人的公共灾难防患救助意识，形成沉着、有序应对危难情况的公众心理和行为习惯；加强对应急救援人员的专业化培养，积极组建应急救援机制的研究团队，与其他国家进行广泛交流合作，形成有关人员培训锻炼的常态机制。

第十三，保障海外华人权益，需要尊重、运用和创新国际人权法规则。尊重与保护人权是世界各国应尽的最基本的国际义务，主权国家在平等自愿的基础上开展对人权的国际保护，实质上是国家行使主权的反映。倘若能充分发掘和利用好国际人权法，将会使海外华人的权益得到更好的保护。虽然依据现有国际法准则，人权问题本质上应是主权国家国内管辖事项，对人权的发展和救济措施主要由主权国家实施。

第十四，对海外华人权益进行保障，需要整合利用全社会资源、形成综合保护体系。海外华人权益保障是一项重大复杂的系统工程，占据了中国人权保护问题的半壁江山。要真正实现全面保护海外华人正当权益的目标，仅仅依靠中国外交部、商务部等

---

❶ 殷敏. 海外华人利益诉求的应急保护机制 [J]. 国际商务研究，2012（1）：75－80.

几个政府部门的力量显然不够，必须依赖于国内外各族华人的真正参与，充分发挥侨务部门、警察、军队等社会各界的力量；建构全国劳务输出监管机制、公共信用评价机制和海外安全风险评估预警机制等；加强海外华人法律意识、安全意识的宣传教育；加强境外组织机构安全防范与应对机制建设；设立专门的中国海外救援服务公司或类似机构及其基金，推行海外安全风险强制保险；充分运用"中国智慧"，加强对外宣传和国际舆论导向❶，提高中国国际形象和影响力，发出"中国声音"，重构国际法治新秩序的话语体系。❷加快建立完善涵摄中央政府与地方政府、社会组织机构、公司企业与个人的海外安全预警和应急救援体系，形成多元化参与、立体化保护的综合保护体系，汇聚全球华人的力量，共同构建海外华人权益的立体化保护网络体系和权益保护的生态环境，也是努力实现中国国家治理体系与国家治理能力现代化和建构中国法治新常态的重要环节之一。❸

第十五，保障海外华人正当权益，需要统一制定和完善有关立法。海外华人权益保障是中国人权保护的重要组成部分，将向

---

❶ 倪光辉. 习近平在全国宣传思想工作会议上强调：胸怀大局、把握大势、着眼大事，努力把宣传思想工作做得更好［N］. 人民日报，2014－8－21（1）.

❷ 习近平主席曾多次深刻地指出：博大精深的中华优秀传统文化是我们在世界文化激荡中站稳脚跟的根基，是中华民族最深厚的文化软实力。中华文化积淀着中华民族最深层的精神追求，代表着中华民族独特的精神标识，为中华民族生生不息、发展壮大提供了丰厚滋养。中华优秀传统文化已经成为中华民族的基因，潜移默化地影响着中国人的思想方式和行为方式。杨凤城. 中国共产党对待传统文化的历史考察［J］. 教学与研究，2014（9）：85；习近平. 完善和发展中国特色社会主义制度 推进国家治理体系和治理能力现代化［N］. 人民日报，2014－2－18（1）；习近平. 把培育和弘扬社会主义核心价值观作为凝魂聚气强基固本的基础工程［N］. 人民日报，2014－2－26（1）；习近平. 青年要自觉践行社会主义核心价值观与祖国人民同行努力创造精彩人生［N］. 人民日报，2014－5－5（1）.

❸ 习近平. 完善和发展中国特色社会主义制度 推进国家治理体系和治理能力现代化［N］. 人民日报，2014－2－18（1）.

世界充分证明中国政府重视并竭力发展人权的新成就，将惠及包括华侨、驻外组织机构人员、劳务派遣人员、临时出境人员、外籍华人和无国籍华人等在内的亿万华人。这是凝聚国内外所有华人心血、情感和夙愿的民心民生工程，也是需要全球华人群策群力、共同参与、相互救助的系统工程。为使这一工程得到全面、系统、高效的实施，必须依赖于相关立法的建立和完善，因为只有从根本制度上进行立法保护和实行法治化才是永久性的、明确可靠的、信得过的。

然而，当前国际国内有关法律规范方面还存在诸多不足，主要可以概括为两大不足：一是在现有关于海外华人权益保障的国际公约、国际条约和国内法律法规等范围内，主要是一些分散的、不系统的部门规章作出了零星规定和软法指引，缺乏专门的国家立法尤其是高位阶的法律规范，所以保护的力度也十分有限，有时在执行上还可能存在不到位、相互掣肘的情况。二是有关海外华人权益保障的中国国内法律法规、中外双边或多边保护协定和有关国际法规则存在诸多不完善甚至缺失或空白之处。毋庸置喙，当前海外华人权益保障相关国内立法、国际法规则以及双边或多边协定的空白、缺失或不完善，是诱使海外华人受侵害事件频发的重要原因之一。

因此，要立法保障海外华人的正当权益，就需要对症下药，系统制定和完善国际国内有关法律规范❶，对此大致可以分为三个方面来思考。

其一，面对形势多变、日益复杂的海外安全局势，有必要加快制定和完善海外华人权益保障的法律法规，设置并规范新的负

---

❶ 张文显. 法治与国家治理现代化［J］. 中国法学，2014（4）：5 - 27.

责统筹组织协调的海外华人安全保卫机构，管理并监督各有关组织机构的职权职责，完善海外安全风险防范、评估、预警和救援机制，形成国家、社会组织机构、法人与个人协同参与的多层级、一体化的海外华人权益保障体系，完善中国特色社会主义法治体系，增强中国法律的国际话语权和中国法治自信，着力打造出一部具有里程碑意义的中国人权保护基本法。此外，必须结合国际国内发展情势，从国家立法层面加快制定海外华人权益保障法，系统规定各有关部门和组织机构的职责、各方享有的权益和完善政府主导保障、全社会协同参与的立体化法律保护体系，并以国家强制力保障贯彻实施。❶

其二，在秉承"开放、包容、合作、共赢"的基本国际关系理念、坚持和平共处五项原则的基础上，中国政府还应积极推进形成多元共治、包容互助、平等互信、公平互利的新型国际关系，加大与其他国家和地区的外交、商务、司法、劳务等领域内的合作保护机制，灵活制定或加入有关保护海外华人的双边或多边公约或条约，建立民事、商事、刑事等司法领域的法律合作机制，共同打击侵害海外华人的违法犯罪行为，系统建构出多元化、立体化、公平化、人性化的海外华人权益保障的新体系和新常态。❷

其三，加强海外华人权益保障的立法制定，是一项特别重大的法治化系统工程，不可能毕其功于一役，需要分阶段、分步骤地有序推进，但首先应尽可能解决好"谁保护"、"保护谁"和"如何保护"等基本问题，纳入和体现海外华人权益保障的基本原

---

❶ 张文显. 法治与国家治理现代化 ［J］. 中国法学，2014（4）：26；莫纪宏. 国家治理体系和治理能力现代化与法治化 ［J］. 法学杂志，2014（4）：21 - 28.

❷ 杜尚泽. 习近平在纪念孔子诞辰 2565 周年国际学术研讨会暨国际儒学联合会第五届会员大会开幕会上强调：从延续民族文化血脉中开拓前进，推进各种文明交流交融互学互鉴 ［N］. 人民日报，2014 - 9 - 25（1）.

则、基本机制和基本职责，建立健全各方主体协同参与保护的机制；适时修法将外籍华人与无国籍华人纳入保护对象；建立完善海外华人权益保障的运行机制；加大人财物的投入和保障，建立和完善海外华人安全风险的防范机制、评估机制、预警机制、应急机制、救援机制和国际合作机制等。

第十六，保障海外华人正当权益，需要社会各界加强相关研究和创新。应加强对海外华人权益保障问题的研究和探索。就中国政府、中国法学界及社会各界的研究任务而言，应该根据中国宪法、国际法基本准则和国际公理，重视加强对海外华人权益风险防控和救济保障机制的研究，呼吁推动国家立法机构适时制定专门的海外华人权益保障法，以统一立法的方式完善现有分散的相关法律制度，从国家人权法层面系统建构保护海外华人权益的预防、救济及保障机制，使对海外华人的保护工作真正实现人性化、法治化和现代化。这是整合国家战略利益和海外华人利益的重要法律机制，汇聚海内外华人才智和心声、增强其认同感、归属感和尊严感的重大举措，也是努力实现国家治理体系和国家治理能力现代化的重要组成部分，更是中国政府和社会各界迫切需要思考和探讨的一项重大立法课题。●

在中国迅速崛起、和平复兴的道路上，越来越多的中国企业和中国人走出国门，如何更好地保护他们的正当权益和对受害者进行及时救助，是国内法和国际法共同面对的一个人权问题。当前，从国际人权法规范层面看，国际人权法对人权的保护规范体

● 张文显. 法治与国家治理现代化 [J]. 中国法学, 2014 (4): 5 - 27；莫纪宏. 国家治理体系和治理能力现代化与法治化 [J]. 法学杂志, 2014 (4): 21 - 28；孟鑫. 推进国家治理体系和治理能力现代化是完善和发展中国特色社会主义制度的必由之路 [J]. 科学社会主义, 2014 (2), 20 - 21.

系已基本形成，当海外中国公民正当权益受到非法侵害时，基本都可以找到较为合适的国际人权法规范，包括人权公约和人权宣言、全球性公约和区域性公约等，即便有时不一定会精确到某一个法律条目或者款项。但问题是，海外中国公民的正当权益仍然不能及时有效地得到法治保障，常常会出现令人发指的反华排华以及其他针对海外中国公民的暴力犯罪事件，而且受害者也得不到公平高效的法律救济。因此，在保护海外中国公民权益方面，中国政府可以在不违背国际法基本原则、国际公理和国际强行法的基础上，尤其是在中外双方或者多方共同达成一致意见的基础上，完全可以深化和扩大对海外中国公民的权益保护。

　　总之，中国政府应在现有国际条约和国际习惯法的框架体系下，灵活运用外交、国际组织、商务合作等多种方式，积极谋求海外中国公民权益保障的新规则、新机制；引导联合全国教育科研机构和政府外交外事、司法实务等部门乃至全社会的人力、智力、财力，系统加强对海外中国公民权益国内国际法律保护机制的研究和实践。这对于保护海外中国公民正当权益、增强中国国际法律规则话语权、提升中国国际政治经济地位和建设中国特色社会主义法治国家等都具有极为重大的战略意义。

第十一章
国际法学教育研究问题的检视与革新[❶]

通常情况下，人的学习能力的发展，大致会经历四个阶段：一是无意识无能力阶段；二是有意识无能力阶段；三是有意识有能力阶段；四是无意识有能力阶段。正确的思维和理念，既是国际法学教育研究得以存续建构的基石，又是其得以传播和创新的基础。故而，在进入本部分探讨之前，应先明确两大基础理念：其一，一般而言，"同等情况下，学习成绩最好的学生，应当是自学能力最强的学生"——这应成为国际法学教育研究及其改革发展的基本理念。因此，国际法学教育研究的改革方向，就是要全面保障学生的自主学习。为此，应当从以下三大方面进行解构和建构：一是学生主体的自由解放，能够独立自主，包括人身自由（不受无端管控）、心灵自由（能够独立思考）、时间自由（无不

---

❶ 宋云博. 思维转变与机制改革：中国国际法学教育与研究新考 [J]. 中国国际私法与比较法年刊，2019，（02）：219－234.

合理挤占）、空间自由（适当活动范围）等；二是学生自主学习平台的搭建和完善，包括知识信息库、数据资源库、实验训练室、实践场所等；三是学生自主学习能力的培育，包括求真精神的启迪、理性思辨的引导、基础理论的教育、实践技能的训练等。其二，在通常情况下，真理之所以成为真理，就因为它是不以任何人的意志为转移且自在运动的规律，不因任何人的发现或赞美而增益，也不因任何人的无视或批判而减损。故此，要保障科学研究不断趋向于真理，就应当充分保障"独立之精神、自由之学术"。为此，首当其冲的应当在学术研究领域内破除个人崇拜和学术迷信，因为真理从来是以其本来的面貌存在的，不会因为某个人（包括圣哲和庸人）的发现及其相关言论而成为真理或者沦为谬误。那么，这是否也应成为国际法学教育研究应有之理性精神？

一、问题的提出：钱学森之问 *

"今日中国为什么出不了大师？"这是钱学森、周有光等老一辈科学家的锥心之问❶，也是一直困扰整个中国教育改革发展的重大难题。对此，历届政府进行了一系列教育改革，并取得了一系列的成效，但却无法根治教育积弊，跳出教育改革怪圈。除此之外，更有很多学者提出了自己的忧思拷问，并进行了积极的理论探讨，如柏岳的《中国教育现状沉思录》、徐九庆的《中国教育怎么了》、钟启泉与吴国平的《反思中国教育》、朱永新的《中国教育缺什么》、张鸣的《中国教育

---

* 这里首先应当说明的是：囿于专业学科领域和能力水平等因素，此处主要想努力探讨国际法学学科的教育与研究相关问题，但所论述的一些现象、观点尤其是"中国问题"及其解决方法与路径，对于整个中国法学的教育研究与中国法治理论体系的建构具有一定的参考意义，可能亦可参考适用于探讨其他哲学人文社会学科或者所有体制内的人员及其管理机制体制等相关问题。

❶ 马国川，周有光. 今日中国为何出不了大师？ [J]. 读书，2010 (10).

病了吗》和袁振国的《中国教育政策评论》等。当然，中国法学教育与研究自然也包含于其中，如"法学教育研究的中国问题意识"不够强烈、"西方教育研究范式"的强势主导、"中国法哲学"与"中国法治理想图景"的缺失、"中国法律学派"暂未形成、"中国法治理论体系"尚待建构、法学学科低水平重复建设问题严重、高水平涉外法律人才持续紧缺、以法律职业资格考试和就业为导向的法学教育生态等各种积弊由来已久，并且仍在持续发酵等。❶

自中共十八大尤其是中共十八届四中全会以来，《中共中央关于全面推进依法治国若干重大问题的决定》要求全面推进依法治国，建设中国特色社会主义法治体系，建设社会主义法治国家。2018 年 5 月 28 日，习近平总书记在中国科学院第十九次院士大会、中国工程院第十四次院士大会上指出，"要创新人才评价机制，建立健全以创新能力、质量、贡献为导向的科技人才评价体系，形成并实施有利于科技人才潜心研究和创新的评价制度。要完善科技奖励制度，让优秀科技创新人才得到合理回报，释放各类人才创新活力。要通过改革，改变片面将论文、专利、资金数量作为人才评价标准的做法，不能让繁文缛节把科学家的手脚捆死了，不能让无穷的报表和审批把科学家的精力耽误了。"❷ 2023 年 2 月 26 日，中共中央办公厅、国务院办公厅联合印发的《关于加强新时代法学教育和法学理论研究的意见》更是明确指出："法学教育和法学理论研究承担着为法治中国建设培养高素质法治人才，提供科学理论支撑的光荣使命，在推进全面依法治国中具有重要地位和作用。"并提出了"造就一批具有国际影响力的法学专家学者，持续培养大批德才兼备的高素质法治

---

❶ 蒋安杰. 法学研究应如何面对中国问题 [N]. 法制日报，2015 - 5 - 20 (9)；张广兴. 法学研究应强化中国问题意识 [N]. 中国社会科学报，2016 - 12 - 28 - (9).

❷ 习近平. 努力建设世界科技强国 [N]. 人民日报海外版，2018 - 5 - 29 (1).

人才，构建起具有鲜明中国特色的法学学科体系、学术体系、话语体系，形成内容科学、结构合理、系统完备、协同高效的法学教育体系和法学理论研究体系"的总要求。❶面对党和国家新的要求和期盼，为加紧落实《国家教育事业发展第十三个五年规划》战略任务❷，中国法学教育与研究究竟应该如何推进配套改革？如何在国内法治与国际法治的话语体系内"彰显中国智慧""发出中国声音""提出中国方案"？要顺利完成这样一个宏大的叙事和历史使命，其中必然进行的根本一环就是要完成中国法学教育研究的思维转变和教育科研体制改革。

二、问题与出路：什么是国际法学教育研究的"中国问题"

在当前全面深化改革发展的大背景下，法学教育与研究在思维、体制、机制方面也不同程度地存在"违背基本常识"的诸多"中国问题"需要被正视和合理解决。其中，思维陈旧问题居于首位，因为思维观念乃行动先导，只要思维观念解放更新了，体制、机制问题相应地就会被摆在科学合理解决的位置上。例如，毛泽东思想对于中国革命的决定意义、邓小平理论对于中国改革开放与经济发展的决定意义、习近平新时代中国特色社会主义思想理论体系对于新时代中国式现代化建设的决定意义，都是先进思想成功引领社会实践的典范。有鉴于此，笔者首先归纳列举当前法学教育与研究思维方面可能存在的几大"中国问题"。

---

❶ 中办国办印发《关于加强新时代法学教育和法学理论研究的意见》［N］．人民日报，2023-02-27（001）．
❷ 主要包括贯彻落实五大新发展理念（重点是全面落实立德树人根本任务）、改革创新驱动教育发展、协调推进教育结构调整、协同营造良好育人生态、统筹推进教育开放、全面提升教育发展共享水平等六大战略任务。

（一）中国百年屈辱历史带来的"历史后遗症"

如前所述，当前中国法学界普遍留下对"西方法治理想愿景"的"心理阴影"和功利主义、实用主义观念下"慵懒式思维"与"应有式思维"的"精神依赖"，"中国问题"意识普遍不够强烈，真正意义上"文化自觉式"的"中国法治理论"创新研究严重不足，有些法治理论诸如"中国法哲学"等基础理论创新研究甚至处于停滞状态和存在理论空白现象，而成为西方理论的"搬运工"。❶——这就是百年屈辱史带给中国法学教育与研究的"历史后遗症"。

那么，如何才能从根本意义上削减中国国际法学教育与研究现有惯性思维和对西方法律理论的精神依赖？如何才能避免对中国国际法学教育与研究理论体系"中国性"建构的误判（抑或集体无意识或集体失语）及其带来的不良影响呢？是继续满足于西方法治思想观念、思维范式和怀抱西方法治愿景下的"修修补补"和"西药西治"，还是果敢采取"文化自觉""中药中治"式地探索和建构"中国主体性"的教育研究理论体系乃至整个中国法治理论体系？

（二）世界秩序规则变革调整带来"历史新使命"

时至21世纪，国际社会秩序正在发生深刻变革调整，全球治理体系正面临多方利益诉求与诸多困难挑战，在这一发展进程中全球化与反全球化并存，贸易投资自由化与贸易保护主义共生，多边开放主义与孤立保守主义并立，多元主义与民粹主义对冲，和平发展与恐怖主义相伴，还有全球金融危机、全球环境气候变化、地区冲突与安全、国际反腐败反洗钱、贫富分化严重等诸多现实问题，长期困扰着并考验着全人类的智慧和能力。随着

---

❶ 张江. 当代西方文论若干问题辨识：兼及中国文论重建 [J]. 中国社会科学，2014（5）：4 –37.

创新发展国际秩序规则的实践诉求愈来愈强烈和国内秩序规则的
完善建构的实践需求越来越迫切，加之中国法治理论体系建构和
中国法治文化转型建构，已然将中国法学教育与研究推向了新的
历史高度。面对这一伟大的历史使命，中国法学教育与研究应如
何担纲破局？又如何能更好地在国际法治与国际法治理论体系建
构中真正强化"中国问题"意识❶，发掘融汇"中国元素""中
国基因"，总结提炼中国特色社会主义法治体系具有主体性、原
创性、标识性的概念、观点、理论，❷ 进而在参与创新发展国际
国内秩序规则体系进程中更好地彰显"中国智慧"和在全球治理
中提出"中国方案"？❸ 诸如此类的基本问题，既是中国国际法学教

❶ 关于"中国问题"，已经有很多专家学者深度关注到了这一点，并进行了深刻反
思和探讨。例如：张广兴. 法学研究应强化中国问题意识 [N]. 中国社会科学
报，2016 - 12 - 28 (1119)；苏力. 问题意识：什么问题以及谁的问题？ [J]. 武
汉大学学报（哲学社会科学版），2017 (1)；郑永流. "中国问题"及其法学辨
析 [J]. 清华法学，2016 (2)；邓正来. 学术自主性与中国法学研究 [J]. 社
会科学战线，2007 (4)；杜宴林. 论法学研究的中国问题意识：以关于法律信仰
问题的争论为分析线索 [J]. 法制与社会发展，2011 (5)；尚庆飞. 新世纪以
来国外"中国问题"研究最新进展 [J]. 南京政治学院学报，2016 (1)；蒋安
杰. 法学研究要有中国问题意识方法更应该多元化 [N]. 法制日报，2017 - 1 -
11 (010)；杜飞进. 解决人类问题的"中国方案"：论习近平同志的东方智慧与
全球视野 [J]. 哈尔滨工业大学学报（社会科学版），2017 (1)；等等。这也在
相当程度上表明，"中国问题意识"正在中国法学教育与研究界快速觉醒。
❷ 中办国办印发《关于加强新时代法学教育和法学理论研究的意见》[N]. 人民
日报，2023 - 02 - 27 (1).
❸ 事实上，我国的法学专家学者们早就围绕法治展开了卓有成效的探索。例如，张
文显. 中国步入法治社会的必由之路 [J]. 中国社会科学，1989 (2)；郭道晖.
中国当代法学争鸣实录 [M]. 长沙：湖南人民出版社，1998；张文显. 中国特
色社会主义法治理论体系的重大发展 [N]. 光明日报，2014 - 11 - 10 (011)；
江必新，王红霞. 法治社会建设论纲 [J]. 中国社会科学，2014 (1)：140 -
157；姚建宗. 法学研究及其思维方式的思想变革 [J]. 中国社会科学，2012
(1)：119 - 139；孙谦. 法治建构的中国道路 [J]. 中国社会科学，2013 (1)：
13 - 16；王建国. 法治体系是对法律体系的承继和发展 [J]. 法学，2015 (9)：
97 - 106；等等。

育与研究迫在眉睫的转型改革需求，又是中国国际法学教育与研究义不容辞的社会责任和历史使命。

（三）国际国内社会变革发展带来"思维缓调整"

正是受到历史形成的"慵懒式思维"与"应有式思维"的精神依赖和国际国内社会深刻变革调整的实践发展需求等方面的影响，中国国际法学教育与研究也在作出相应的变革和调整。但在这一转型发展的"提速换挡期"，也出现了一系列的"不适应""思维迟滞或短路"等情况，属于可以预见和理解的"思维缓调整"现象。这也是在全面深化改革开放、全面推进依法治国、全面提升中国话语权的进程中，中国现有法律教育与研究思想理论体系正在积极准备全面转型和深刻调整，因而出现的思想理论上的一个"反思自觉"和"短暂停滞"。这是转型换挡提速前的必要自省阶段，是一个合理的内省调适环节——应该被理解和尊重，并赋予足够的时间和耐心。但值得注意的是，如关于2017 年 1 月初争论较为激烈的"司法独立"等老问题❶，其中有些学者的见解主张切合国情、实务操作性强❷；而有些学者的"中国问题"意识与主张貌似直指"中国问题"，却实为假问题、伪问

---

❶ 2017 年 1 月 11 日上午，时任最高人民法院院长周强在最高人民法院党组扩大会议上强调："要牢牢坚持马克思主义在意识形态领域的指导地位不动摇，牢固树立'四个自信'，坚持用中国特色社会主义理论体系占领法院系统思想阵地。要坚决与'三权分立''司法独立'等西方错误思潮划清界限，对否定中国共产党领导、攻击中国特色社会主义制度的错误思潮和言论，坚决予以批驳、敢于亮剑、坚决斗争。"周强：牢牢坚持党对法院工作的领导坚定不移走中国特色社会主义法治道路，最高人民法院网，http：//www. court. gov. cn/zixun-xiangqing - 34762. html，最后访问日期：2017 年 1 月 22 日。

❷ 参阅葛洪义. 司法权的"中国"问题 [J]. 法律科学，2008（1）.

题，背离国情、不合情理、难以服众。❶ 这也是中国国际法学教育与研究存在的一个"中国问题"。

当前，中国国际法学教育与研究面临的最大问题可能不是欠缺"中国问题意识"，而应是"尚未找到根本解决中国问题的钥匙""尚未形成系统阐释中国问题的能力"——这可以"中国特色国际法治"有待建构、"中国国际法学派"尚待形成、"中国特色国际法治理论体系"尚需完善等为基本标识。

（四）现行教育科研管理体制机制带来"内耗综合征"

在国际法学教育方面，各种教育考核评价机制琳琅满目、繁复交错，但一直未能很好平衡素质教育与应试教育、基础理论与应用能力、课堂教学与实践教育等深层次的矛盾，导致各项考核评价激励机制相互掣肘、相互抵消预期能量功效，甚至有些地方由于思想理念更新不够到位，过度片面强调"各司其职、量化考核"，还存在较为严重的"生产力浪费、内耗或互害"。譬如，以课程安排和课堂教学为例，可能主要存在以下几个方面的矛盾：

---

❶ 就"司法独立"而言，有些专家学者的见解和主张可能失之偏颇、难以令人信服，原因至少有三：一是盲目主张借鉴西式"司法独立"，罔顾中国基本国情、毫无社会实践基础——而这正是一切研究解决"中国问题"的思想理论的出发点和落脚点，因为任何国家、政党（包括欧美）都不会允许自身的根本政治制度受到破坏或根本变革。二是即便采取"司法独立"，未必就真能像他们所描绘的那样能确保司法公正、根治司法腐败。不过值得注意的是，外国枉法裁判、司法腐败、政党干预司法等案例也屡见报端，如美国前总统奥巴马在《哈佛法律评论》2017 年第 1 期发表题为"国家总统在推动刑事司法改革中的作用"（The President's Role In Advancing Criminal Justice Reform）一文中呼吁进一步改革刑事司法和提高刑罚的公平性及有效性、美国最高法院大法官实际也受政党政治操控而不可能独立于政治之外等。三是促进和保障司法公平正义、防治司法腐败的方法路径很多，并非只有效仿西式"司法独立"一条路，而且我国已经在探索推进司法体制改革，建立中国特色社会主义司法制度，并且取得了显著成效，如国家监察体制改革等。

一是素质教育与保障就业相悖，面对巨大的就业压力，高校以促进就业为导向，学生以职业资格考试、就业考试等为主业，对于法律基础理论没有什么学习时间和兴趣，课堂成为教师自弹自唱的舞台——这样的课堂教学意义何在？二是课程繁复与教学质量相冲，完备的课程体系（必修与选修）与教学任务要求并不能很好地保证教学质量，以青年教师每周 12 节课（2 学时/节）为例（事实上大部分教师都超过 12 节/周），按每节课备课需 4 小时计（上下班路途、各种教学填表申报、教务会议等时间不计），则该教师每周教学工作时数：课堂教学（12×2 小时 = 24 小时）+ 备课用时（12×4 小时 = 48 小时）= 72 小时/周。这个结果远超适用《劳动法》第 36 条和国务院《关于职工工作时间的规定》的周时数。"同头课""多头课""重复课"到底用不用花时间去备课？科研等其他工作究竟用不用投入时间和精力？如此高的教学工作时耗，如何才能保证教学质量？为提升素质教育水平，教师自身培养成长需不需要时间？等等。诸如此类，一直在拷问现行课程教学模式，却长期不被关注重视和得到根本解决。三是传统课堂与现代网络脱节，相对于"翻转课堂""微课""慕课"等现代信息网络课堂而言，传统课堂教学模式十分重复低效，各个高校甚至同一高校各院系之间"各管一亩三分地""篱笆高筑"，存在各高校间课程不能互选、学分不能互认、网上网下不能良性融合等问题，造成优质教学资源未能全面共享、学科专业课程重复建设、人财物各类资源浪费严重、有些学科专业"低水平重复建设""产能过剩"，进而殃及教学质量和学生就业。在法学研究方面，也存在很多像法学教育类似的症结，大量浪费科研人员的科研时间和精力于一些看似规范完善实则积极意义不大的事务。以项目研究经费监管为例❶，科研人员要花很多时间忙于从事经费预算、贴票报账、找领导审签、排队交单等貌似规范的事务，这既浪费科研人员的时间精力，又徒增了领导管理人员和财务审计人员的工作量——但这些似乎并没有起到什么积极作用。例如，科研项目经费管理中的"固定资产登记"制度，某科研人员买了一台5000元的笔记本电脑，须进行固定资产登记，但不知设置该项登记的目的是什么？不过，可以据此判定的是：该电脑属于其所在单位的固定资产（国有财产），因此该电脑（一般电脑元件寿命为5年左右）在不再使用时均须交还。笔者不妨大胆作以下猜想：其一，科研人员终身供职于该单位，并长期使用该电脑直至最终报废；其二，科研人员在5年后调出该单位前，将该电脑上交；其三，科研人员在5年内调出该单位前，将该电脑上交。这几种情形下，该电脑已经被使用、报废或接近报废，所在单位国有资产部门"活要见人、死要见尸"的做法，除了能得到一台废旧电脑并且必须耗费人财物力去保管和处理它之外，还能带来什么积极意义？这应是所设制度机制违背基本常识却仍在变本加厉导致的机制内耗或互害。另一方面，也应当注重科研考核评价制度的完善，提高考核工作的科学性，引导教学研究人员潜心钻研、铸造精品，营造风清气正的科研环境。❷

国际法学教育与研究存在的上述"中国问题"，根本原因或许就在于明知道有关制度、机制、体制违背了基本常识和社会规律，

---

❶ 对此，2016年发布的《关于进一步完善中央财政科研项目资金管理等政策的若干意见》，在创新科研经费使用管理方式、促进形成充满活力的科技管理和运行机制等方面作出了深化改革的要求，也更好地激发了广大科研人员的积极性。

❷ 中办国办印发《关于加强新时代法学教育和法学理论研究的意见》[N]. 人民日报，2023-02-27（1）.

而思想却仍旧没有充分解放、观念仍旧没有及时更新，导致诸多建立完善起来的貌似规范健全的法学教育与研究体制机制实则存在诸多矛盾、掣肘和内耗，抵消或遏制了制度优势、人才红利和创新能量的正常发挥和释放——束缚科学技术教育与研究人员的一切体制机制，都在共同制约着生产力的又一次大解放，造成制度内耗、资源浪费，迟滞了国家战略规划的实施进程、内损了国家的整体利益。既然解决问题的根本出路找到了，那么应该运用哪些方法和路径以便科学合理地解决这些问题呢？

三、方法与路径：如何解决国际法学教育与研究的"中国问题"

百年大计，教育为本；科教兴国，人才为本。党的十九大报告中提出要"加快一流大学和一流学科建设，实现高等教育内涵式发展"。2018 年 5 月 2 日，习近平主席在北京大学师生座谈会上的讲话中指出："教育兴则国家兴，教育强则国家强。高等教育是一个国家发展水平和发展潜力的重要标志。今天，党和国家事业发展对高等教育的需要，对科学知识和优秀人才的需要，比以往任何时候都更为迫切。""古今中外，每个国家都是按照自己的政治要求来培养人的，世界一流大学都是在服务自己国家发展中成长起来的。我国社会主义教育就是要培养社会主义建设者和接班人。""国势之强由于人，人材之成出于学。"培养社会主义建设者和接班人，是我们党的教育方针，是我国各级各类学校的共同使命。大学对青年成长成才发挥着重要作用。高校只有抓住培养社会主义建设者和接班人这个根本才能办好中国特色世界一流的大学。

时至经济全球化、信息网络化的 21 世纪，各种信息网络平台、大数据库、自媒体等已经在改变人们的生产生活方式。尤其是知识信息的传播，信息网络将世界各国人民的距离大大拉近，彻底打破了知识信息被少数人垄断控制的格局，改变了人们学习获取知识信息以及知识信息全球传播的方式和路径。当前应逐步倡导强化"促进主体自主探索创新"的法学教育教学思维模式，紧紧围绕新时代全面依法治国实践，切实加强扎根中国文化、立足中国国情、解决中国问题的法学理论研究，构建中国自主的法学知识体系。

（一）"传统问道"—"现代悟道"：更新法学教育与研究思维观念

思想理念乃行动之先导，思路决定出路。纵观古今中外社会发展历史，几乎所有重大的社会创新和变革，均始于思维观念的革新。结合法学学科具有的价值判断准确、思辨性强和对理性及分析实证能力要求高等特点，从充分尊重和发挥主体的能动性、创新性角度来看，现行法学教育与研究改革创新，也应该先从转变思维观念开始，逐步进行"'问道'模式→'悟道'模式"的转型改革。所谓"问道"，主要是指"师于人"，更多地强调"求教于人"，希望通过师者的教育训练和智慧帮助（师者传道），从师者身上学会一技之长（师者授业）、寻得疑问之解答（师者解惑），强调更完善的课程体系、课堂教学及其考核评价机制。所谓"悟道"，主要是指"省于己"，更多地强调"体悟于己"，通过学生主体的不断自省和体悟，结合自身知识能力，领悟学习之道和所学之内在逻辑规律，强调建构更少干预控制的课程体系、课堂教学及其考核评价机制。

回归常识，依循这一新思维理念推进国际法学教育研究机制体制改革，应该能够留出更多的时间给学生和教师，实质增强他们的主体性、自主性和自觉性，并且至少体现出三大益处：其一，有利于教育培育高技能、高素养的法科学生，他们再也不用为获取学分和文凭而广泛采取"盲听（戴耳机上课复习司考等）""逃课""充数（找人顶包等）"等消极方式——这样既浪费学生和教师的时间精力，又形成了不良的教育教学生态；其二，有利于造就真正具有"中国主体性思想理念"的教师、团队和学派，强化提升中国法学教育研究的能力和水平，参与主导全球治理与国际秩序规则制定的话语权，更多掌控 21 世纪"规则博弈"的主动权；其三，有利于融合优化利用国内乃至国际的教育科研资源，大大节约教育科研中的时间和人财物等资源成本，如打通线上线下资源壁垒以实现教育科研资源及其考核评价机制一体化，破除高校科研机构资源壁垒以实现教育科研资源共建共享及互学互认，等等。

事实上，最强有力的证据是：无论是古代中国的老子、孔子、孟子、荀子、庄子、韩非子等圣哲，还是古代西方的智者（sophists）[如普罗塔哥拉（Protagoras）、普洛狄科（Prodicus）等]、苏格拉底、柏拉图、亚里士多德等圣哲，他们当时可供参阅使用的信息资料和工具平台应该远不及现代社会丰富发达，但却能著述千古流传的经典之作。那么，这究竟是为什么？共同的根本原因之一就在于：他们基本上都能够自由地"悟道"（思考和探索），如王阳明因"龙场悟道"而集大成，因其"'心学'之心即理，知行合一、致良知"等核心理念流芳于世。这充分证明：传统课程体系繁复与否、课堂知识信息量多寡与否和考核评价机制量化细化与否，并非"培育大思想家"的根本决定因素。而现行教育与研究体制机制却仍然为此耗费主要资源——方向错了，路走得再远也是白费力气，并且浪费了宝贵的国家资源。

（二）"移植借鉴"—"自觉建构"：厘定法学教育与研究的革新方向

在整个中国法学逐步实现由"传统（东方）—现代（西方）"的研究范式向"文化自觉与历史重构"的研究范式转型，由"移植借鉴'西法'"向"自我建构'中法'"转型建构的大背景下，中国国际法学教育与研究也应该站在国际社会秩序规则体系和国内社会秩序规则体系创新建构的双重视角，以积极参与全球治理的姿态和推进全面依法治国的方式，正视推进"中国世纪"实践发展的基础上，深挖解决自身存在的"中国问题"，正确理解、发掘、阐释和运用"中国智慧"，才能更好地实现国际法学教育与研究体系的"中国主体性"建构。

当然，在这一反思过程中，检视建构国际法学教育与研究的"中国主体性"还应注意三大方面的思维定向：其一，始终坚持以马克思主义思想理念为根本指导思想，这是尊重"中国性"的根本标识之一。这不是单纯迎合"政治正确"的口号，也并非简单满足意识形态的教育需要，而是根本上由中国国体、政体和国情决定的。正如我国历史上汉武帝自上而下地"罢黜百家，独尊儒术"，才开启了后世几千年的中国社会思想大一统和民族大融合的稳固繁荣的局面一样，任何部门法学教育研究及其法治理论建构都不应该也不可能脱离这一"根本话语体系"去商谈解决中国特色社会主义法治体系建设所遇到的问题，也不能凭空提出行之有效的解决方案。要坚持把马克思主义法治理论同中国具体实际相结合、同中华优秀传统文化相结合，总结中国特色社会主义法治实践规律，汲取世界法治文明有益成果，推动法学教育和法学理论研究高质量发展。❶ 其二，应该深入发掘、融合和运用中华优秀传统思想文化（尤其是传统文化中的法治思想理念）的基因，建构真正具有"中国血统（基因）"的国际法学教育与研究体系。这是增强文化自信的重要内容，更是建构彰显"中国主体性"的历史使命。其三，正确认识和对待西方法治思想理论，这是一个历史遗留问题。在转向"中国主体性"国际法学教育与研究体系的建构过程中，一方面必然要经受"脱胎换骨"（如思想理念转换）的阵痛期，另一方面也要加强与世界其他法治文明之间的交流对话（如移植嫁接同一技术规范标准等）。创新发展西方优秀法治思想理论，使之真正实现"中国化"和融合"多元""包容"的文化基因，同样是中国国际法学教育与研究的当代责任。

（三）"传统课堂"—"现代网络"：创新法学教育与研究资源配置机制

如果说"创新"是我国未来主导世界秩序规则和全面改革发展"最大红利"的话，那么全面破除教育科研界各种"假以规范管理之名"的量化繁杂、重复低效的考评指标及其体制机制（已造成人财物等资源的巨大内耗和浪费，而且管理双方都疲于应付奔命，导致重形式、走过场、数据材料造假等不良风气），彻底解放教育科研人员的手脚，无疑将是助推"生产力第二次大解放"的关键基础性机制体制改革。而且，这种关键性基础改革已经具

---

❶ 中办国办印发《关于加强新时代法学教育和法学理论研究的意见》[N]. 人民日报，2023 – 02 – 27（1）.

备了极为重要的基础条件：那就是与古代学校班级制教育形成的原因完全不同，随着知识信息网络化、大数据库、云计算时代的来临，尤其是各种移动网络数据平台的不断丰富完善，每个主体基本能够同步获得的知识信息量急速暴涨（如全球共享的"网络社会"、各种云数据库等）。这就彻底颠覆了几千年来传统学校班级教育体制的根基——下层社会和其他社会群体需要通过购买学校教育服务来获得"教师依靠知识信息的垄断而存在的比较优势"——这也是学校班级制得以创立和发展的基础动因之一。换言之，教师赖以为师的知识信息垄断壁垒已经被彻底打破，学生们知晓的知识信息量甚至超过教师，因为书本内容及其相关知识点在网上基本都能够搜到，因而传统课堂教学模式已经很难继续保持比较优势地位，很难更多地满足学生的求知需求。与之相反，传统课程体系和课堂教学模式会过多地牵制、消耗学生有限的时间与精力，阻滞他们自主地进行探索研究和创新思考（如中国法治理论体系创新建构思考的迟滞）——与之相对应，广大教师又何尝不是如此。这或许正是造成"钱学森之问"的根本原因，也正是为什么我们应该认真反思"传统问道"和"课堂教学"存在的不足，并勇于在信息网络化的 21 世纪逐步向"现代悟道"和"创新平台"转型的根本原因。

故此，正视现实并回归常识，从中国法学包括国际法学教育研究整体体系出发，作好以下几方面的思维理念革新：其一，打造中国法学包括国际法学教育与研究网络资源数据库国家统一平台，打通线上线下资源学习、讲授、考评的壁垒，实现教育科研资源及其考核评价机制一体化；其二，破除高校科研机构资源之间的壁垒，实现国际法学教育科研资源共建共享、课程互选、学分互认、教师互聘、教师工作量互认等；其三，合理化设计国际法学课程体系，主要保留专业基础理论课程和思辨探讨性强、实践操作性强的课程，如选修课程等完全可以利用网络课堂开展；其四，大幅缩减国际法学课堂教学学时，充分整合利用网络资源，线上线下课堂不重复开设，校内校外课程资源协同共建共享共认等；其五，科学化国际法学教育研究考核评价机制，将学生的网上学习、课堂学习、实践学习等和教师的线上线下、校内校外的教学科研工作任务等统筹纳入法学教育与研究质量评价考核体系。如此，教师将有更多的时间自主进行特色教学、科学研究和国际国内交流研讨；各个高校科研机构等不用各自为政，"大而全、多而繁"地重复建设，可以共建平台、共享资源、互认学分、互评互聘等；国家可以节约更多重复、低效的教育投入，将有限的资源更多投向教育科研贫困地区、薄弱领域和创新领域，从根基上支撑科教兴国和民族复兴。

（四）"计划体制"—"市场经济"：激活法学教育与研究人员的主体性❶

自改革开放以来，中国政府致力于发展社会主义市场经济，

---

❶ 这里更多的是由于违背了基本常识——即当前体制内（主要是国家党政机关和国有事业单位）的人员不仅需要赡养老人、抚养教育子女，还需要为衣、食、住、行和疾病等支出大笔费用，"因病致穷""无钱治病"等社会现象也时常发生在体制内人员及其家人身上。例如，以北京市机关事业单位人员尤其是中青年人员的工资待遇与高房价的比例来看，就是一个他们每天必须面对的最大生活障碍之一。这些类似的现象，都是在制定各种制度机制时应该统筹考量的基本常识，而各单位部门不应再各自为政、各求政绩、各扫门前雪、各说自家话，否则就可能导致机制内内耗、激化矛盾——这偏离了中国特色社会主义的内涵目标，绝不是构建社会主义和谐小康社会的本质特征，不是党和国家所描绘的中国梦中的应有的社会生态景象。

并且取得了举世瞩目的伟大成就。但由于机关事业单位编制体制等原因，国际法学教育研究的人员待遇等并未随着经济发展而市场化，没有完全遵照"按劳分配原则"和市场经济基本规律办事——体制内人员普遍面临着社会资源分配机制不公平的问题。这里关键的原因可能在于：对包括国际法学在内的所有教育研究人员的定位认识观念更新不够，对其工作性质的定性不够准确，对其工作任务的定量不够科学，严重影响科学技术生产力的大解放，从而造成相应管理考评机制改革迟缓、创新不到位，迟滞了相应人员机制能量红利的发掘和释放。

对此，应该从这两个方面革新思维观念：其一，认清科研目的，国家下达科研课题，目的在于坚持"科技是第一生产力"的指导思想，实施"科教兴国"战略，提升国家整体科研能力水平、获得相应科研成果，因而严把科研成果质量关才是关键，而非项目经费的预算、开支、报销等环节。甚至可以退一万步讲，只要科研成果符合要求、验收合格，哪怕是项目经费一分钱没花，也应该归科研人员所有——因为这是他们的合法劳动所得。其二，知识作为脑力劳动成果，有权参与分配、获取报酬，符合社会主义市场经济基本规律和"按劳分配"原则。我们不应在积极推进日常生活生产用品、住房、医疗、教育等生活生产要素市场化的同时，却把主要依靠脑力劳动和智力成果获得收入报酬、维持基本生活的科研人员报酬待遇排除在市场经济规律之外。这造成了为国家科技进步、民族复兴付出艰辛努力的科学家、科技教育工作者们的收入待遇普遍不如影视艺人的"怪现象"，如深研医药数十载的屠呦呦先生、笔耕几十年的文学巨匠莫言先生的收入待遇却不如初出茅庐的影视"小鲜肉"，兢兢业业的院士学者（包括省部级高官）所得年薪还不如小学未毕业的进城务工人员（如包工

头、泥瓦匠、水电工等），大学教授一节课（2 小时）所得报酬 200
元左右而歌星唱一首歌（3~5 分钟）就可获得几万、几十万乃至几
百万元的演出报酬。难道一名默默奉献数十载的科学家对社会的贡
献真的不如影视"小鲜肉"出演一部电影或一集电视剧对社会的贡
献吗？这"贡献—回报"倒挂的现象是正常的吗？能够长久维系一
个国家和民族的未来发展吗？之所以会长期普遍存在这种情形，是
因为科学家、院士、教授们的收入报酬受到事业编制体制机制束缚，
没有按照市场经济规律办事，却必须工作生活在社会主义市场经济
大环境中、参与市场竞争并接受其结果。然而，这对于除了自身劳
动报酬之外其他一切生产生活资料都要按照市场经济规律购买分配
的法学教育科研人员而言，是一种显而易见的极大的社会不公平，
不利于公平对待推动国家法治发展的脊梁、国际规则博弈的中坚，
不利于形成尊重知识、尊重人才的社会气候，不利于持续创新发
展中国教育科研事业，尤其是包括国际法学在内的基础理论教育
研究（投入时间精力过长过多但回报却很少）。❶ 长此以往，是否
能够真正实现中国的"文化崛起"（真正意义上的中华民族复兴）？
是否能够长久托起"大国崛起"之梦？

（五）"细化量化"—"和谐自洽"：合理简化法学教育
与研究考评机制

早在几千年前，我国道家哲学就强调：大道至简❷，自古就有

---

❶ 事实上，这也是当前中国整个机关事业单位及其人员所面临的实际问题：除了工
资待遇之外，其他一切生产生活资料的购买、运输、储存等环节都要遵循市场经
济规律、参与市场竞争并接受其结果。或许，这也是之前社会上存在的贪污腐
败、挪用侵占公私财物、吃拿卡要等违法犯罪及不良现象的原因之一。新加坡大
力倡导实行"高薪养廉"政策，就更加容易被理解了。

❷ 2017 年 1 月 18 日，习近平主席在联合国日内瓦总部发表了题为《共同构建人类
命运共同体》的主旨演讲，也强调"大道至简，实干为要"。

"半部论语治天下""约法三章赢江山"等经国治世之韬略。然而，"知易行难"，为了积极推进包括国际法学在内的法学教育与研究工作，各级单位及其部门在实践中各司其职，纷纷根据本职工作管理需要，制定出台各种繁复细致的量化考核评价体系——竭尽所能地编织着理想化的笼子，幻想着一劳永逸式的"法治"模式。所有这些貌似精心研制的科学细致的管理体制、规章制度、量化考核、评价机制等，在实际操作运行过程中，却常常达不到预期的效果，甚至造成过度制度机制内耗、偏离法治本意。究其原因，可能主要在于以下几方面：一是主观上存在"便于管理"的思维和"以法谋私"的观念，规范制定实施不尽科学、合理和人性化，简单采取"一刀切"等机械做法，怎么更有利于本单位本部门的利益和管理就怎么来，如在反腐新常态下有些单位部门有"削减职工正当福利"的做法；二是各司其职但又存在职能交叉，故而出现"九龙治水、多头共管"的现象，最终导致各自为政、多门混管或者相互推诿、谁都不管的现象，如教学科研管理部门各自出台各种量化指标（如设置多少课程、完成多少学时、发表多少论文、申报多少项目等）造成教师根本没有太多时间自我学习和深度思考，实际上成为"教书匠"、沦为"科研奴"，但类似这种不良现象在"政绩考核机制"面前却长期被无视；三是存在"歪嘴和尚念歪经"，由于未真正领悟和落实党的宗旨、中央精神和法治真谛，出现一些事与愿违的做法和效果，如简单套用行政办公经费管理规范去监管科研经费等；四是在"推进全面依法治国"的大背景下，有些单位部门主观上追求和迎合所谓的"法治政绩"，实践中不经深入细致调研、深思熟虑研讨，便仓促出台一些规章制度，导致其不合实践规律、不便操作执行；五是在争创"双一流"的导向下，有些单位部门自身定位不够准确、目标不够科学清晰，采取揠苗助长等方式，盲目拔高教学科研等指标，导致出现教师上升通道进一步被堵塞等不利于建构公平和谐的社会主义社会的现象。

无论是科学技术还是制度规范，越是显得深奥莫测就越是没有把握住事物的本质，越是显得复杂多变就越是没有抓住事物的规律。无论是作为个体的人还是团体的单位，其一定阶段的精力、能力、智慧总是有限的，不可能同时同步做好方方面面的工作。看似编制了纷繁复杂、博大精深的规章制度、量化考核等，实质上可能在于没有弄清事情发展的本质规律、没有抓住矛盾斗争的关键，反而陶醉在那些纷繁复杂的规章制度中而不自知、不自省、不自拔。故此，改革包括国际法学在内的法学教育与研究的管理考评机制，应以思维观念革新为先，不必冠以"规范管理、各种量化细化"之名，弄得纷繁复杂、无所适从——一切非人性的管理机制，不仅出不了先进生产力，反而会迟滞和束缚生产力的发展。平心而论，从人性自由的角度看，应该没有人愿意被各种不合理的机制规章束缚，但国际法学教育与科研管理层却出于管理便利、部门利益等目的编织出各种"制度的笼子"（以法谋私）。然而，"己所不欲，勿施于人"是全球治理与国内社会治理的基本原则❶，是对人的最基本的尊重，是管理层应具备的最基本的德行。系统协调、合理简化现行五花八门的考核评价机制，就是要坚持"少而精"、博采众长、融会贯通和整合创新，真正做到"以人为本、为民服务"，建立完善和谐自洽、人性化的国际法学教学

---

❶ 习近平主席曾多次在国际外交场合强调这一中国文化精髓。例如，习近平主席在2013 年 6 月墨西哥国会参议院的演讲、2015 年 4 月 21 日巴基斯坦议会的演讲和2015 年 11 月 6 日在河内会见中越青年代表时，都曾强调："中国人民崇尚'己所不欲勿施于人'。"

与科研管理服务机制。

（六）"知识垄断"—"群众话语"：普及法学教育与研究理论知识

作为人类社会治理的基本工具之一，"法律"本应是源于社会，并融入社会和作用于社会。这里的"社会"应包括马克思主义划分论述的几种社会形态，即原始社会、奴隶社会、封建社会、资本主义社会和共产主义社会（社会主义社会），同时也应意味着原生乡土社会与现代都市社会和国际社会与国内社会。因此，无论是法治中国、法治政府还是法治社会的建设，都不可能是仅仅依凭中国法学人的理论建构和法律人的立法、执法、司法等就能建成的事业，其都离不开广大人民大众的积极参与和广泛认同。在对包括中国国际法学在内的法学教育与研究体系"中国主体性"的检视建构过程中，作为主体的中国人民大众的确信与认同及其思想观念的变革与创新至关重要，起着决定性的作用。因此，应当坚持做到"法学教育与研究走群众路线"。中国法学界与法律实务界理应充分认识到"人民群众才是历史的创造者"的根本地位和作用，真正融入广大人民群众，深化创新法学教育与研究的形式和路径，培育和营造全社会的法治思维和行为习惯。

中国法治的全面建设发展和包括国际法学在内的法学教育与研究理论体系的"中国主体性"建构，绝不能沦为国际法学人圈子的"专利产品"，更不应沦为国际法律人圈子的"精神玩偶"，而是应该回归和坚守两大基本常识：一方面，应该立足于中国社会实践和基本国情，坚持党的领导地位和服务于中国社会政治经济的基本制度，借鉴其他国家和地区的先进经验和做法，应当经过"中国主体性"改造，切不可机械照搬；另一方面，应该走出象牙塔、走出大雅之堂，坚持接地气、走群众路线，使之成为普通民众（尤指社会基层民众、偏远地区民众）的基本常识，才能算得上是"法治中国""法治社会"，才能真正意义上推进全球治理、共建"国际法治"和"人类命运共同体"。那么，这是否也应成为现代中国国际法学教育与研究体系创新建构应有的方向和路径？

人类社会的发展历史早已表明，先进的思想理念能开启民智，引领社会思潮，推进社会变革。就几乎所有的人文社会思想文化革新和科学技术文化知识的发展进程而言，思想观念的革新在启蒙和引领社会变革、解放发展生产力的进程中总是居于先导地位。正如具有漫长历史的"神治"世界在"人"被圣哲的大脑发现后，便如发生了塌陷了一样，之后，"人"（个体的人权自由或集体的人权自由）就在一些西方民族国家演变成为"神"——高于一切的"神"，随之自由主义、极端自由主义等便盛行于世。❶ 所以，检视改革包括中国国际法学在内的法学教育与研究体制机制，自然首先应从思维观念的革新开始。马克思主义辩证唯物主义哲学也认为，物质与意识是对立统一的，物质决定意识，意识反作用于物质。随着世界多极化、经济全球化、信息网络化和文化多元

---

❶ 克塞诺芬尼提出了理智性的一神论（monotheism），而非幼稚的神人同形论（anthropomorphism）。他相信：一神，主宰诸神和人类，在身心上都不同于凡人。参阅肯尼. 牛津西方哲学史：第一卷·古代哲学［M］. 2 版. 王柯平，译. 长春：吉林出版集团股份有限公司，2016：342. 柏拉图也在其《理想国》、《会饮篇》和《法律篇》中以进化论的视角讨论了神学及其演进。参阅肯尼. 牛津西方哲学史：第一卷·古代哲学［M］. 2 版. 王柯平，译. 长春：吉林出版集团股份有限公司，2016：346 - 349；柏拉图.《法律篇》［M］. 2 版. 张智仁，何勤华，译. 北京：商务印书馆，2016.

化的深入发展，传统的法学教育与研究思维和模式所赖以存在的物质基础已经发生了重大变革，因而一方面必须具备"互联网＋思维"，才能顺应时代发展潮流，紧跟 21 世纪"网络社会"的前进步伐；另一方面必须具备"中国问题"和"规则博弈"的思维，配合国家战略发展需求，建设中国特色社会主义国际法治理论体系和深刻变革调整国际秩序规则话语体系。

总之，处于国际国内重要变革时期，中国国际法学教育与研究更应积极参与全球对话与规则博弈，参与引领国际社会创新，重构更加公平、包容、共赢的国际规则话语体系，因而需要占领未来国际规则话语体系的"制高点"，提出饱含"中国主体性"的规则话语，尤其包括国际法治的新思想理念和新规则制度，如中国对"发展权"理念的贡献等❶。这是由全球化大环境大趋势和国际国内社会实践发展所决定的，不仅符合中国保障发展中国家利益的诉求，也符合维护世界和平与发展大局的需求。而思维观念乃行动先导，包括中国国际法学在内的法学教育与研究机制体制的改革发展，不仅应遵循社会治理基本规律和回归基本常识，而且应以思维理念之革新为先导，实现由"传统问道"至"现代悟

---

❶ 在联合国《发展权利宣言》通过 30 周年之际，中国国务院新闻办公室 2016 年 12 月 1 日发表了《发展权：中国的理念、实践与贡献》白皮书，全方位介绍了中国的理念和有效实践，阐释了发展权对于保障和改善人权、推动人权事业进步的重要意义和作用。白皮书指出，党的十八大以来，以习近平同志为核心的党中央，坚持以人民为中心的发展思想，在实现"两个一百年"奋斗目标、实现中华民族伟大复兴的中国梦进程中，以保障和改善民生为重点，大力发展各项社会事业，切实保证人民平等参与、平等发展权利，努力朝着实现全体人民共享发展和共同富裕的目标稳步前进。我国开创了人类文明发展史上人权保障的新道路。白皮书显示，我国少数民族在经济、政治、文化等各方面的发展权得到有效保障。参阅《发展权：中国的理念、实践与贡献》白皮书发表［N］. 人民日报，2016－12－2（02、10－11）.

道"、由"移植借鉴"至"自觉建构"、由"传统课堂"至"现代网络"、由"计划体制"至"市场经济"、由"细化量化"至"和谐自洽"和由"知识垄断"至"群众话语"等思维观念的转变。否则，对国际法学教育与研究中所遇到的问题如果定性不准确或者定量不科学，思维方法和视角如果依旧不敢突破、没有转变，那么所进行的改革之举（如量化考核、细化评估指标等）都是违背法学教育与研究基本规律和基本常识的"揠苗助长"，仍将无法根本解答"钱学森之问"，都是在繁复编织制度的"笼子"并造成体制机制性循环内耗，不合理地消费学生和教师的宝贵时间，浪费国家宝贵稀缺的社会治理资源。基于国际法学学科在推进全球治理尤其是"国际法治"进程中的基础性地位和理论功能，革新中国国际法学教育与研究的思维理念，能够对创新建构中国特色国际法治与国际法治理论体系、中国特色社会主义法学与法治理论体系乃至整个中国特色哲学社会科学理论体系起着基础指导作用，能够对开启创新与建构国际规则话语体系乃至全球治理秩序话语的新篇章起着示范引领作用。

主要参考文献

［1］马克思恩格斯选集：第一卷［M］. 3 版. 北京：人民出版社，2012：422 - 425.

［2］习近平. 习近平谈治国理政：第三卷［M］. 北京：外文出版社，2020.

［3］中共中央宣传部. 习近平总书记系列重要讲话读本［M］. 北京：学习出版社，2016.

［4］李双元. 李双元法学文集［M］. 北京：中国法制出版社，2009：573.

［5］李双元，李赞. 构建国际和谐社会的法学新视野：全球化进程中的国际社会本位理念论析［J］. 法治与社会发展，2005（5）：79 - 97.

［6］郭道晖，江平，陈光中，等. 中国法治百年经纬［M］. 北京：中国民主法制出版社，2015.

［7］李龙. 人本法律观简论［J］. 社会科学战线，2004（6）.

［8］梁慧星. 从近代民法到现代民法［J］. 律师世界，2002（5）：4 - 5.

［9］王泽鉴. 民法概要［M］. 北京：中国政法

大学出版社，2003：27 - 28.

[10] 王泽鉴. 法律思维与民法实例：请求权基础理论体系 [M]. 北京：中国政法大学出版社，2001：242.

[11] 张文显. 法哲学范畴研究 [M]. 北京：中国政法大学出版社，2001.

[12] 张文显. 二十世纪西方法哲学思潮研究 [M]. 北京：法律出版社，1996：428.

[13] 张文显. 法治与国家治理现代化 [J]. 中国法学，2014 (4)：13 - 14.

[14] 徐显明. 以人为本与法律发展 [M]. 济南：山东人民出版社，2008：80.

[15] 王毅. 中国是国际法治的坚定维护者和建设者 [N]. 光明日报，2014 - 10 - 24 (2).

[16] 黄进，蒋立山. 中国特色社会主义法治体系研究 [M]. 北京：中国政法大学出版社，2017.

[17] 黄进. 依法治国：解读中国法治建设 [M]. 英文版. 北京：外文出版社，2016.

[18] 黄进，曹义孙. 中国法学教育研究（2017 年第 4 辑）[M]. 北京：中国政法大学出版社，2018.

[19] 黄进，肖永平，刘仁山. 中国国际私法与比较法年刊 (2016) [M]. 北京：法律出版社，2017.

[20] 付子堂. 马克思主义法律思想研究 [M]. 北京：高等教育出版社，2008.

[21] 付子堂，等. 发展中法治论：当代中国转型期的法律与社会研究 [M]. 北京：北京大学出版社，2013.

［22］付子堂，张永和．国家人权行动计划（2012—2015）解读［M］．北京：法律出版社，2012.

［23］李林．中国特色社会主义法治发展道路［M］．北京：中国法制出版社，2018.

［24］李林，齐延平．中国法理［M］．北京：法律出版社，2017.

［25］李林，冯军．依法治国与法治文化建设［M］．北京：社会科学文献出版社，2013.

［26］李林，田禾．法治蓝皮书：中国法院信息化发展报告（2018）［M］．北京：社会科学文献出版社，2018.

［27］王利明．合同法研究［M］．北京：中国人民大学出版社，2002：161－163.

［28］王利明．论合同法的新发展［J］．江海学刊，2003（2）：117.

［29］王利明．平等保护原则：中国物权法的鲜明特色［J］．法学家，2007（1）：128.

［30］肖永平，冯洁菡．中国促进国际法治报告（2016年）［M］．北京：社会科学文献出版社，2017.

［31］肖永平．论法治中国建设背景下的中国国际法研究［J］．法制与社会发展，2015（4）：5－12.

［32］王瀚．"一带一路"与人类命运共同体构建的法律与实践［M］．北京：知识产权出版社，2018.

［33］陈岳，蒲聘．构建人类命运共同体［M］．北京：中国人民大学出版社，2017.

［34］王帆，凌胜利．人类命运共同体：全球治理的中国方案

[M]. 长沙：湖南人民出版社，2017.

[35] 向宏，胡德平，王顺洪，等. 大交通：从"一带一路"走向人类命运共同体 [M]. 成都：西南交通大学出版社，2017.

[36] 成中英，冯俊. 为中国哲学立法：西方哲学视域中先秦哲学合法性研究 [M]. 北京：中国人民大学出版社，2016.

[37] 成中英. 中国哲学与世界哲学 [M]. 北京：中国人民大学出版社，2017.

[38] 王人博. 法的中国性 [M]. 桂林：广西师范大学出版社，2014.

[39] 万俊人. 寻求普世伦理 [M]. 北京：商务印书馆，2001.

[40] 苏力. 法治及其本土资源 [M]. 3 版. 北京：北京大学出版社，2015.

[41] 曾令良，等. 中国和平发展的重大前沿国际法律问题研究 [M]. 北京：经济科学出版社，2011.

[42] 曾令良，古祖雪，何志鹏. 法治：中国与世界 [J]. 中国社会科学，2015（10）：134-146.

[43] 邓正来. 中国法学向何处去：建构"中国法律理想图景"时代的论纲 [M]. 2 版. 北京：商务印书馆，2011.

[44] 何怀宏. 道家思想与全球伦理 [J]. 北京行政学院学报，2003（5）：71-75.

[45] 何志鹏. 国际法治论 [M]. 北京：北京大学出版社，2016：238-239.

[46] 侯健，林海梅. 人文主义法学思潮 [M]. 北京：法律出版社，2007：6.

[47] 苗延波. 论法治、人治与德治的关系：中国与西方人

治、法治思想之比较 [J]. 天津法学, 2010 (2): 17 – 27.

[48] 赵骏. 全球治理视野下的国际法治与国内法治 [J]. 中国社会科学, 2014 (10): 79 – 99.

[49] 王淑芹, 刘畅. 德治与法治: 何种关系 [J]. 伦理学研究, 2014 (5): 62 – 68.

[50] 杨生财. 全球伦理及现代德治观 [J]. 今日中国论坛, 2012 (12): 6.

[51] 赵敦华. 关于普遍伦理的可能性条件的元伦理学考察 [J]. 北京大学学报 (哲学社会科学版), 2000 (4): 109 – 114.

[52] Von Bogdandy, Armin: International Judicial Lawmaking: On Public Authority and Democratic Legitimation in Global Governance, Springer, 2012.

[53] 孙莉. 德治及其传统之于中国法治进境 [J]. 中国法学, 2009 (1): 69 – 76.

[54] 傅攀峰. 第十二届国际法论坛 "国际法治与全球治理" 国际学术研讨会综述 [J]. 国际法研究, 2016 (1): 119 – 129.

[55] TIBORI SZABO K. Anticipatory Action in Self-Defence: Essence and Limits under International Law [M]. T. M. C. Asser Press, 2011.

[56] 韦正翔. 国际政治全球化与国际道德危机 [M]. 北京: 中国社会科学出版社, 2006.

[57] KUNG H. Global Responsibility, Continuum, New York, 1991.

[58] 库舍尔 H. K. 全球伦理 [M]. 何光沪, 译. 成都: 四川人民出版社, 1997.

［59］王承志．美国集团诉讼中的法律选择问题［J］．法学评论，2007（2）：85－92．

［60］MILDE M. Bringing power to justice?：the prospects of the International Criminal Court. McGill -Queen's University Press，2006.

［61］朱敏彦．社会主义精神文明建设理论是马克思主义中国化的重要成果［J］．中国特色社会主义研究，2006（2）．

［62］LEWIS D. Global Governance and the Quest for Justice. New York：Hart Publishing Limited，2006.

［63］NOORTMANN M. Enforcing International Law：From Self-Help to Self-Contained Regimes. Ashgate Publishing，Limited，2005.

［64］魏宏森，曾国屏．系统论：系统科学哲学［M］．北京：世界图书出版公司，2009.

［65］李兰芬．德治与法治结合的科学精神［J］．马克思主义研究，2003（1）：33－39．

［66］刘振民．建设国际法治的基础［N］．人民日报，2014－6－10（23）.

［67］PAULUSSEN C. Fundamental rights in international and European law：public and private law perspectives. Asser Press，2016.

［68］闵希．国际法教程［M］．林荣远，莫晓慧，译．北京：世界知识出版社，1997：41．

［69］MITCHARD，Paul，Is CIETAC Leading Arbitration in Asia into a New Era of Transparency?，Asia-Pacific Arbitration Review：A Global Arbitration Review special report，（January 2009）.

［70］黑格尔．美学：第1卷［M］．北京：商务印书馆，1979：59．

［71］克尼佩尔．法律与历史：论《德国民法典》的形成与变迁［M］．朱岩，译．北京：法律出版社，2003：74 - 75.

［72］王淑芹．诚信道德正当性的理论辩护：从德性论、义务论、功利论的诚信伦理思想谈起［J］．哲学研究，2015（12）：72 - 77.

［73］ZIMMERNANN R，WHITAAKER S. 欧洲合同法中的诚信原则（Good Faith in European Contract Law）［M］．丁广宇，等译．北京：法律出版社，2005：22.

［74］郑强．合同法诚实信用原则研究［M］．北京：法律出版社，2000：66 - 93.

［75］ UNIDROIT PRINCIPLES OF INTERNATIONAL COMMERCIAL CONTRACTS（2004），International Institute for the Unification of Private Law（UNIDROIT），Rome，at 18，2004.

［76］刘承韪．违约可得利益损失的确定规则［J］．法学研究，2013（2）.

［77］郗伟明．论合同保护义务的应然范围［J］．清华法学，2015（6）.

［78］彼彻姆．哲学的伦理学［M］．北京：中国社会科学出版社，1990：330 - 331.

［79］萨托利．民主新论［M］．北京：东方出版社，1993：353 - 354.

［80］ GARNER B A. Black's Law Dictionary［M］. 9th ed. WEST of Thomson Reuters，2009.

［81］蔡从燕．公私关系的认识论重建与国际法发展［J］．中国法学，2015（1）：187 - 206.

［82］ FITZGERALD，Peter L. The International Contracting Practices Survey Project：An Empirical Study of the Value and Utility of the United Nations Convention on the International Sale of Goods （CISG） and the UNIDROIT Principles of International Commercial Contracts to Practitioners，Jurists and Legal Academics in the United States，27 Journal of Law and Commerce，1 – 111 （2008）.

［83］宋杰．"保护的责任"：国际法院相关司法实践研究 ［J］. 法律科学，2009 （5）：55 – 64.

［84］ Kott，Alexander W：Estimating Impact：A Handbook of Computational Methods and Models for Anticipating Economic，Social，Political and Security Effects in International Interventions，Springer，2010.

［85］ PARLETT K. Individual in the international legal system：continuity and change in international law. Cambridge：Cambridge University Press，2011.

［86］俞可平．全球化与国家主权 ［J］. 北京：社会科学文献出版社，2004：38 – 50.

［87］马新民：不懈推动国际法治，努力服务和平发展 ［N］. 《光明日报》2014 年 10 月 30 日，第 010 版。

［88］陶凯元．法治中国背景下国家责任论纲 ［J］. 中国法学，2016 （6）.

［89］姚大志．我们为什么对自己的行为负有道德责任?：相容论的解释及其问题 ［J］. 江苏社会科学，2016 （6）.

［90］罗素．西方哲学史 （下卷） ［M］. 马元德，译. 北京：商务印书馆，1976.

［91］埃里克森．无需法律的秩序［M］．苏力，译．北京：中国政法大学出版社，2016.

［92］LEWIS D. Global Governance and the Quest for Justice. New York：Hart Publishing Limited，2006.

［93］方旭东．服从还是不服从?：孟子论人臣的政治义务［J］．文史哲，2010（2）.

［94］饶娣清．人的存在、人的自由与人的责任：萨特自由观新释［J］．广东社会科学，2006（1）.

［95］宋周尧．人：基于一种责任视角的解读［J］．长白学刊，2005（4）.

［96］李文潮．技术伦理与形而上学：试论尤纳斯《责任原理》［J］．自然辩证法研究，2003（2）.

［97］谢文郁．自由与责任：一种政治哲学的分析［J］．浙江大学学报（人文社会科学版），2009（5）.

［98］WESTRA L. Child Law：Children's Rights and Collective Obligations，Springer International Publishing，2014.

［99］埃瓦尔德．比较法哲学［M］．于庆生，郭宪功，译．北京：中国法制出版社，2016.

［100］黄源盛．中国法史导论［M］．桂林：广西师范大学出版社，2014.

［101］石冀平．对《学者的社会责任与马克思主义基本立场》一文的看法：与何怀远先生商榷［J］．马克思主义研究，2011（5）.

［102］顾红亮．启蒙与责任：康德和"五四"思想家的启蒙观［J］．天津社会科学，2007（1）.

［103］孙筱泠．责任与应答：海德格尔原伦理学初探［J］．复

旦学报（社会科学版），2006（2）.

［104］李永忠．制度反腐［M］．北京：中央编译出版社，2016.

［105］杨帧．英美契约法论［M］．北京：北京大学出版社，1997：286.

［106］周文惠．对增强当代青年社会责任意识的思考［J］．人民论坛，2013（2）.

［107］丁利强．以行为重：在社会责任意识中"敢于担当"［J］．学术论坛，2015（5）.

［108］郭荔宁，曾青云．国家责任与成人教育盛衰［J］．中国成人教育，2009（1）.

［109］Gedera，Dilani S. P. Activity Theory in Education Research and Practice，Sense Publishers，2016.

［110］王永明，国蕊，夏忠臣．公民社会责任意识培育的途径探讨［J］．齐齐哈尔大学学报（哲学社会科学版），2016（10）.

［111］罗尔斯．正义论［M］．何怀宏，何包钢，廖申白，译．北京：中国社会科学出版社，1988：62.

［112］萨维尼．现代罗马法体系：第八卷［M］．李双元，等译．北京：法律出版社，1999：13－17.

［113］拉伦茨．德国民法通论（上册）［M］．王晓晔，谢怀栻，等译．北京：法律出版社，2003：2.

［114］U. Oji Umozurike，The African Charter on Human and Peoples' Rights，Martinus Nijhoff Publishers，at 30，1997.

［115］薛波．元照英美法词典［M］．北京：法律出版社，2003：528.

［116］杨仁寿．法学方法论［M］．北京：中国政法大学出版

社，1999：78.

［117］施瓦布．民法导论［M］.郑冲，译．北京：法律出版社，2006：85.

［118］居荣．法国商法：第1卷［M］.罗结珍，赵海峰，译．北京：法律出版社，2004：20.

［119］Véase Jorge Joaquin Llambias Tratado de Drecho Civil, parte general, tomo I；Editorial Perrot, Buenos Aires. 40 (1997).

［120］徐国栋．"人身关系"流变考（下）［J］.法学，2002(7)：54.

［121］CHANDRASENAN, Anukarshan, UNIDROIT Principles to Interpret and Supplement the CISG：An Analysis of the Gap-Filling Role of the UNIDROIT Principles, 11 Vindobona Journal of International Commercial Law and Arbitration, 65–80 (2007/1).